A Nova Obscuridade

FUNDAÇÃO EDITORA DA UNESP

Presidente do Conselho Curador
Mário Sérgio Vasconcelos

Diretor-Presidente
José Castilho Marques Neto

Editor-Executivo
Jézio Hernani Bomfim Gutierre

Superintendente Administrativo e Financeiro
William de Souza Agostinho

Assessores Editoriais
João Luís Ceccantini
Maria Candida Soares Del Masso

Conselho Editorial Acadêmico
Áureo Busetto
Carlos Magno Castelo Branco Fortaleza
Elisabete Maniglia
Henrique Nunes de Oliveira
João Francisco Galera Monico
José Leonardo do Nascimento
Lourenço Chacon Jurado Filho
Maria de Lourdes Ortiz Gandini Baldan
Paula da Cruz Landim
Rogério Rosenfeld

Editores-Assistentes
Anderson Nobara
Jorge Pereira Filho
Leandro Rodrigues

JÜRGEN HABERMAS

A Nova Obscuridade

Pequenos escritos políticos V

Tradução

Luiz Repa

© Suhrkamp Verlag Berlin 1985
© 2011 Editora Unesp
Título original: *Die Neue Unübersichtlichkeit, Kleine Politische Schriften V*

Direitos de publicação reservados à:
Fundação Editora da Unesp (FEU)
Praça da Sé, 108
01001-900 – São Paulo – SP
Tel.: (0xx11) 3242-7171
Fax: (0xx11) 3242-7172
www.editoraunesp.com.br
www.livrariaunesp.com.br
feu@editora.unesp.br

CIP – Brasil. Catalogação na publicação
Sindicato Nacional dos Editores de Livros, RJ

H119n

Habermas, Jürgen, 1929-
A Nova Obscuridade: pequenos escritos políticos V/ Jürgen Habermas; tradução Luiz Repa. – 1.ed. – São Paulo: Editora Unesp, 2015.

Tradução de: *Die Neue Unübersichtlichkeit: Kleine Politische Schriften V*
ISBN 978-85-393-0552-0

1. Sociologia jurídica. 2. Estado de direito – Aspectos sociais. I. Título.

14-17620   CDU: 34:316.334.4

Editora afiliada:

Sumário

Introdução à Coleção . 7
Apresentação à edição brasileira . 11
   Antonio Ianni Segatto
   Felipe Gonçalves Silva
Prefácio . 33

1. O neoconservadorismo . 35
   Modernidade e arquitetura pós-moderna . 37
   A crítica neoconservadora da cultura nos
      Estados Unidos e na Alemanha . 63

2. Depois da reviravolta . 99
   Política conservadora, trabalho, socialismo
      e utopia hoje . 101

3. Outono de 1983 – ou a neutralização moral
   do direito . 125
   Desobediência civil – a pedra de toque do Estado
      democrático de direito . 127
   Direito e violência – um trauma alemão . 155

4. Variantes do Esclarecimento . *181*

   Entre Heine e Heidegger: um renegado
   da filosofia do sujeito? . *183*

   Com a flecha dirigida ao coração do presente.
   Sobre a preleção de Foucault a respeito do
   texto de Kant "O que é Esclarecimento?" . *191*

   Os precipícios da crítica da racionalidade . *199*

5. A Nova Obscuridade . *207*

   A crise do Estado de bem-estar social e o esgotamento
   das energias utópicas . *209*

6. Esclarecimentos . *239*

   Dialética da racionalização . *241*

   Observações no começo de uma preleção . *297*

   Uma entrevista para a *New Left Review* . *303*

7. Ainda um fardo do passado . *363*

   A descontaminação do passado . *365*

Referências bibliográficas . *377*

Índice onomástico . *383*

Introdução à Coleção

Se desde muito tempo são raros os pensadores capazes de criar passagens entre as áreas mais especializadas das ciências humanas e da filosofia, ainda mais raros são aqueles que, ao fazê-lo, podem reconstruir a fundo as contribuições de cada uma delas, rearticulá-las com um propósito sistemático e, ao mesmo tempo, fazer jus às suas especificidades. Jürgen Habermas consta entre estes últimos.

Não se trata de um simples fôlego enciclopédico, de resto nada desprezível em tempos de especialização extrema do conhecimento. A cada passagem que Habermas opera, procurando unidade na multiplicidade das vozes das ciências particulares, corresponde, direta ou indiretamente, um passo na elaboração de uma teoria da sociedade capaz de apresentar, com qualificação conceitual, um diagnóstico crítico do tempo presente. No decorrer de sua obra, o diagnóstico se altera, às vezes incisiva e mesmo abruptamente, com frequência por deslocamentos de ênfase; porém, o seu propósito é sempre o mesmo: reconhecer na realidade das sociedades modernas os potenciais de emancipação e seus obstáculos, buscando apoio em pesquisas empíricas e nunca deixando de justificar os seus próprios critérios.

Certamente, o propósito de realizar um diagnóstico crítico do tempo presente e de sempre atualizá-lo em virtude das transformações históricas não é, em si, uma invenção de Habermas. Basta se reportar ao ensaio de Max Horkheimer sobre "Teoria Tradicional e Teoria Crítica", de 1937, para dar-se conta de que essa é a maneira mais fecunda pela qual se segue com a Teoria Crítica. Contudo, se em cada diagnóstico atualizado é possível entrever uma crítica ao modelo teórico anterior, não se pode deixar de reconhecer que Habermas elaborou a crítica interna mais dura e compenetrada de quase toda a Teoria Crítica que lhe antecedeu – especialmente Marx, Horkheimer, Adorno e Marcuse. Entre os diversos aspectos dessa crítica, particularmente um é decisivo para compreender o projeto habermasiano: o fato de a Teoria Crítica anterior não ter dado a devida atenção à política democrática. Isso significa que, para ele, não somente os procedimentos democráticos trazem consigo, em seu sentido mais amplo, um potencial de emancipação, como nenhuma forma de emancipação pode se justificar normativamente em detrimento da democracia. É em virtude disso que ele é também um ativo participante da esfera pública política, como mostra boa parte de seus escritos de intervenção.

A presente Coleção surge como resultado da maturidade dos estudos habermasianos no Brasil em suas diferentes correntes e das mais ricas interlocuções que sua obra é capaz de suscitar. Em seu conjunto, a produção de Habermas tem sido objeto de adesões entusiasmadas, críticas transformadoras, frustrações comedidas ou rejeições virulentas – dificilmente ela se depara com a indiferença. Porém, na recepção dessa obra, o público brasileiro tem enfrentado algumas dificuldades que esta Coleção pretende sanar. As dificuldades se referem principalmente à ausência de tradução de textos importantes e à falta de uma padronização terminológica nas traduções existentes, o que, no mínimo, faz obscurecer os laços teóricos entre os diversos momentos da obra.

Incluímos na Coleção praticamente a integralidade dos títulos de Habermas publicados pela editora Suhrkamp. São cerca de quarenta volumes, contendo desde as primeiras até as mais recentes publicações do autor. A ordem de publicação evitará um fio cronológico, procurando atender simultaneamente o interesse pela discussão dos textos mais recentes e o interesse pelas obras cujas traduções ou não satisfazem os padrões já alcançados pela pesquisa acadêmica, ou simplesmente inexistem em português. Optamos por não adicionar à Coleção livros apenas organizados por Habermas ou, para evitar possíveis repetições, textos mais antigos que foram posteriormente incorporados pelo próprio autor em volumes mais recentes. Notas de tradução e de edição serão utilizadas de maneira muito pontual e parcimoniosa, limitando-se, sobretudo, a esclarecimentos conceituais considerados fundamentais para o leitor brasileiro. Além disso, cada volume conterá uma apresentação, escrita por um especialista no pensamento habermasiano, e um índice onomástico.

Os editores da Coleção supõem que já estão dadas as condições para sedimentar um vocabulário comum em português, a partir do qual o pensamento habermasiano pode ser mais bem compreendido e, eventualmente, mais bem criticado. Essa suposição anima o projeto editorial desta Coleção, bem como

Jürgen Habermas

a convicção de que ela irá contribuir para uma discussão de qualidade, entre o público brasileiro, sobre um dos pensadores mais inovadores e instigantes do nosso tempo.

Comissão Editorial

Antonio Ianni Segatto
Denilson Luis Werle
Luiz Repa
Rúrion Melo

Apresentação à edição brasileira
Neoconservadorismo e modernidade inacabada

Antonio Ianni Segatto*
Felipe Gonçalves Silva**

Em 1980, Habermas recebia o Prêmio Adorno, conferido pela cidade de Frankfurt a destacados intelectuais, compositores e cineastas. O título da conferência que proferiu na ocasião, tão sugestivo quanto polêmico, era "Modernidade – um projeto inacabado". Aproveitando o ensejo da Bienal de Veneza, que acolhera a "nova arquitetura", Habermas polemizava com o movimento pós-moderno, ainda em curso de consolidação. Considerada sobre o pano de fundo de sua obra posterior, é possível dizer que a conferência tinha um caráter programático. Por um lado, apontava uma certa coincidência dessa vanguarda estética com o pensamento neoconservador;

---

* Professor do Departamento de Antropologia, Política e Filosofia da Universidade Estadual Paulista (Unesp), câmpus de Araraquara.
** Professor do Departamento de Filosofia da Universidade Federal do Rio Grande do Sul (UFRGS) e pesquisador do Centro Brasileiro de Análise e Planejamento (Cebrap).

por outro, tratava de mostrar, contra as tentativas de ir além ou aquém da modernidade, que certos potenciais inscritos nela ainda mereciam ser recuperados. As obras seguintes do filósofo são, em grande medida, um enfrentamento teórico e político dos impasses que ele já diagnosticava naquela conferência e um desdobramento das saídas que ele apontava ainda de maneira esquemática.

A Nova Obscuridade – Pequenos escritos políticos V foi publicado na Alemanha em 1985, refletindo problemas e tensões de uma década crucial para a sobrevivência e maturação do projeto democrático, tanto na Alemanha quanto fora dela. Já em uma primeira passada de olhos, fica patente a natureza imediatamente política da maior parte dos assuntos nele tratados, tais como a crise do Estado social, a continuada avaliação do passado totalitário, as políticas de rearmamento, a desobediência civil e a repressão policial contra manifestações e protestos públicos. Entretanto, o significado político dos textos aqui reunidos não se deixa abarcar simplesmente por referência a seu recorte temático. Em meio a uma obra como a de Habermas, sempre atenta a questões prementes da política cotidiana, a peculiaridade de escritos designados como "políticos" tem de ser explicada por algo além de sua referência a temas práticos da ordem do dia.

É o que parece ser anunciado já em seu pequeno prefácio: Habermas ressalta que a diversidade das formas de publicação reunidas – as quais envolvem não apenas ensaios filosóficos, mas discursos, entrevistas, artigos de jornal e de revista – justifica-se por suas "tomadas de posição na condição de um contemporâneo político sobre temas da ordem do dia". E continua o texto dizendo que essas tomadas de posição "obedecem a regras de jogo que são menos restritivas que as da atividade acadêmica". Desse modo, o caráter político desses escritos parece ser atribuído não apenas ao conjunto dos problemas retratados, mas sobretudo à postura assumida perante eles. Com efeito, Habermas procura escrever fazendo uso não do papel estrito de acadêmico, mas de um "contemporâneo político", vale dizer, de um cidadão que procura se posicionar diante de seus contemporâneos acerca de questões que movimentam o debate público de seu tempo. É claro que esse papel não o obriga a abandonar inteiramente a dimensão teórica. Como nos declara ainda no Prefácio, a interpretação sobre os assuntos trabalhados e suas intervenções particulares é realizada sobre um pano de fundo teórico – apresentado àquela altura em sua forma mais plena em *O discurso filosófico da modernidade*, publicado no mesmo ano. Ainda assim, ao assumir a postura de intelectual engajado em uma esfera pública ampliada, Habermas permite se mover mais livremente para além de certos limites autoimpostos em seu trabalho mais estritamente acadêmico.

Mesmo sustentando a inscrição do conjunto de sua obra no interior da teoria crítica da sociedade, ou seja, de uma tradição filosófica que procura articular o trabalho intelectual com diferentes abordagens de uma práxis social transformadora, Habermas procura habitualmente fazer observados certos limites entre teoria e práxis. Isso é declarado com clareza na segunda das entrevistas contidas neste volume: "Dialética da racionalização". Tais limites são sutis, mas merecem ser respeitados tanto para impedir um dirigismo teórico que possa corromper a espontaneidade dos movimentos políticos e a autodeterminação de seus membros, quanto para preservar a capacidade de o conhecimento científico se reproduzir autonomamente a partir de uma crítica a seus próprios critérios de validade. Ocorre que em boa parte dos escritos aqui reunidos tais limites mostram-se bastante estreitados. Em seus admitidos momentos de "publicismo político", seus posicionamentos parecem ir além de uma simples reconstrução teórica, assumindo posturas propositivas, tomadas de posição substantivas no debate público, a identificação e o combate de seus principais adversários, etc.

Isso pode ser facilmente ressaltado em "Desobediência civil: a pedra de toque do Estado Democrático de Direito", publicado pela primeira vez na revista *Merkur*. Ali Habermas não se dedica apenas ao debate e esclarecimento teórico sobre o tema da desobediência civil, mas utiliza a herança teórica revisitada para defender a modificação de padrões de interpretação e aplicação do direito, combatendo a tipificação penal de protestos públicos não violentos sustentada por membros da Corte Constitucional alemã e juristas de renome, tais como Martin Kriele e Josef Isensee. Isso também se revela explicitamente em "A descontaminação do passado". Nesse texto, veiculado originalmente pelo jornal alemão *Die Zeit*, seus embates teóricos com Hermann Lübbe são transformados em controvérsias público-políticas a partir da conexão de suas críticas ao historicismo a questões de identidade e fins coletivos. E diante da suspeita de proselitismo que atingia ali a postura de intelectual engajado em questões práticas, Habermas responde:

> Evidentemente, os professores de Filosofia – assim como os cientistas e os intelectuais de modo geral – não têm um acesso privilegiado à verdade. Isso só Heidegger pretendia. Se eles to-

mam posição em questões práticas, eles o fazem ou na posição do especialista (que eu não sou) ou com o direito de participar nas discussões levantadas entre cidadãos.

Mas se esse tipo de engajamento público é característica fundamental de seus escritos políticos, vale pensarmos naquilo que marca a especificidade destes *Pequenos escritos políticos V*. Sem pretendermos uma apresentação exaustiva, torna-se agora importante indicar alguns de seus principais eixos temáticos, os quais nos remetem a diferentes aspectos de sua defesa da continuidade do projeto moderno. O primeiro deles diz respeito ao neoconservadorismo, questão que não apenas abre esta coletânea, mas perpassa em maior ou menor medida todos os demais textos nela reunidos. Como quadro teórico utilizado em seu tratamento, Habermas permanece defendendo uma teoria da modernização capaz de distinguir, por um lado, a racionalização comunicativa do mundo da vida, a qual torna as tradições vulneráveis à "força explosiva" do questionamento e da crítica intramundana em cada um de seus âmbitos de validade (isto é, da verdade empírica, da correção normativa e da experiência estético-expressiva), e, por outro lado, o desenvolvimento de subsistemas instrumentais de ação que se desacoplam do pano de fundo tradicional e passam a imprimir uma lógica pautada pelos meios linguisticamente empobrecidos do dinheiro e do poder – o qual também transforma as formas de vida tradicionais, mas segundo um movimento de monetarização e burocratização das estruturas sociais. Essa diferença no quadro referencial da modernidade é sintetizada, respectivamente, como "modernização cultural" e "modernização social". Embora contestável em seus fundamentos primeiros, esse quadro teórico permite a Habermas distinguir o velho e o novo conservadorismo. Enquanto o primeiro seria marcado por uma rejeição integral da modernidade e o apego fiel às formas de vida tradicionais, o *neoconservadorismo* é caracterizado por uma reconciliação seletiva e negociada com os inacabados processos de modernização. Segundo a fórmula utilizada por Habermas, ele continua o combate à modernização cultural, mas em nome agora do aprofundamento dos processos de modernização social. Cabe aqui uma passagem significativa:

> No entanto, o discernimento sobre a dialética do progresso não impediu a esquerda, desde Marx, de apostar nas forças produtivas do mundo moderno, ao passo que os conservadores persistiram na rejeição e na melancolia. Nesse lado das frentes da guerra civil europeia, um "sim" diferenciado à modernidade só foi alcançado no nosso século. Ainda assim, os jovens conservadores *prepararam* esse passo com um gesto heroico e muitas reticências – posteriormente, autores como Joachim Ritter, Ernst Forsthoff e Arnold Gehlen, que percorrem o período do pré-guerra até o pós-guerra, efetuaram de fato esse passo, e na forma de uma negociação, para ser exato.
>
> A negociação consistiu em que eles aceitaram a modernidade social apenas sob as condições que excluíam um "sim" à modernidade cultural. Hoje como ontem, o capitalismo industrial aparece, no caminho que leva à sociedade pós-industrial, sob uma luz semelhante, e é preciso explicar como as injunções dessa sociedade podem ser compensadas – seja por meio de tradições substanciais, não vulneráveis, seja por meio da substância autoritária de um poder estatal soberano, seja por meio da substancialidade secundária das assim chamadas legalidades objetivas. (p.77-78)

Para os neoconservadores, pois, moderna e desejável seria toda dinâmica social que nos conduz ao crescimento capitalista e ao progresso técnico e administrativo. Por outro lado, a continuidade mais plena dessas dinâmicas de progresso estaria ameaçada por perigos iminentes desencadeados pelas transformações aceleradas no campo da cultura. Desse modo, os diferentes representantes do neoconservadorismo atacariam a cultura profana moderna, seja denunciando seu caráter subversivo – "ela contrasta com a disposição à produtividade e à obediência, da qual dependem funcionalmente uma economia eficiente e uma administração estatal racional" –, seja defendendo o esgotamento de seus potenciais criativos e a incapacidade de promover a integração social por si mesma. Em suas consequências de insubordinação, hedonismo e disfuncionalidade, ela destruiria a disciplina do cotidiano burguês sem colocar nada em seu lugar. Essa adesão *parcial* à modernidade evitaria o caráter melancólico e paralisante típico das rejeições conservadoras, permitindo ao neoconservadorismo se apropriar de certas bandeiras do progresso que lhe garantem um notável revigoramento tanto teórico quanto político. Habermas procura mapear as ramificações do neoconservadorismo a partir de suas principais metas e trincheiras. Compartilhando um diagnóstico que encontra as causas das mais conhecidas mazelas da modernidade tardia em uma suposta crise cultural – isto é, na incapacidade de integração simbólica em sociedades que tiveram suas heranças comuns fragilizadas, revelando um substrato cultural profundamente dilacerado e conflituoso –, o neoconservadorismo viria povoando o debate público de modo crescente com pautas diversificadas de reformas, voltadas tanto ao revigoramento das ainda existentes reservas da tradição quanto à intensificação dos instrumentos sistêmicos que substituem a ineficiente integração comunicativa. Nesse sentido, a diversidade de seus modelos acompanha de perto suas respostas à modernidade em crise, entre as quais encontramos a defesa das reservas religiosas e de suas formas típicas de solidariedade e respeito, o combate ao discurso intelectual em defesa do pluralismo e da autonomia do indivíduo, a blindagem do sistema econômico contra demandas políticas que prejudicam sua lógica própria de crescimento, a redução das expectativas de legitimidade excessivas direcionadas ao Estado, bem como a autorização de sua reprodução tecnocrática e aplicação legalista do poder.

Para Habermas, esse diagnóstico equivocado seria produto de uma inversão entre causas e efeitos. Isto é, as mazelas sociais reclamadas pelos neoconservadores, entre as quais se destaca a fragilização de um uma integração cultural pela via do entendimento comunicativo, não podem ser atribuídas a uma "crise espiritual e moral", mas sim ao desenvolvimento irrefletido de subsistemas instrumentais de ação que avançam sobre o mundo da vida, substituindo laços interpessoais de entendimento pelos meios linguisticamente empobrecidos do dinheiro e do poder. Desse modo, a própria fragilização da cultura moderna, bem como sua incapacidade de gerar *vínculos* de solidariedade suficientes à integração das sociedades complexas atuais, são consideradas *efeitos* de um progresso sistêmico desonerado do entendimento comunicativo, o qual destrói as malhas de solidariedade culturais por meio da monetarização e burocratização crescentes. Assim, Habermas não apenas combate qualquer compreensão da modernidade dissociada do conteúdo explosivo de seu elemento cultural, mas defende que este comande o processo em seu conjunto mais amplo de racionalização dos discursos normativos, teóricos e estético-expressivos. Nesse ponto, o próprio tema da modernização se funde com a democratização continuada da sociedade em muitos de seus aspectos constitutivos, como na ampliação dos espaços decisórios, na clareza a respeito de seus critérios de legitimidade, na proteção das estruturas comunicativas contra seu empobrecimento sistêmico e na recomposição do discurso público a respeito de finalidades sócio-políticas compartilhadas.

> O elemento prático-moral, do qual a política deveria ganhar distância, é uma democratização dos processos de decisão que coloca a ação política sob os pontos de vista controversos da justiça social, em geral das formas de vida desejáveis. [...] Eu não gostaria de ser mal-entendido: as reservas não regeneráveis de nosso meio ambiente natural e as estruturas simbólicas de nosso mundo da vida – as formas de vida com raízes históricas e as modernas – carecem de proteção. Mas elas só podem ser protegidas se nós sabemos o que ameaça o mundo da vida. Os neoconservadores confundem causa e efeito. No lugar de imperativos econômicos e administrativos, as assim chamadas coerções econômicas, que monetarizam e burocratizam cada vez mais os âmbitos da vida, que transformam cada vez mais as relações em mercadorias e em objetos de administração – no lugar do foco real da crise da sociedade, eles colocam o fantasma de uma cultura subversivamente transbordante. (p.93, 96)

Esse modo de encaminhar a questão conduz ao segundo núcleo temático que nos cabe aqui apresentar: a necessidade do aprofundamento democrático para a continuidade mesma do projeto moderno. No ensaio "A crise do Estado de bem-estar social e o esgotamento das energias utópicas", a modernidade é vista como um novo espírito do tempo que, em nome de sua autocertificação, recusa a repetição de um passado exemplar e gera as próprias normas aptas a sua livre condução: "A modernidade não pode mais tomar de empréstimo seus critérios orientadores dos modelos oriundos de outras épocas. A modernidade se vê exclusivamente posta sobre si mesma – ela tem de extrair de si mesma sua normatividade" (p.210). Nesse sentido, a modernidade instaura uma consciência do presente, a qual pereniza o instante de possível ruptura com o passado e abre horizontes para o novo, para o que é original, para um futuro livremente criado. E por isso, segundo Habermas, ela necessariamente se alimenta de uma fusão entre utopia e história, isto é, de uma avaliação das condições de vida herdadas que ao mesmo tempo possibilita expectativas de uma vida alternativa; ou, ainda, de projetos de ruptura com a continuidade histórica possibilitados pelo próprio fluxo da história. E se a modernidade se nutre de utopias concretas, o esgotamento das energias utópicas representaria a paralisação mesma do projeto moderno. Esse seria justamente o estado de ânimo vivido com a crise do Estado social: "Hoje parece que as energias utópicas foram consumidas, como se tivessem se retirado do pensamento histórico. O horizonte do futuro se encolheu e alterou a fundo o espírito do tempo, assim como a política" (p.212).

Para Habermas, o projeto do Estado de bem-estar social pode ser pensado como o entrecruzamento dos dois movimentos emancipatórios responsáveis pela mobilização mais efusiva das energias utópicas modernas. De um lado, ele recupera a utopia de uma emancipação política que entregaria ao povo, considerado como a união de cidadãos portadores de direitos subjetivos inalienáveis, a atividade soberana de autodeterminação do corpo coletivo. Por outro lado, ele também é depositário das expectativas de emancipação social dirigidas à esfera produtiva, perseguindo o modelo de uma sociedade do trabalho formada por produtores livres e iguais. Nesse sentido, ele combinaria as expectativas normativas de justiça social com o Estado democrático de direito — não sendo casual que, após a Segunda Guerra Mundial, a quase totalidade dos governos eleitos no Ocidente tenha sido levada a assumir em maior ou menor medida suas diretrizes e seus princípios legitimadores básicos. Desde meados dos anos 1970, entretanto, cresceria a percepção acerca dos limites desse projeto: a medida de bem-estar alcançada mostrou-se não apenas insuficiente e bloqueada estruturalmente, mas também implementada mediante fortes restrições à liberdade dos cidadãos — isto é, mediante a condução tecnocrática de seus programas políticos e a crescente intervenção burocrática na vida dos beneficiários. Em outras palavras, cresce a percepção de que o modelo não consegue assegurar nem propriamente igualdade social, nem liberdade política. E, neste ponto, o esgotamento das energias utópicas parece imperar, seja no conformismo ante a manutenção de um modelo fracassado, seja na ausência de modelos alternativos entre seus dissidentes.

Apesar de reconhecer os limites do modelo historicamente vencedor, Habermas combate o diagnóstico de que as energias utópicas tenham se esgotado plenamente no presente. Após considerar as respostas conformistas à crise do Estado de bem-estar — sustentadas pelas posições "legitimista" e "neoconservadora", as quais ou riscam do mapa quaisquer expectativas de justiça social contrárias ao desenvolvimento econômico, ou pretendem realizá-las por um novo substrato espiritual administrativamente implantado –, Habermas chama a atenção para um terceiro padrão reativo que se manifesta na "dissidência dos críticos do crescimento". Trata-se de reconhecer a restauração do debate público em torno de identidades coletivas e demandas autogeradas, a pluralização das frentes de luta, a resistência à naturalização de carências segundo as posições ocupadas no sistema produtivo e à legitimação tecnocrática em nome de uma meta fundamental pautada no crescimento econômico. Nesse sentido, Habermas nos fala do esgotamento não das energias utópicas em seu todo, mas de um modo particular de percebê-las e mobilizá-las segundo os termos do paradigma produtivista:

> Assim, por exemplo, nos Novos Movimentos Sociais na Alemanha se reúnem minorias das mais diversas procedências para uma "aliança antiprodutivista" – velhos e jovens, mulheres e desempregados, homossexuais e deficientes, religiosos e não religiosos. O que os unifica é a rejeição àquela visão produtivista de progresso que os legitimistas partilham com os neoconservadores. (p.229)

É importante verificar que Habermas não nega a persistência dos conflitos oriundos do universo do trabalho, tampouco a expectativa de sua transformação pela via político-estatal. Se o espírito da modernidade é marcado pela fusão entre utopia e história, o horizonte histórico não lhe permite afirmar na atualidade nenhuma "alternativa reconhecível" ao Estado de bem-estar (p.225). Cabe, sim, trabalhá-lo em nome do aproveitamento das energias utópicas renovadas, as quais podem ser agregadas, segundo ele, a um projeto de *democratização radical* da sociedade empreendido em pelo menos três diferentes arenas interligadas: na arena da política institucional, na esfera pública e na cultura política, nas quais se mesclam processos decisórios transcorridos no interior das instituições estatais, processos deliberativos infraestatais de formação da opinião e da vontade coletiva, assim como o microdomínio das comunicações cotidianas, nas quais se buscam definições da realidade social, a incolumidade e a autonomia dos estilos de vida, a manutenção de subculturas e transformação consciente de suas gramáticas constitutivas. Esses elementos não fornecem um modelo concreto de sociedade, dotado de instituições e valores predefinidos. O conteúdo utópico de uma "sociedade da comunicação" se reduz aos aspectos formais de uma intersubjetividade não coagida, distinguindo apenas as

> condições necessárias, mas universais, para uma práxis comunicativa cotidiana e para um procedimento de formação discursiva da vontade que poderiam colocar os *próprios* participantes em condição de realizar, por iniciativa *própria*, as possibilidades concretas de uma vida melhor e menos arriscada, segundo as necessidades e os discernimentos *próprios*. (p.238)

Resta claro que o aprofundamento da democracia encontra-se aqui diretamente vinculado ao aproveitamento de potenciais comunicativos inscritos socialmente, os quais tornam possível a *coordenação racional* da ação coletiva segundo o livre convencimento das partes envolvidas. Nesse movimento, Habermas dá um passo significativo no interior das correntes filosóficas dedicadas à crítica da razão. Ao desfazer uma conexão supostamente necessária entre racionalidade e dominação, a continuidade do projeto moderno em sua dimensão eminentemente política passa a exigir uma dupla recusa: trata-se de evitar tanto a condução da modernidade segundo um paradigma do trabalho estritamente pautado no incremento da razão instrumental, quanto o completo abandono da razão. Com efeito, mostra-se, enfim, necessário colocar-se diante dos caminhos trilhados pela crítica radical da razão e superar as aporias por ela deixadas.

Habermas repete, de certo modo, o movimento argumentativo que desenvolve em *O discurso filosófico da modernidade*. Ele reconhece a situação aporética em que a filosofia se enredou no que concerne à crítica da razão. À crítica radical da razão, partilhada tanto por seus antecessores da Teoria Crítica quanto pelos herdeiros mais diretos de Nietzsche, ele opõe uma "crítica à crítica radical da razão". No entanto, mais do que um mero jogo de oposições, o que significaria apenas reafirmar a aporia, trata-se justamente de encontrar uma saída que não signifique uma despedida da própria razão e que, por isso, não anule o próprio empreendimento crítico. Uma crítica total da razão a reconhece apenas enquanto *genitivus objectivus*, isto é, toma a razão apenas como objeto da crítica, sem poder determinar "quem ou o que deve ocupar o *genitivus subjectivus* (se já não é mais a própria razão)" (p.202). Mais uma vez, portanto, trata-se de recuperar potenciais inscritos na modernidade filosófica. Ao reconstruir, naquela obra, os caminhos e descaminhos do discurso filosófico da modernidade, Habermas aponta que tanto aqueles que se situam em seu início quanto aqueles que pretendem recusar tal discurso anteviram e, ao mesmo tempo, deixaram escapar algo. Schiller, o jovem Hegel, Heidegger anteviram a possibilidade de saída da filosofia do sujeito, mas não chegaram a desenvolver uma concepção comunicativa de razão. Não por acaso, aos olhos de Habermas, a saída da filosofia do sujeito é ao mesmo tempo a saída da situação aporética da filosofia contemporânea.

É evidente que esse diagnóstico necessita de precisões e o próprio Habermas cuida em fazê-las. No que concerne à chamada primeira geração da Teoria Crítica, ele mostra que a aporia reconhecida por Adorno e Hokheimer no prefácio à *Dialética do Esclarecimento* se repõe no plano da própria atividade crítica. Recorde-se que os autores diziam que "a aporia com que defrontamos em nosso trabalho revela-se assim como o primeiro objeto a investigar: a autodestruição do esclarecimento" (Adorno; Horkheimer, 1985, p.13). Para Habermas, a investigação da aporia não pode ser feita ao preço da anulação da própria razão que é encarregada daquela tarefa. Entretanto, longe de atribuir a Adorno e Horkheimer tal deslize, trata-se de reconhecer a tensão permanente que atravessa a obra de ambos. Se é verdade que eles radicalizaram a crítica da razão, seguindo os passos de Nietzsche, a ponto de essa crítica solapar os próprios fundamentos, é verdade que Adorno, por exemplo, se distingue de Heidegger e de Foucault pelo fato de que

> não quer mais escapulir dos paradoxos dessa crítica da razão que se tornou como que sem sujeito – ele quer persistir na contradição performativa de uma dialética negativa que dirige os meios incontornáveis do pensamento identificante e objetificante contra ele próprio. (p.312)

No outro extremo da crítica radical da razão, Habermas parece reconhecer em Foucault uma espécie de dialética da "analítica da finitude": ao mesmo tempo que pretende fazer uma certa ontologia do presente, Foucault não percebe que a analítica é ela própria um sintoma do presente. E há nessa declaração um misto de elogio e censura. Comentando o texto do filósofo francês sobre o famoso opúsculo de Kant intitulado "Resposta à pergunta: O que é o esclarecimento?", Habermas nota que "Foucault descobre em Kant o *primeiro* filósofo que, como um arqueiro, dirige a flecha ao coração de um presente condensado na atualidade e, com isso, inaugura o discurso da modernidade" (p.182). Isso porque a marca característica da filosofia moderna seria justamente a reposição da mesma questão lançada há dois séculos: "O que é o Esclarecimento?". Não deve causar estranhamento que Kant fosse visto por Foucault como o inaugurador da modernidade filosófica, já que estabelecer uma equivalência entre as perguntas sobre o que é filosofia moderna e sobre o que é esclarecimento significa dizer que um dos traços que definem o discurso filosófico da modernidade é precisamente a necessidade de sua autocertificação. Ocorre que, enquanto vê em Kant o início de uma "ontologia de nós mesmos", Foucault seria traído pelas contradições que não enxergou na obra do filósofo alemão. A esse respeito, vale a pena reproduzir as palavras finais do ensaio de Habermas:

> É instrutiva a contradição em que Kant incorre quando declara o entusiasmo revolucionário como um sinal histórico que faz vir à tona uma disposição inteligível do gênero humano no mundo do fenomênico. Em igual medida, é instrutiva a contradição em que Foucault incorre quando coloca em oposição sua crítica do poder afetada pela atualidade com a analítica da verdade, de tal sorte que escapam daquela os critérios normativos que ela deveria tomar de empréstimo desta. Talvez seja a força dessa contradição que Foucault reconduziu, neste último de seus textos, à esfera

de influência do discurso filosófico da modernidade, o qual ele quis, no entanto, explodir. (p.198)

Não por acaso, Foucault podia se reconhecer como integrante de uma tradição de pensamento que vai "de Hegel a Horkheimer ou a Habermas, passando por Nietzsche ou Weber", já que todos partilhariam o mesmo questionamento: "qual é, pois, esse evento que se chama de *Aufklärung* e que determinou, ao menos em parte, o que nós somos, o que pensamos e o que fazemos hoje?" (Foucault, 1994, p.562). A resposta de Habermas, como se pode notar, dá um passo além. Não apenas somos todos herdeiros do Esclarecimento, mas devemos enfrentar igualmente a dialética do Esclarecimento. Entre outras razões, é por isso que Habermas vê em Hegel (e não em Kant) o legítimo inaugurador da modernidade filosófica.

Não obstante o reconhecimento de certo "déficit normativo" na tradição da Teoria Crítica, Habermas encontra na obra adorniana o gérmen de um conceito comunicativo de racionalidade, que permite superar a situação aporética da filosofia contemporânea. Cabe aqui retomar uma passagem decisiva da entrevista à *New Left Review*:

> No exercício do persistir, ele [Adorno] crê permanecer fiel o máximo possível à intenção de uma razão desaparecida, não instrumental. A razão desaparecida, pertencente ao pretérito mais-que-perfeito, encontra um eco unicamente nas forças de uma *mimesis* desprovida de palavra. Esse elemento mimético deve se deixar rodear pela dialética negativa, mas não – bem heideggerianamente – se abrir. O mimético permite pressentir, por certo, aquilo pelo qual assumiu o papel de guardador de lugar, mas ele

não dá a conhecer nenhuma estrutura que se possa caracterizar racionalmente. Nesse sentido, Adorno não pode se referir a nenhuma estrutura heterogênea à razão instrumental na qual a violência da racionalidade com respeito a fins totalizada iria se chocar. Na passagem [da *Teoria da ação comunicativa*] que os senhores mencionam, estou fixando essa estrutura resistente, a saber, aquela racionalidade imanente à práxis comunicativa cotidiana que faz valer o sentido intrínseco de formas de vida em contraposição às injunções funcionais do sistema de ação econômico e administrativo autonomizado. (p.312)

Assim como Marx pretendera ter apreendido o "cerne racional" da dialética hegeliana, Habermas pretende apreender o "cerne racional" da noção adorniana de *mimesis*. Mas isso só pode ser feito se abandonarmos o paradigma da filosofia da consciência em favor do paradigma da filosofia da linguagem (cf. Habermas, 1995, p.523). Como se pode ler na entrevista mencionada, apenas

> Uma teoria da comunicação que rompe com a conceitualização da filosofia do sujeito tira o chão dessa "lógica", desse nexo interno aparentemente indissolúvel entre emancipação e subjugação. Pois ela descobre o momento mimético já na práxis cotidiana do entendimento linguístico, não só na arte. (p.314)

A fim de desenvolver um conceito comunicativo de racionalidade, Habermas diz lançar mão de um fio condutor que encontra tanto na "variante hermenêutica", quanto na "variante analítica" da teoria da linguagem. Esse fio condutor, que atribui sobretudo a Wilhelm von Humboldt, é nada mais que "a intuição segundo a qual se inscreve na comunicação linguística um *telos* de entendimento mútuo". Além disso, ele nota em outro contexto que foi Humboldt quem promoveu uma transformação que pretende retomar: a "transformação pragmática da filosofia kantiana". Entretanto, isso não significa recusar a filosofia kantiana. Embora Kant ainda esteja situado no paradigma da filosofia da consciência, ele ainda é o ponto de referência: "Pode ser antiquado, mas creio que também hoje nos encontramos ainda, como Kant, diante do problema de explicar onde o conhecimento objetivante, o discernimento moral e a força do juízo estético encontram sua unidade procedimental" (p.205). Como Kant, Habermas toma para si a tarefa de conceituar as diferenciações dos complexos de racionalidade, característica da modernidade cultural. No entanto, diferentemente daquele ele não o faz com base em uma teoria das faculdades subjetivas, mas com os meios da teoria da linguagem. Nessa medida, ele interpreta a diferenciação dos âmbitos teórico, prático e estético não como a diferenciação dos domínios sobre os quais legislam o entendimento, a razão e a faculdade de julgar, mas como a diferenciação de certas pretensões de validade (pretensão de verdade, pretensão de correção normativa e pretensão de veracidade) que os falantes associam a seus enunciados. Além disso, tal diferenciação não é compreendida a partir das possíveis relações de representação que se estabelecem entre sujeito e objeto, mas a partir das relações entre sujeitos, que, por meio de seus enunciados, referem-se a um mundo de fatos (sobre o qual eles podem fazer afirmações verdadeiras ou falsas), a um mundo de normas compartilhadas (em relação ao qual eles podem proferir enunciados adequados ou justos) e a um mundo de experiências subjetivas (em relação ao qual eles podem se expressar sinceramente ou não, de maneira autêntica ou não).

Dado o fato da diferenciação da razão, Habermas procura pensar sua unidade recorrendo não ao modelo metafísico da unidade substancial, mas à forma moderna de uma unidade procedimental. Em sua discussão sobre a "racionalidade procedimental" como um dos motivos do pensamento pós-metafísico, Habermas recorda que na tradição metafísica a razão é concebida como uma faculdade dependente dos conteúdos materiais do mundo, como uma faculdade que organiza tais conteúdos e que pode ser reconhecida neles. Na modernidade, porém, em que se quebra essa unidade substancial, a razão se divide em racionalidades adequadas ao tratamento das questões específicas a cada um de seus âmbitos. Nas ciências experimentais, problemas empíricos passam a ser tratados no interior das comunidades de pesquisadores. Na moral e no direito, problemas práticos passam a ser tratados no contexto da comunidade de cidadãos de um Estado democrático e no contexto do sistema de direitos, independentemente, portanto, de qualquer tábua de mandamentos instituídos pela religião ou pelos valores tradicionais de uma dada comunidade. Na estética, a produção e a avaliação das obras de arte passa a não mais depender de regras rígidas e fixas instauradas desde a antiguidade, mas sim de procedimentos que dizem respeito unicamente à experiência estética do artista e do público. Diante desse quadro, não apenas a questão da diferenciação da razão, mas também a questão de sua unidade deve ser pensada em termos procedimentais. É esse um dos aspectos fundamentais que Habermas ressalta em sua caracterização da filosofia kantiana.

Ainda que os artigos e as entrevistas reunidos neste volume tenham sido motivados por temas que estavam na ordem do dia quando divulgados, seu valor vai muito além dessa circunscrição temporal. Eles não apenas lançam luz sobre as obras de Habermas mais ou menos contemporâneas, como o já mencionado *O discurso filosófico da modernidade* e a monumental *Teoria da ação comunicativa*, mas também complementam a exposição marcadamente teórica dessas obras, apresentando um agudo diagnóstico do tempo presente. Isso tudo faz do presente volume uma obra híbrida em suas formas de exposição, polêmica na escolha dos temas que ainda hoje mobilizam as controvérsias públicas em sociedades pretensamente democráticas e singular na postura abertamente política com a qual o autor aborda as questões. Leitura obrigatória não apenas aos estudiosos da filosofia habermasiana, mas a todos aqueles interessados nos tortuosos meandros de um processo de modernização inacabado.

Referências bibliográficas

ADORNO, T. W.; HORKHEIMER, M. *Dialética do esclarecimento: fragmentos filosóficos*. Rio de Janeiro: Jorge Zahar, 1985.

FOUCAULT, M. "Qu'est-ce que les Lumières?". In: _____. *Dits et Écrits* (1980-1988). v.IV. Paris: Gallimard, 1994.

HABERMAS, J. *Theorie des Kommunikativen Handelns*. v.1. Frankfurt-am-Main: Suhrkamp, 1981.

Prefácio

Tomadas de posição na condição de um contemporâneo político sobre temas da ordem do dia se movem nas formas do discurso, da entrevista, do artigo de jornal e de revista, da análise crítica de um livro atual e assim por diante. Elas obedecem a regras de jogo que são menos restritivas que as da atividade acadêmica. A presente coletânea é uma continuidade dos *Pequenos escritos políticos I-IV*, publicados em 1981. A história das ideias que constitui o pano de fundo dos temas abordados aqui foi tratada em minhas lições sobre *O discurso filosófico da modernidade*.

Frankfurt, maio de 1985
J. H.

1
O *neoconservadorismo*

Retrospectivamente, o espírito do tempo dominante desde meados dos anos 1970, "re-acionário" no sentido literal do termo, passa a assumir contornos mais claros – no estilo arquitetônico não menos palpável do que no estilo do pensamento dedicado ao diagnóstico de época. Confrontei-me com a arquitetura pós-moderna em novembro de 1981, mais precisamente, em um discurso de abertura para a exposição *Die andere Tradition* [A outra tradição], organizada pela Bayerische Rück. Em um fórum conduzido pela Fundação Friedrich Ebert de Frankfurt, pouco antes do fim da coalizão entre liberais e social-democratas no outono de 1982, investiguei as feições nacionais que os diagnósticos de época neoconservadores haviam assumido em duas culturas políticas distintas.

Modernidade
e arquitetura pós-moderna

A exposição dá ensejo à reflexão sobre o sentido de um prefixo. Pois ela toma partido, discretamente, no conflito em torno da arquitetura *pós*-moderna.* Com esse "pós", os protagonistas querem se distanciar de um passado; ao presente não podem conferir ainda um novo nome, visto que não sabemos resposta alguma até agora para o problema reconhecível do futuro. Fórmulas como "pós-Esclarecimento" ou "pós-história" fazem o mesmo serviço. Semelhantes gestos de despedida apressada combinam com períodos de transição.

À primeira vista, os "pós-modernos" de hoje repetem apenas o credo dos assim chamados "pós-racionalistas" de ontem. Leonardo Benevolo, o importante historiógrafo da arquitetura moderna, caracteriza essa orientação pós-racionalista, difundida de 1930 a 1933 justamente entre os arquitetos mais jovens, da seguinte maneira:

---

* No original, Habermas se vale da forma latina (*post-*) e da propriamente alemã (*nach-*). Essa variação se repete na sequência, mas aqui é sempre traduzida por "pós-". (N. T.)

Depois que o movimento moderno se coloca em um sistema de preceitos formais, supõe-se que a origem do mal-estar resida na estreiteza e no esquematismo desses preceitos, e crê-se que o remédio estaria de novo em uma reviravolta formal, em um esmorecimento do caráter técnico e da regularidade, no retorno a uma arquitetura mais humana, mais calorosa, a uma arquitetura que fosse mais livre e mais univocamente ligada aos valores tradicionais. A crise econômica faz que esse debate tenha se limitado a um espaço de tempo muito curto. A ditadura nazista que se seguiu a isolou definitivamente, funcionando, ao mesmo tempo, como pedra de toque e mostrando abertamente quais decisões se ocultam por trás da polêmica estilística.[1]

Eu não quero sugerir falsos paralelos, mas apenas lembrar que não é a primeira vez que ocorre uma despedida da arquitetura moderna — e ela continua a viver.

Ora, o prefixo que nos faz face em semelhantes designações convictas e orientadoras nem sempre tem o mesmo significado. É comum aos "ismos" formados com "pós" o sentido da tomada de distância. Eles conferem expressão a uma experiência de descontinuidade, mas tomam posição de maneira diversa em relação ao passado colocado à distância. Com o termo "pós-industrial", por exemplo, os sociólogos querem dizer apenas que o capitalismo industrial *se desenvolveu ainda mais*, que os novos setores de serviços se expandiram à custa do âmbito produtivo imediato. Com o termo "pós-empirista", os filósofos querem dar a conhecer que determinados conceitos normativos de ciência e progresso científico são *ultrapassados* por novas pesquisas.

---

[1] Benevolo, *Geschichte der Architektur des 19. Und 20. Jahrhunderts*, p.192.

A Nova Obscuridade

Os "pós-estruturalistas" querem *completar*, muito mais do que suplantar, a conhecida abordagem teórica. "Pós-vanguardistas", enfim, é como denominamos os pintores contemporâneos, que se servem com maestria da linguagem formal criada pelo movimento moderno, ao mesmo tempo que *abandonaram* as esperanças esfuziantes de uma reconciliação entre arte e vida.

Também a expressão "pós-moderno" assinalou, de início, apenas novas variantes no interior do vasto espectro da modernidade tardia, quando foi aplicada, na América dos anos 1950 e 1960, às correntes literárias que pretenderam se distanciar das obras da modernidade em sua primeira fase.[2] Em um grito de guerra afetivamente carregado, francamente político, o "pós-modernismo" só vai se transformar a partir do momento em que, nos anos 1970, dois campos contrários passam a apoderar-se da expressão: por um lado, os *neoconservadores*, que gostariam de livrar-se dos conteúdos supostamente subversivos de uma "cultura hostil", em favor de tradições redivivas; por outro lado, aqueles *críticos radicais do crescimento*, para os quais a Nova Arquitetura se tornou o símbolo de uma destruição infligida pela modernização. Só agora os movimentos pós-vanguardistas, que continuaram a partilhar consideravelmente a posição de consciência da arquitetura moderna – e, com razão, foram descritos por Charles Jencks como representativos da "modernidade tardia"[3] –, se lançam na esteira dos estados de ânimo conservadores dos anos 1970, preparando o caminho para a recusa, intelectualmente pueril mas provocativa, dos princípios morais da arquitetura moderna.[4]

---

2 Köhler, Postmodernismus, *Amerikastudien*, p.8 et seq.
3 Jencks, *Spätmoderne Architektur*.
4 Id., *Die Sprache der postmodernen Architektur*.

Esses exemplos das expressões formadas com "pós" não esgotam o espectro das atitudes em relação a um passado do qual se quer distanciar. Apenas o pressuposto é sempre o mesmo: que sentimos uma descontinuidade, a distância de uma forma de vida ou uma forma de consciência à qual antes estávamos familiarizados de maneira *ingênua* ou *irrefletida*.

Ora, essas são expressões com que Schiller e Schlegel, Schelling e Hegel tentaram conceber, durante sua vida, as experiências de descontinuidade de *seu* tempo. A época do Esclarecimento havia quebrado irrevogavelmente o *continuum* entre seu presente e o mundo das tradições imediatamente vividas, tanto das tradições gregas quanto das cristãs. O Esclarecimento histórico não se limitou a determinar o pensamento historicista do final do século XIX. Todavia, aqueles clássicos e românticos nascidos no século XVIII não quiseram se resignar simplesmente: pelo contrário, por meio de uma *apropriação refletida* da história, pretenderam encontrar seu *próprio* caminho. Esse impulso da filosofia idealista da reconciliação acarreta ainda a busca de um novo estilo arquitetônico, sintético, que passou a dominar na primeira metade do século XIX.[5] É como uma ressonância dessa necessidade vital que se vê o certame com o qual Maximiliano II da Baviera envidou, em 1850, os arquitetos para uma competição da qual deveria proceder o novo estilo almejado – e da qual, de fato, procedeu a Maximilianstraße. Só na segunda metade do século XIX é que se esteve preparado para viver com o pluralismo de estilos, objetivados e presentificados pela história da arte.

---

5 Brix, Steinhauser, Geschichte im Dienste der Baukunst.

Só agora as grandes realizações das ciências históricas do espírito, que, depois do Esclarecimento, se distanciaram do passado pela segunda vez, acabam se sedimentando em uma *consciência historicista*, dotada de uma cabeça de Janus. De um lado, o historicismo significa uma continuidade e uma radicalização do Esclarecimento que, como Nietzsche reconhece de imediato, define as condições da constituição das identidades modernas com ainda mais agudez, com ainda mais implacabilidade; de outro lado, o historicismo torna disponíveis as tradições históricas em uma simultaneidade ideal, possibilitando a um presente inconstante, em fuga de si mesmo, um rebuço com identidades tomadas de empréstimo. O pluralismo estilístico, do qual até então se padecera antes de tudo, torna-se agora uma conquista. Nessa situação, o Jugendstil, e depois a modernidade clássica, encontrou uma resposta que até hoje permanece atual. Na caracterização de "clássico", revela-se, contudo, a distância que nós voltamos a obter em relação ao movimento moderno do século XX. Por isso, temos de lidar com a questão de como nos posicionamos em relação a essa descontinuidade em irrupção reiterada.

Há dez anos, quando diretor da Neue Sammlung, Wend Fischer deu início a uma exposição muito respeitada. Com isso, ele queria reagir contra uma veneração de índole neo-historicista que acabara de apossar-se do ecletismo repleto de contrastes do século XIX, do "baile de máscaras dos estilos". Fischer pretendia tornar visíveis as tendências da "razão oculta", apresentando o século XIX como *pré-história* da arquitetura moderna e da forma funcional. Apesar do palácio de vidro inextrincável e do mercado Schrannenhalle, é preciso vasculhar pistas de maneira incomparavelmente mais extenuante para descobrir na Munique de hoje, nesse espaço antes de tudo com as costas viradas para a modernidade, os vestígios análogos da razão – e para dar continuidade a eles no presente. Mas não só a debilidade dos decalques que a modernidade legou sob o sol da casa dos Wittelsbacher pode explicar a mudança de tom: em comparação com aquela exposição dez anos atrás, os traços defensivos ressaltam hoje com mais força. O conflito em torno da pós-modernidade, que não transcorre mais somente nas revistas de arquitetura, tangencia também os pontos de referência das duas tentativas de reconstrução. Batalha-se pela sentinela desde a qual o olhar vagueia na pré-história do movimento moderno.

As frentes não são fáceis de destrinchar. Pois todos estão de acordo na crítica à arquitetura de depósito sem alma, à ausência de relação com o meio ambiente e à arrogância solitária dos edifícios comerciais, aos magazines monstruosos, às universidades e centros de convenções monumentais, à ausência de urbanidade e à desumanidade das cidades-satélite, às áreas de especulação imobiliária, aos descendentes brutais da arquitetura de *bunker*, à produção em massa de casinhas de cachorro com telhados de duas águas, à destruição dos centros, justificada por si mesma, e assim por diante –[6] tantas rubricas e nenhum dissenso de gênero ou grau. De Siegfried Giedion, que por mais de uma vida humana se engajou com tanta paixão pela arquitetura moderna, provieram, já no ano de 1964, sentenças de crítica que Oswald

---

6 Eu retiro essas caracterizações de Klotz, Tendenzen heutiger Architektur in der Bundesrepublik, *Das Kunstwerk*, p.6 et seq.; e Paul, Kulturgeschichtliche Betrachtungen zur deutschen Nachkriegsarchitektur, *Das Kunstwerk*, p.13 et seq.

A Nova Obscuridade

Matthias Ungers ou Charles Moore poderiam escrever hoje.[7] No entanto, o que uns apresentam como *crítica imanente* é, entre os outros, *oposição à modernidade*; as razões que encorajam um lado à continuidade crítica de uma tradição insubstituível bastam para o outro lado para proclamar uma era pós-moderna. E esses oponentes, por sua vez, extraem consequências contrapostas dependendo de se eles atacam o mal de maneira cosmética ou com uma crítica sistemática. Os de *índole conservadora* se contentam com as roupagens estilísticas daquilo que se processa de todo modo – seja ao modo de Branca, como um tradicionalista, seja ao modo do Venturi de hoje, como um artista *pop* que transforma o espírito do movimento moderno em uma citação e a mistura ironicamente com outras citações formando textos deslumbrantes, irradiantes como tubos de neon. Os *antimodernistas* radicais, em contrapartida, cavam mais embaixo, querem se desviar das coerções econômicas e administrativas da arquitetura industrial, objetivando uma desdiferenciação da cultura arquitetônica. O que para um lado são problemas de estilo, o outro entende como problemas de descolonização de mundos da vida destruídos. Assim, aqueles que querem prosseguir o projeto inacabado da modernidade centrifugada se veem confrontados com diversos adversários, que apenas concordam na firmeza de querer se despedir da modernidade.

A arquitetura moderna, que se desenvolveu partindo tanto dos começos organicistas quanto dos racionalistas de um Frank Lloyd Wright e de um Adolf Loos, que chegou à flores-

---

7 Giedion, *Raum, Zeit, Architektur*, p.22 et seq.; Moore, Eine persönliche Erklärung, p.64 et seq.

cência com as obras mais bem-sucedidas de um Gropius e um Mies van der Rohe, de um Corbusier e um Alvar Aalto – essa arquitetura é de qualquer forma o primeiro e único estilo vinculante, marcante também para o cotidiano, desde os dias do classicismo. Somente essa arquitetura nasceu do espírito de vanguarda, tem o mesmo dia de nascimento da pintura, da música e da literatura vanguardistas do século XX. Ela prosseguiu a linha da tradição formada pelo racionalismo ocidental e foi ela mesma vigorosa o suficiente para criar modelos, isto é, para se tornar clássica e fundar uma tradição que, desde o início, transgrediu as fronteiras nacionais. Como combinar esses fatos dificilmente contestáveis com as deformações unanimemente denunciadas que ocorreram na sequência, e mesmo em nome justamente desse estilo internacional, depois da Segunda Guerra Mundial? Desvela-se nas atrocidades a verdadeira face da modernidade – ou são falsificações de seu verdadeiro espírito? Eu pretendo me aproximar de uma resposta provisória, enumerando, em primeiro lugar, os problemas que se colocaram no século XIX para a arquitetura, mencionando, em segundo lugar, as respostas programáticas que a Nova Arquitetura lhes deu e mostrando, em terceiro lugar, que tipo de problemas esse programa *não* foi capaz de resolver. Essas considerações devem servir, em quarto lugar, para avaliar o conselho que a presente exposição, se eu entendo bem suas intenções, quer oferecer. Até que ponto é bom o conselho de apropriar firmemente a tradição da modernidade e prossegui-la criticamente, em vez de seguir os movimentos de fuga hoje dominantes – seja com um neo-historicismo confiante nas tradições, seja com a arquitetura de bastidor ultramoderna que se apresentou na Bienal de Veneza no ano passado, seja ainda com o vitalismo da vida simplificada representada pela arquitetura anônima, autóctone e desprofissionalizada?

Em primeiro lugar: a revolução industrial e a modernização social acelerada em sua sequência colocam a arquitetura e o urbanismo diante de uma nova situação no curso do século XIX. Eu gostaria de mencionar os três desafios mais conhecidos: a necessidade qualitativamente nova de configuração arquitetônica, os materiais e as técnicas novas da arquitetura e, enfim, a submissão da arquitetura aos novos imperativos funcionais, principalmente aos econômicos.

Com o capitalismo industrial, surgem *novas esferas de vida* que escapam à arquitetura monumental áulica e eclesiástica, tanto quanto à cultura arquitetônica própria da velha Europa, presente nas cidades e no campo. O aburguesamento da cultura e o surgimento de um público mais vasto, interessado em arte e cultivado, requerem bibliotecas e escolas, casas de ópera e teatros novos; mas essas são tarefas convencionais. De outro modo se passam as coisas com a rede viária, revolucionada pelo trem de ferro, que não só elevou a locomotiva a símbolo da dinamização e do progresso, mas também conferiu um outro significado às construções viárias conhecidas, às pontes e aos túneis, colocando uma nova tarefa junto com a construção de estações ferroviárias. As estações ferroviárias são os locais característicos dos contatos tão densos e variados quanto anônimos e fugazes, ou seja, daquele tipo de interações, saturadas de estímulo mas pobres em encontros, que iriam marcar a experiência de vida das grandes cidades. Como mostram as rodovias, os aeroportos e as torres de televisão, o desenvolvimento da rede de tráfego e de comunicação deu reiterados impulsos às inovações.

Isso vale também, nessa época, para as relações econômicas, que não exigiam novas dimensões apenas para os armazéns e para os mercados, mas também traziam consigo tarefas arquitetônicas não convencionais: o magazine e os pavilhões. Exemplos fascinantes são os primeiros grandes palácios de vidro das exposições industriais em Londres, Munique e Paris. Mas é sobretudo a produção industrial, com as fábricas, com os bairros operários e com os bens produzidos para o consumo em massa, que faz surgir âmbitos de vida em que a princípio a moldagem e a configuração arquitetônicas não penetram. A miséria social do industrialismo em sua fase inicial sobrepuja sua fealdade; seus problemas trazem à cena o Estado, os reformadores sociais burgueses e, finalmente, um movimento operário revolucionário, e não a imaginação configurativa dos arquitetos – se abstraímos os projetos utópicos para a nova cidade industrial (de Robert Owen até Tony Garnier).

Na segunda metade do século, os produtos massificados de uso diário, que escapuliram à força da arte artesanal tradicional, capaz de marcar estilos, são os primeiros a ser percebidos como um problema estético. John Ruskin e William Morris querem fechar o abismo entre a utilidade e a beleza, que irrompeu no cotidiano do mundo da vida industrial, por meio de uma reforma das artes aplicadas. Esse movimento reformista se guia por um conceito de arquitetura ampliado, voltado ao futuro, que vai de par com a pretensão de formar o entorno físico *inteiro* da sociedade burguesa. Em especial, Morris vê a contradição entre as demandas democráticas que desembocam em uma participação universal na cultura e o fato de que, no capitalismo industrial, âmbitos de vida cada vez mais amplos se alienam dos poderes culturais marcantes.

Para a arquitetura, um segundo desafio resulta do desenvolvimento de *novos materiais* (como o vidro e o ferro, o aço fundido e o cimento) e *novos métodos de produção* (sobretudo o emprego de elementos pré-fabricados). Os engenheiros impulsionam, no curso do século XIX, a técnica arquitetônica, abrindo assim possibilidades de criação para a arquitetura que explodem os limites clássicos do domínio construtivo de superfícies e espaços. Originando-se da estufa e construídos com partes estandardizadas, os palácios de vidro transmitiram aos contemporâneos fascinados uma primeira impressão de novas dimensões e de novos princípios de construção; eles revolucionaram os hábitos visuais e o sentido espacial do observador não menos dramaticamente do que o trem de ferro revolucionou a experiência de tempo dos viajantes. Sem um ponto central e reiterativo, o interior do palácio de cristal de Londres deve ter causado um "deslimite" de todas as dimensões conhecidas da configuração espacial.

O terceiro desafio é, finalmente, a *mobilização* capitalista das forças de trabalho, dos terrenos e das construções, das *condições de vida* da grande cidade de modo geral. Ela leva à concentração de grandes massas e à irrupção da especulação no âmbito de vida da moradia privada. O que hoje desencadeia os protestos no bairro berlinense de Kreuzberg e alhures começou naquela época: na medida em que a construção de casas se torna um investimento amortizável, as decisões sobre compra e venda de terrenos, sobre urbanização, demolição e reconstrução, sobre aluguel e rescisão de contratos se desprendem dos vínculos da tradição familiar e local, tornando-se independentes, em uma palavra, das orientações pelo valor de uso. As leis do mercado de construção e moradia modificam as atitudes em relação ao ato de construir e morar. Os imperativos econômicos determinam também o crescimento descontrolado das cidades; disso resultam as necessidades de uma espécie de urbanismo que é incomparável com a ampliação das cidades barrocas. O modo como essas duas sortes de imperativos funcionais, os do mercado e os do planejamento comunal e citadino, cooperam, cruzam-se e envolvem a arquitetura em um novo sistema de dependências torna-se patente, em grande estilo, na reconfiguração de Paris feita por Haussmann sob o governo de Napoleão III. Nesses planejamentos, os arquitetos não tomaram nenhuma parte digna de menção.

Quando se quer entender o impulso do qual surgiu a arquitetura moderna, é preciso ter presente que a arquitetura da segunda metade do século XIX não foi sobrepujada apenas por esse terceiro desafio do capitalismo industrial; embora tenha sentido os dois outros desafios, ela tampouco os dominou.

A disposição arbitrária sobre estilos cientificamente objetivados, arrancados de seu contexto de surgimento, coloca o historicismo em condições de desviar-se para um idealismo que se tornou impotente e *separar* a esfera da arquitetura das banalidades do cotidiano burguês. A necessidade da configuração nova, arquitetônica, de âmbitos de vida alienados é amoedada na virtude de absolver a arquitetura útil das reivindicações artísticas. As oportunidades oferecidas pelas novas possibilidades de configuração técnica são aproveitadas apenas para dividir o mundo entre arquitetos e engenheiros, entre estilo e função, entre fachadas faustosas exteriores e disposição espacial autonomizada no interior. É por isso que a arquitetura que se tornou historicista não tem muito mais a contrapor à dinâmica própria do crescimento econômico, à mobilização das condições de vida nas grandes cidades, à miséria social das massas, do que a evasão no triunfo do espírito e da cultura sobre os fundamentos materiais (disfarçados). Torna-se um símbolo impressionante a "caserna de aluguel" [*Mietskaserne*] de Berlin – "a parte dianteira do prédio, cuja fachada historicizante deveria esconder o valor de prestígio das moradias e, junto com isso, elevar o valor do seguro contra incêndio do edifício, estava reservada à burguesia média, ao passo que nas casas traseiras moravam a população mais pobre".[8]

Em segundo lugar: com a arquitetura historicista, o idealismo abandonou suas intenções originárias. Certamente, Schelling e Hegel também declararam a arquitetura como a mais baixa na hierarquia das artes, "pois o material dessa arte primeira é o não espiritual em si mesmo – a matéria configurável somente segundo as leis do peso".[9] Por esse motivo, Hegel crê que "o significado espiritual não se deposita exclusivamente na própria obra arquitetônica, mas, pelo contrário, [...] obteve já sua existência livre fora da arquitetura".[10] Porém, essa finalidade à qual a arquitetura deve servir, Hegel a concebe como o todo do contexto social de comunicação e vida – "como indivíduos humanos, como comunidade, povo".[11] Essa ideia de reconciliação é abandonada pela arquitetura historicista – o espírito, e não mais a força de reconciliação, alimenta agora a dinâmica da compensação de uma realidade rebocada, escondida atrás das fachadas. Nas tendências reformadoras da vida próprias do

---

8 Brix, Steinhauser, Geschichte im Dienste der Baukunst, p.220.
9 Hegel, Vorlesungen über Ästhetik, p.258-259.
10 Ibid., p.303-304.
11 Ibid., p.296.

Jugendstil, do qual procede a arquitetura moderna, anuncia-se já o protesto contra essa inveracidade, contra uma *arquitetura do recalque* e da formação de sintomas. Não por acaso, Freud desenvolve, ao mesmo tempo, os traços fundamentais de sua teoria das neuroses.

O movimento moderno aceita desafios em relação aos quais a arquitetura do século XIX não estava à altura. Ele suplanta o pluralismo estilístico e aquelas separações e divisões com que a arquitetura se arranjara.

Ele combate a alienação dos âmbitos culturais da vida no capitalismo industrial com a pretensão de um estilo que marca não somente as construções representativas, mas que penetra também a práxis cotidiana. O espírito da modernidade deve se comunicar à totalidade das manifestações da vida social. Nesse contexto, a moldagem industrial pode se juntar à reforma das artes aplicadas, a configuração funcional das construções utilitárias à engenharia das construções viárias e econômicas, e a concepção de zonas comerciais aos modelos da Escola de Chicago. Além disso, a nova linguagem formal se apossa de domínios exclusivos da arquitetura monumental, das igrejas, teatros, tribunais, ministérios, câmaras, universidades, sanatórios etc.; e, por outro lado, estende-se aos âmbitos nucleares da produção industrial, aos bairros operários, às habitações sociais e às fábricas.

No entanto, o novo estilo não poderia ter repercutido sobre todos os âmbitos da vida se a arquitetura moderna não tivesse assimilado o segundo desafio, o espaço de ação imensamente ampliado de possibilidades de configuração técnica, com o *sentido estético próprio*. A rubrica "funcionalismo" circunscreve determinadas ideias diretrizes, princípios para a construção de espaços, para o emprego de material, os métodos da produção e da organização; o funcionalismo se sustenta na convicção de que as formas devem expressar as funções de utilização para as quais se cria uma arquitetura. Mas isso não é tão novo; enfim, diz também o Hegel de inclinação classicista: "A carência produz na arquitetura formas que são tão somente convenientes e pertencem ao entendimento [*Verstand*]: o retilíneo, o retangular, o caráter plano das superfícies".[12] Acresce-se que a expressão "funcionalismo" sugere falsas representações. Assim, ela encobre que as propriedades das construções modernas, associadas a ela, são o resultado de uma legalidade estética intrínseca, procurada com consistência. O que se atribui falsamente ao funcionalismo se deve a um construtivismo esteticamente motivado, proveniente das novas problematizações da própria arte. Com ele, a arquitetura moderna seguiu o curso experimental da pintura vanguardista.

A arquitetura moderna se encontra em uma situação de partida paradoxal. *Por um lado*, a arquitetura sempre foi uma arte ligada a fins. Diferentemente da música, da pintura e da lírica, ela é capaz de desprender-se dos contextos práticos constitutivos tão dificilmente quanto a prosa rigorosa em termos literários pode se desprender da práxis da linguagem corrente – essas artes permanecem presas à rede da práxis e da comunicação cotidianas; Adolf Loos chegou a ver a arquitetura como excluída do âmbito da arte, junto com tudo o que serve a fins. *Por outro lado*, a arquitetura se encontra sob as leis da modernidade cultural – ela se submete, como a arte em geral, à pressão para a autonomização radical, para a diferenciação

---

12 Ibid., p.196.

de um âmbito genuíno de experiências estéticas que uma subjetividade liberada dos imperativos do cotidiano, das rotinas da ação e das convenções da percepção pode explorar no trato com sua própria espontaneidade. Adorno caracterizou a arte de vanguarda, que se desprende do objeto perspectivamente percebido, da tonalidade, da imitação e da harmonia e que se dirige a seus próprios *media* de exposição, recorrendo a palavras-chave como construção, experimento e montagem. As obras exemplares, assim pensa ele, servem a um absolutismo esotérico "à custa da conveniência real, com a qual construtos utilitários como pontes ou instalações industriais procuram sua lei formal [...]. Ao contrário, a obra de arte autônoma, funcional unicamente em si mesma, gostaria de alcançar por meio de sua teleologia imanente o que certa vez se chamou beleza".[13] Portanto, Adorno contrapõe a obra de arte funcional "em si" aos construtos funcionais para "fins externos". Em seus exemplos mais convincentes, porém, a arquitetura moderna não se ajusta à dicotomia designada por Adorno.

O funcionalismo dela coincide, antes, com a lógica intrínseca de um desenvolvimento artístico. São principalmente três grupos que elaboram os problemas resultantes da pintura cubista – o grupo dos puristas em torno de Corbusier, o círculo dos construtivistas em torno de Malevitch e, sobretudo, o movimento De Stijl (com van Doesburg, Mondrian e Oud). Da mesma maneira que Saussure investiga, naquela época, as estruturas da linguagem, os neoplasticistas, como eles se denominam, investigam a gramática dos meios expressivos e configurativos, das técnicas mais universais das artes plásticas,

---

13 Adorno, Ästhetische Theorie, p.96.

a fim de superá-las na obra de arte total representada pela configuração arquitetônica abrangente do entorno. "No futuro", diz van Doesburg, "a realização da expressão performática pura substituirá a obra de arte na realidade palpável de nosso entorno".[14] Nos projetos de casas muito precoces de Malevitch e Oud, é possível ver como do trato experimental com os meios configurativos resultam construtos como os da arquitetura funcionalista da Bauhaus. Em 1922, van Doesburg parte para Weimar a fim de reclamar, em confrontos polêmicos com os docentes da Bauhaus, os fundamentos construtivistas da arquitetura e da criação funcionalista. Apesar dessas controvérsias, é evidente a linha evolutiva, na qual Gropius também almeja a "nova unidade de arte e técnica"; no lema de Bruno Taut – "o que funciona bem parece bom" –, perde-se justamente *o sentido estético próprio do funcionalismo*, que ganha expressão tão clara nas próprias construções de Taut.

Se o movimento moderno reconhece os desafios da necessidade qualitativamente nova e das novas possibilidades técnicas de configuração e, em princípio, responde corretamente a eles, é antes com desamparo que ele se defronta com as dependências sistêmicas dos imperativos do mercado e da administração planejadora.

Em terceiro lugar: o conceito ampliado de arquitetura, que inspirou o movimento moderno desde William Morris e o encorajou a suplantar um pluralismo estilístico descolado da realidade cotidiana, não foi somente uma bênção. Ele dirigiu a atenção não apenas para os nexos importantes entre a moldagem industrial, a decoração de interiores, a arquitetura da

---

14 Van Doesburg apud Benevolo, *Geschichte der Architektur*, p.34.

construção de casas e o urbanismo; ele também foi apadrinhado quando os teóricos da Nova Arquitetura quiseram ver o *todo* dos estilos e das formas de vida submetido ao ditado de suas tarefas configurativas. Mas totalidades como estas escapam à interferência planejadora. Quando Corbusier conseguiu realizar finalmente seu projeto de uma *unité d'habitation*, quando conseguiu dar finalmente uma forma concreta a uma *cité-jardin verticale*, justamente as instituições comunitárias continuaram sem uso – ou foram abolidas. A utopia de uma forma de vida mentoreada, que já havia sustentado os projetos de Owen e Fourier, não pôde encher-se de vida. E isso não só por causa de uma subestimação desesperançada da multiplicidade, complexidade e mutabilidade dos mundos da vida modernos, mas também porque as sociedades modernizadas, dados os seus contextos sistêmicos, vão além das dimensões de um mundo da vida que o planejador pudesse mensurar com sua imaginação. Os fenômenos de crise que se tornam visíveis hoje da arquitetura moderna remontam bem menos a uma crise da arquitetura do que ao fato de que esta se deixou sobrecarregar voluntariamente.

Acresce que, com as obscuridades da ideologia funcionalista, a arquitetura estava mal armada contra os perigos acarretados pela reconstrução após a Segunda Guerra Mundial, período em que o estilo internacional se impôs, pela primeira vez, com ampla eficácia. Certamente, Gropius acentuou repetidas vezes o entretecimento da arquitetura e do urbanismo com a indústria, a economia, o tráfego, a política e a administração. Ele já vê também o caráter processual do planejamento. Mas, no quadro da construção de casas, esses problemas emergem em um formato talhado para finalidades didáticas. E os êxitos do movimento moderno seduziram os pioneiros, derivando-os para a expec-

A Nova Obscuridade

tativa infundada de que uma "unidade de cultura e produção" se produziria também em um *outro* sentido: as limitações econômicas e político-administrativas às quais a configuração do entorno se submete aparecem meramente como questões de organização sob essa luz glorificadora. Quando a unificação dos arquitetos norte-americanos, em 1949, pretende incluir em seu estatuto a determinação segundo a qual os arquitetos não devem agir como empresários da construção, Gropius não protesta de modo algum contra a insuficiência desse método, mas contra a finalidade e a justificativa da moção. Ele persiste em seu credo: "Transformada em fator cultural, a arte estará em condições de conferir ao entorno social aquela unidade que é a base genuína de uma cultura, que abrange todas as coisas, da simples cadeira até a casa de orações".[15] Nessa grande síntese, as contradições que caracterizam a modernização capitalista justamente no terreno do urbanismo acabam declinando – contradições entre as necessidades de um mundo da vida configurado, por um lado, e os imperativos comunicados através dos *media* dinheiro e poder.

Por certo, vem ao socorro disso também um mal-entendido linguístico, ou melhor: um erro categorial. Denominamos "funcionais" os meios apropriados para um *fim*. É nesse sentido que se entende um funcionalismo que quer construir as edificações segundo os critérios das finalidades do usuário. Mas também denominamos "funcionais" decisões que estabilizam uma concatenação de consequências de ação, sem que a existência desse *sistema* tenha de ser desejada por algum dos observadores, ou mesmo que tenha de ser apenas observada. O que

---

15 Gropius apud Benevolo, *Geschichte der Architektur*, p.506.

nesse sentido é *sistemicamente funcional* para a economia e para a administração, por exemplo, uma condensação do centro urbano com preços imobiliários elevados e receitas fiscais crescentes, de modo algum tem de revelar-se "funcional" no horizonte do mundo da vida dos moradores e dos circundantes. Os problemas do urbanismo não são, em primeira linha, problemas de configuração, mas problemas de controle falho, problemas de represamento e de superação dos imperativos sistêmicos anônimos que ameaçam intervir nos mundos da vida das cidades e consumir sua substância urbana.

Hoje, as considerações sobre a cidade da velha Europa estão na boca de todos; mas Camillo Sitte, um dos primeiros que comparou a cidade medieval com a moderna, alertava, já no ano de 1889, sobre as *espontaneidades não espontâneas*: "Pode-se", assim pergunta ele, "inventar e construir de propósito, segundo um plano, contingências como as que resultam em história no curso dos séculos? Poder-se-ia, pois, ter alegria real, não dissimulada, em tal *ingenuidade devaneada*, em uma tal *naturalidade artificial*?"[16] Sitte parte da ideia de *restauração da urbanidade*. Mas, após um século de crítica à metrópole, após um século de inúmeras tentativas, reiteradamente desiludidas, de manter em equilíbrio as cidades, de salvar os centros, de articular o espaço urbano nos bairros residenciais e nas zonas comerciais, nas instalações industriais e nas áreas verdes, nos domínios privados e públicos, de construir cidades-satélite habitáveis, de sanear as regiões degradadas, de canalizar com sensatez o tráfego e assim por diante, impõe-se a questão de saber se não é o próprio *conceito* de cidade que está ultrapassado. Os vestígios da cidade

---

16 Sitte, *Der Städtebau*.

ocidental, como Max Weber a descreveu, da cidade da burguesia europeia no auge da Idade Média [*Hochmittelalter*], da nobreza urbana no norte da Itália durante o Renascimento, das casas reais renovadas pelos mestres da arquitetura barroca – esses vestígios históricos confluíram em nossas cabeças formando um conceito de cidade difuso, com várias camadas. Ele pertence à sorte de conceitos que Wittgenstein detecta nos hábitos e na autocompreensão de uma práxis cotidiana costumeira: ao nosso conceito de cidade se vincula uma forma de vida. Entretanto, esta se transformou, de maneira que o conceito ancestral não é mais capaz de acompanhá-la.

Como um mundo da vida abarcável, a cidade podia ser configurada arquitetonicamente, representada sensivelmente. As funções sociais da vida urbana, a política e a econômica, a privada e a pública, as da representação cultural e da eclesiástica, do trabalho, da habitação, do repouso e da festa, podem ser *traduzidas* em fins, em funções de uso temporalmente regulamentado dos espaços configurados. Mas, no mais tardar no século XIX, a cidade se torna o ponto de intersecção de contextos funcionais *de outro gênero*. Ela é inserida em sistemas abstratos que, como tais, não podem ser apreendidos esteticamente em uma presença evidente. Que as grandes exposições industriais, dos meados do século até o final dos anos 1980, foram planejadas como grandes eventos arquitetônicos é algo que revela um impulso que hoje parece tocante, que, quando muito, as Olimpíadas lembram hoje. Ao organizar para a esfera pública mais ampla, com solenidade e concretude, a comparação internacional dos resultados de sua produção industrial em pavilhões grandiosos, os governos pretendem encenar literalmente o mercado mundial, trazendo-o de novo para dentro dos limites do mundo da vida. Mas nem mais as estações ferroviárias podiam tornar visíveis as funções da rede viária à qual conectam os passageiros, como outrora o portão da cidade tornava visíveis os vínculos concretos com as aldeias adjacentes e com a cidade mais próxima.

Seja como for, os aeroportos hoje se situam bem longe, por boas razões. E nos edifícios comerciais sem rostos que dominam o centro da cidade, nos bancos e nos ministérios, nos tribunais e nas administrações de conglomerados, nos estabelecimentos editoriais e de imprensa, nas burocracias privadas e públicas, não é possível notar os nexos funcionais cujos pontos nodais eles formam. A escrita dos logos e dos anúncios luminosos mostra que as diferenciações têm de ocorrer em um *medium* diferente do que aquele da linguagem formal da arquitetura. Disso, como se sabe, Venturi tirou consequências – com o "galpão decorado", com a *"duck house"* [casa-pato] junto à rodovia, elevada a programa e zombando da unidade de exterior e interior, de beleza e utilidade que a arquitetura moderna demandava. Um outro indício de que o mundo da vida urbano é mediatizado cada vez mais por *contextos sistêmicos não configuráveis* é o fracasso do projeto, certamente ambicioso, da Nova Arquitetura: até hoje, a construção de habitações sociais e a fábrica não se integram à cidade. As aglomerações urbanas excederam o antigo conceito de cidade do qual fazem parte nossos corações; não é uma falha da arquitetura moderna ou de qualquer outra.

Em quarto lugar: se esse diagnóstico não é inteiramente falso, ele se limita a corroborar de início a perplexidade dominante e a necessidade de buscar novas soluções. No entanto, ele desperta também dúvidas quanto às reações que o desastre da Nova Arquitetura, ao mesmo tempo sobrecarregada e instrumentalizada, colocou em cena. Para me orientar, ao menos provisoriamente, no terreno inextrincável das contracorrentes, introduzi uma tipologia, sem dúvida supersimplificadora, e distingui três tendências que têm uma coisa em comum: em oposição ao prosseguimento autocrítico da modernidade, em favor da qual essa exposição faz um discurso tácito de defesa, elas explodem o estilo moderno ao dissolver a concatenação de linguagem vanguardista e princípios funcionalistas inflexíveis. Programaticamente, forma e função voltam a dissociar-se. Isso vale de modo trivial para um neo-historicismo que transforma magazines em uma linha de casas medievais e as claraboias de ventilação do metrô em uma vila palladiana no formato de livro de bolso. Esse retorno ao ecletismo do século passado se deve, como na época, a necessidades de compensação. Esse tradicionalismo se enquadra nos moldes do neoconservadorismo político, na medida em que redefine como questões de estilo problemas que se situam em *outro* plano, retirando-os assim da consciência pública. A reação de fuga se vincula à atração pelo afirmativo: todo o *resto* deve permanecer como é.

A separação de forma e função concerne igualmente a uma pós-modernidade que corresponde às definições de Charles Jencks e se vê inteiramente livre de nostalgia – seja quando Eisenmann e Grave autonomizam acrobaticamente o repertório formal dos anos 1920, seja quando Hollein e Venturi, em semelhança com os cenários surrealistas, aplicam os meios de configuração moderna para arrancar efeitos pitorescos da mistura agressiva de estilos.[17] A linguagem dessa arquitetura

---

17 Lampugnani, Theorie und Architektur in den USA, *Architekt*, p.252 et seq.

de bastidor se consagra a uma retórica que busca conferir expressão, em todo caso cifrada, aos contextos sistêmicos não mais configuráveis em termos arquitetônicos.

É de outro modo que a unidade forma e função se explode com aquela arquitetura alternativa que parte das questões ecológicas e da preservação de bairros com raízes históricas. Em primeira linha, esses esforços, às vezes caracterizados de "vitalistas",[18] objetivam conectar intimamente a configuração arquitetônica com os contextos do entorno espacial, cultural e histórico. Nisso ainda vive algo dos impulsos do movimento moderno, agora, no entanto, em um viés defensivo. São dignas de nota, sobretudo, as iniciativas em favor de uma arquitetura comunitária que inclua os concernidos no processo de planejamento não apenas de maneira declamatória e que planeje parcelas da cidade em diálogo com os clientes.[19] Se no urbanismo se cruzam os mecanismos de controle do mercado e das administrações, cujo funcionamento tem consequências disfuncionais para o mundo da vida dos concernidos – e para o "funcionalismo" a que visara outrora –, então não é mais do que lógico fazer que a comunicação formadora da vontade dos participantes entre em concorrência com os *media* dinheiro e poder.

No entanto, a nostalgia por formas de vida diferenciadas confere amiúde a essas tendências o traço de um antimodernismo. Nesse caso, elas se vinculam ao culto do autóctone e da veneração pelo banal. Essa ideologia da subcomplexidade abjura o potencial racional e o sentido intrínseco da modernidade

---

18 Pohl, Plädoyer für eine unbefriedete Tradition, *Bauwelt*, p.768 et seq.
19 Kroll, Stadtteilplanung mit den Bewohnern, p.160 et seq.

cultural. O louvor da arquitetura anônima e de uma arquitetura sem arquitetos assinala o preço que esse vitalismo de viés crítico ao sistema está disposto a pagar, mesmo que se refira a um espírito de povo diferente daquele cuja glorificação completou em sua época, com máxima excelência, o monumentalismo da arquitetura do Führer.

Nessa oposição à modernidade se esconde boa dose de verdade; ela assume problemas não resolvidos que colocaram a arquitetura na penumbra – refiro-me à colonização do mundo da vida por sistemas de ação econômicos e administrativos autonomizados. Mas de todas essas oposições só poderemos aprender algo se não esquecermos uma coisa. Na arquitetura moderna, em um instante feliz, o sentido estético intrínseco do construtivismo se encontrou com a ligação a fins de um funcionalismo rigoroso, vinculando-se a ele sem violência. Apenas de tais instantes vivem as tradições, vive também o que se apresenta como "a outra" tradição, desde a perspectiva dessa exposição em Munique.

A crítica neoconservadora da cultura nos Estados Unidos e na Alemanha

Na edição mais recente da *Monat* (julho-setembro de 1982), Norman Podhoretz – editor da *Commentary* e, ao lado de Irving Kristol (editor da *Public Interest*), o formador de opinião mais influente do jornalismo entre os neoconservadores nos Estados Unidos – reclama um duplo mérito para si e seus amigos. Aquele grupo de intelectuais, designado "neoconservador", teria abalado as posições da esquerda e dos liberais "no mundo das ideias" e, com isso, desentulhara o caminho de Ronald Reagan até a presidência. No entanto, os neoconservadores formam apenas um dos três grupos na clientela do novo presidente – ladeado pelos conservadores de orientação acima de tudo católica, que se agrupou já na fase da Guerra Fria em torno de ativistas como William Buckley, e pelos fundamentalistas protestantes, que, durante os anos 1970, se constituíram como a Nova Direita na qualidade de porta-voz da maioria silenciosa. Diferentemente desses dois grupos, os neoconservadores não são fenômenos de massa. Eles se distanciam, em particular, do populismo da Nova Direita, e também da tentativa de misturar religião e política. Sua influência é mais fácil de mensurar na bolsa de valores intelectual do que nos votos dos eleitores.

De fato, eles fizeram que o conservadorismo nos EUA se tornasse, pela primeira vez em meio século, um fenômeno intelectual a ser levado a sério. Aos neoconservadores cabe o mérito de que um governo conservador possa se apoiar em mais do que pragmatismo e estado de ânimo, ou seja, em perspectivas teóricas. Isso explica também o interesse que esse movimento intelectual encontrou entre os partidos conservadores na Europa; um exemplo do interesse da CDU [União Democrata-Cristã] é o encontro organizado, em setembro de 1981, pela Fundação Konrad Adenauer, que reuniu os neoconservadores alemães com os norte-americanos.[1]

Nos dois países, trata-se de ligas flexíveis de intelectuais, formadas na base de convicções comuns. É comum aos neoconservadores norte-americanos e aos alemães um feixe de atitudes e concepções críticas que resultam de desilusões análogas. Desde meados dos anos 1960, esses cientistas sociais e filósofos se viram confrontados com desenvolvimentos econômico-políticos e espirituais que não estavam em acordo com seu retrato das sociedades industriais ocidentais, de natureza acima de tudo afirmativa. Nesse aspecto, o neoconservadorismo é o resultado de uma elaboração de desilusões. Nos EUA e na Alemanha, no entanto, os perfis do pensamento neoconservador se distinguem, tanto quanto as teorias e os diagnósticos de época, dos quais esses intelectuais partiram nos anos 1950, aqui e ali. Permitam-me caracterizar, primeiramente, o lado norte-americano.

---

1 Rühle et al. (orgs.), *Der Neokonservatismus in den Vereinigten Staaten*. Eu devo a Helmut Dubiel numerosas sugestões. Cf. seu estudo recém-publicado: *Was ist Neokonservatismus?*

A Nova Obscuridade

I

O núcleo teórico produtivo dos neoconservadores é formado por sociólogos conhecidos, cientificamente comprovados, como Daniel Bell, Peter Berger, Nathan Glazer, Seymour Martin Lipset, Robert Nisbet e Edward Shils. Eles não fazem segredo algum sobre seu passado político de esquerda e liberal. Nos anos 1950, muitos deles acabaram pertencendo ao círculo rigorosamente anticomunista em torno do American Committee for Cultural Freedom, participaram dos congressos em favor da liberdade cultural e publicaram na revista de assinatura *Encounter*, a contraparte inglesa da *Preuves* e da *Monat*. Na época, o governo norte-americano apoiou essa rede bem organizada de empreendimentos orientados a fazer valer os princípios liberais do mundo livre contra a pretensão de poder imperialista da União Soviética e contra todas as variantes do marxismo teórico. É com esse pano de fundo político que se ressalta a continuidade no pensamento dos neoconservadores norte-americanos. Eles continuam a ater-se até hoje a duas posições importantes, defendidas nos anos 1950.

Isso vale, por um lado, para o anticomunismo, que pôde recorrer ao conceito de *totalitarismo*, e, por outro, para um antipopulismo fundamentado com a *teoria da dominação democrática de elite*. Sem dúvida, as duas teorias não eram incontroversas nas ciências sociais dos anos 1950, mas amplamente aceitas. A teoria do totalitarismo jogou luz sobre os traços negativos do sistema político do lado adversário, acentuando as semelhanças entre a dominação de partido único dos fascistas e dos comunistas; a outra teoria explicou as vantagens do próprio sistema político, recorrendo ao caráter representativo do Estado constitucional com divisão de poderes, capaz de assegurar tanto o pluralismo de interesses sociais quanto uma seleção ótima de quadros de liderança. Esse foi o denominador comum de teorias sociais liberais que levaram ao conceito os processos de modernização, de tal maneira que a sociedade industrial mais avançada, justamente a norte-americana, podia se considerar exemplar implicitamente.

Essa honraria normativa do *status quo* não foi capaz de afirmar-se, no entanto, contra a primeira impressão causada pelas realidades dos anos 1960 e 1970. Explica-se daí a autocompreensão de Irving Kristol, que se tem por um liberal dobrado pela realidade. Peter Glotz fez uma tradução livre dessa definição: "O neoconservadorismo é a rede em que o liberal pode deixar-se cair quando passa a ter medo de seu próprio liberalismo". O que deu medo aos liberais?

Não posso adentrar nas transformações sociais e econômicas que o fim da época do New Deal suscitou e que destruíram a antiga coalizão em torno dele (em parte, por causa da ascensão social). Foram mais palpáveis as transformações na política externa; os neoconservadores reagiram à derrota no Vietnã e à política de distensão de Kissinger com o sentimento de que a resistência da América contra o comunismo mundial estancou devido a uma espécie de desarmamento moral. Da mesma maneira que os desenvolvimentos internacionais não se ajustavam à concepção anticomunista, tampouco internamente a mobilização que tomara a sociedade na sequência do movimento por direitos civis, do protesto estudantil, da Nova Esquerda, do movimento feminista e das contraculturas escapistas, ajustava-se ao mundo intacto de uma dominação elitista isenta de ideologia.

Além do mais, com a problematização da pobreza em meados dos anos 1960, aconteceu uma fissura no retrato da sociedade de bem-estar, de caráter antes de tudo harmônico. Logo em seguida, mostraram-se também as consequências colaterais dos programas de Estado de bem-estar social, postos em prática burocraticamente sob o governo Johnson. Não obstante, onde eles funcionaram era tanto pior quanto; pois, nesse caso, ameaçavam o princípio formal de igualdade de oportunidade em favor de uma melhora coletiva de oportunidades iniciais para minorias étnicas ou mulheres. Todas essas tendências foram sintetizadas por McGovern, no ano de 1972, em uma coalizão contra os sindicatos; existiam também neoconservadores que até então não haviam rompido com o Partido Democrata, o último passo para o salto.

Os liberais que se tornaram neoconservadores não abandonaram simplesmente as bandeiras. Pelo contrário, tentaram explicar os fatos que os inquietavam com a mobilização de todos os seus talentos. Eu não posso senão reproduzir o tom dessas análises muito ramificadas. São surpreendentes as concordâncias da doutrina neoconservadora com as abordagens de crítica social na escolha dos fenômenos que necessitam de explicação. Naturalmente, os fenômenos críticos aparecem em cada caso com descrições diferentes. Os neoconservadores buscam as causas da crise não no modo de funcionar da economia e do aparelho estatal, mas nos problemas de legitimação culturalmente condicionados, em geral na relação perturbada entre democracia e cultura. Eles se inquietam com a suposta perda de autoridade das instituições basilares, em especial no sistema político. Esse fenômeno é exposto sugestivamente sob rubricas como ingovernabilidade, o decréscimo de confiança, a perda de legitimidade e assim por diante. A explicação começa então por uma "inflação" de expectativas e reivindicações, impulsionada pela concorrência entre os partidos, pelas mídias de massa, pelo pluralismo de associações etc. Essa pressão das expectativas dos cidadãos "explode" em uma ampliação drástica do volume de tarefas estatais. Os instrumentos de controle da administração se sobrecarregam com isso. A sobrecarga leva tanto mais às perdas de legitimidade quando o espaço de ação estatal é estrangulado por blocos de poder pré-parlamentares, e quando os cidadãos responsabilizam o governo pelas perdas econômicas perceptíveis. Isso é tanto mais perigoso quanto mais a lealdade da população depende de compensações materiais.

De modo interessante, no começo e no fim dessa espiral se encontram recursos culturais: a assim chamada *inflação de reivindicações* e a *falta* de uma *disposição para a anuência e a obediência*, suportada pela tradição e pelo consenso em torno de valores e imunizada contra as oscilações funcionais. Peter Steinfels coloca o ponto da questão sob a seguinte fórmula: "A crise contemporânea é, em primeira linha, uma crise cultural [...]. O problema é que nossas convicções se afrouxaram, nossa moral e nossa decência se corromperam".[2]

As propostas de terapia resultam dessa análise. As burocracias estatais precisam de desoneração. Para isso serve a retransferência dos problemas que oneram os orçamentos públicos do Estado para o mercado. Uma vez que, ao mesmo tempo, a atividade de investimento deve ser promovida, a redução do volume de tarefas precisa estender-se aos serviços sociais

---

2 Steinfels, *The Neoconservatives*, p.55.

públicos, aos gastos consumptivos em geral. Nesse ponto, os estímulos para uma política econômica orientada à oferta, que quer incentivar a atividade investidora por meio de facilitações fiscais, se ajustam comodamente ao ideário neoconservador. Quanto mais fortemente o Estado se retira do processo econômico, por exemplo, por meio de uma privatização dos serviços públicos, tanto mais ele pode se safar das exigências de legitimação que lhe resultam da sua competência geral para os custos inerentes de um capitalismo suscetível a perturbações.

Outras concepções visam imediatamente às causas presumidas. Os neoconservadores recomendam um desacoplamento mais forte do Executivo em relação à formação política mais ampla da vontade, em geral uma moderação daqueles princípios democráticos que cravam o nível de legitimação em uma altura demasiada. "As democracias vivem constantemente sob o perigo de ser sobrecarregadas por suas próprias premissas normativas."[3] Atrás do estiramento utópico do nível de justificação democrática, atrás da pressão de expectativas luxuriantes, que se reproduz no Estado por meio de canais de decisão democratizados, abertos amplamente para baixo, encontram-se, em última instância, orientações culturais. Enfim, é preciso nomear um adversário responsável por essa sobre-excitação dos recursos culturais – a "Nova Classe" dos intelectuais. Estes liberam por negligência ou de propósito os conteúdos explosivos da modernidade cultural; eles são os advogados de uma "cultura hostil", desde a perspectiva das necessidades funcionais do Estado e da economia. Assim, os intelectuais se apresentam como os alvos mais visíveis da crítica neocon-

---

3 Kielmannsegg, *Demokratieprinzip und Regierbarkeit*, p.122.

servadora: "A nova classe e sua cultura hostil precisam ser domesticadas ou repelidas de todos os ambientes sensíveis".[4]

Não quero me demorar muito com a crítica da investigação sobre a ingovernabilidade. A fraqueza teórica dessas análises consiste, como Joachim Heidorn constata com razão, na inversão de causas e efeitos:

> Não é o reordenamento das relações econômicas e políticas entre as nações altamente industrializadas ocidentais e, em particular, as regiões de miséria e catástrofe do "Terceiro Mundo", o qual se encontra na ordem do dia da política mundial; não são as debilidades funcionais e os problemas inerentes e em acúmulo dos sistemas econômicos capitalistas; não é o equilíbrio precário entre os blocos militares orientais e ocidentais; não é a sucessão de ideologias de crescimento historicamente ultrapassadas e o desenvolvimento de uma relação não instrumental do ser humano com suas condições naturais de vida e de meio ambiente que estão no centro das análises sobre a ingovernabilidade, para só mencionar algumas das tarefas e dos desafios a serem vencidos na próxima década. Em vez disso, as formas de organização política da democracia parlamentar, os direitos de liberdade e os direitos civis, assim como os movimentos que objetivam a justiça social maior, é que são estendidos perante o tribunal das investigações sobre a ingovernabilidade.[5]

Mais interessante do que esse argumento, próprio da ciência política, é a teoria da cultura que se encontra no pano de fundo,

---

4 Steinfels, *The Neoconservatives*, p.65.
5 Heidorn, *Legitimität und Regierbarkeit*, p.249.

sobretudo aquela interpretação da crise cultural que Daniel Bell apresentou em seu livro sobre *The Cultural Contradictions in Capitalism* [As contradições culturais no capitalismo].[6]

II

Bell se reporta a Max Weber, que, como se sabe, havia afirmado que o desenvolvimento capitalista consome os próprios pressupostos motivacionais de sua existência, junto com a ética protestante. Bell atribui o padrão autodestrutivo desse desenvolvimento a uma ruptura entre cultura e sociedade. Ele analisa o conflito entre uma sociedade *moderna*, que se desdobra segundo os critérios da racionalidade econômica e administrativa, e uma cultura *modernista*, que contribui para a destruição dos fundamentos morais da sociedade racionalizada. Aqui como ali, a modernidade se deve ao processo de secularização; mas o que é bom para a sociedade *secularizada*, justamente a modernização capitalista, se reverte em fatalidade para a cultura. Pois uma cultura *que se tornou profana* põe em ação atitudes subversivas; ela contrasta, em todo caso, com a disposição à produtividade e à obediência ancorada na religião, da qual dependem funcionalmente uma economia eficiente e uma administração estatal racional.

A atitude afirmativa em relação à modernidade *social* e a desvalorização da modernidade *cultural* são típicas do padrão valorativo que subjaz a todos os diagnósticos de época neoconservadores. Mas Daniel Bell é um espírito complexo

---

6 Bell, *The Cultural Contradictions in Capitalism*.

e um bom teórico social – em nada ele procede de maneira neoconservadora quanto à análise das causas da crise cultural.

Bell rejeita como confusa a concepção da "Nova Classe" que, com efeito, tem de tornar hegemônico o princípio da autorrealização sem limites, segundo a leitura neoconservadora. A assim chamada "Nova Classe" consiste em indivíduos que, na sua postura radical de vida, levam até o fim a "lógica do modernismo", mas de modo algum exercem um poder digno de menção. O desenvolvimento do capitalismo é determinado por fatores inteiramente diferentes: pelas necessidades militares, inovações técnicas, convulsões econômicas etc. Junto com essas mudanças estruturais, propagou-se também um novo hedonismo, que se justifica pelos modelos da modernidade estética. Só que

> a máquina do capitalismo moderno absorveu esses estilos de vida (contraculturais) e os comercializou. Sem esse hedonismo estimulado pelo consumo de massa, a indústria de bens de consumo entraria em colapso. A contradição cultural do capitalismo consiste, por fim, apenas nisso: o capitalismo, depois de ter perdido suas legitimações originárias, assumiu as legitimações de uma cultura outrora antiburguesa, a fim de manter a existência das próprias instituições econômicas.[7]

Nesse ensaio do ano de 1979, Bell de modo algum comete a confusão usual de causas e efeitos. Ele não quer saber de compreender a ruptura entre cultura e sociedade como se a crise de autoridade pudesse ser imputada, sem mais, a uma cul-

---

7 Bell, The New Class: A Muddled Concept, p.163-164.

tura cujos porta-vozes intelectuais atiçam a hostilidade contra as convenções e as virtudes de um cotidiano racionalizado pela economia e pela administração. Apesar disso, sua análise do modernismo permanece cativa de alguns prejulgamentos.

Por um lado, Bell concebe o desenvolvimento da arte e da literatura modernas desde meados do século XIX, de ponta a ponta, como uma elaboração consistente do sentido intrínseco que, nas palavras de Max Weber, é inerente à esfera dos valores estéticos. O artista vanguardista confere às experiências autenticidade, no trato com uma subjetividade descentrada e liberada das coerções do conhecimento e da ação. O sentido intrínseco do estético se mostra no desvio em relação às estruturas espaciais e temporais do cotidiano, na ruptura com as convenções da percepção e da atividade com relação a fins, naquela dialética de desvelamento e choque que a quebra dos tabus, que a lesão propositada de normas morais fundamentais desencadeia.

Por outro lado, Bell se interessa menos pelas novas sensibilidades e pelos ganhos em experiência da modernidade estética; ele crava os olhos, como que encantado, na força subversiva de uma consciência que se subleva contra as operações de normalização da tradição. Bell não vê que a neutralização do bom, do útil e do verdadeiro, que a rebelião contra tudo que é normativo, é apenas a consequência de uma diferenciação radical dessas esferas de valor – a vanguarda purifica, por assim dizer, a experiência estética das mesclas de outros elementos. O olhar do sociólogo se dirige somente aos estilos de vida anárquicos e inquietantes, que se propagam por toda parte onde o novo modo de experiência se concentra no ponto central de uma experiência e de uma realização subjetivista de si mesmo.

É nessa linha de argumentação neoconservadora que residem inteiramente três afirmações. A primeira: a vanguarda está enfim esgotada, o modernismo esgotou seu impulso criador; a segunda: é justamente por isso que se difundem os estilos de vida exercitados previamente na boemia, com suas orientações axiológicas hedonistas, subjetivas e sem limites, solapando a disciplina do cotidiano burguês; a terceira: apenas a renovação de uma consciência religiosa, a suplantação da cultura que se tornou profana, pode restaurar os fundamentos da sociedade secularizada.

Vista à luz do dia, a queixa sobre os efeitos anômicos da arte vanguardista só pode se referir aos programas, preconizados pelos surrealistas, de uma transformação *sem mediações* de arte em vida. Essas tentativas de uma falsa superação da arte fracassaram faz tempo. Remonta ao mesmo mal-entendido a cópia massificada de estilos de vida extraordinários — como se por esse caminho fosse possível liberar os conteúdos de experiência explosivos da arte moderna e, com isso, tornar mais plástico um cotidiano reificado. Trata-se de fenômenos, antes de tudo, marginais. Quando nos envolvemos com as pesquisas empíricas sobre a mudança de valores nas sociedades ocidentais, é possível observar algo totalmente diferente na mudança de atitudes, no deslocamento no interior do espectro de valores, em especial da geração mais jovem.

Aqui as necessidades "materialistas" de segurança e previdência, como resultam das investigações de Ronald Inglehart,[8] recuam para trás das necessidades "pós-materialistas". Sob essa

---

8 Klages, Kmiecak (orgs.), *Wertwandel und gesellschaftlicher Wandel*, p.179-365.

etiqueta se escondem, de fato, um interesse por espaços de ação ampliados para a realização e a experiência de si mesmo, uma sensibilidade intensa pela necessidade de proteção de meio ambientes naturais e com raízes históricas, e também um senso aguçado para relações vulneráveis, interpessoais. Daniel Bell poderia certamente colocar essas atitudes expressivas em vínculo com o âmbito de experiência estética. Nesse ponto, porém, a equiparação de cultura com arte e literatura se vinga; pois as orientações axiológicas cristalizadas em torno da expressividade e da autorrealização remetem *também* aos ideais da autodeterminação e da moral. Na escala pós-materialista de valores se encontram orientações que revelam uma sensibilidade moral – sobretudo o interesse pela conservação e pelo uso extensivo de direitos de liberdade individual e de participação política. A autorrealização expressiva e a autodeterminação prático-moral são *dois componentes de mesmo ranque*, complementando-se reciprocamente e inscritos *cooriginariamente* na cultura moderna. Bell não vê que a cultura moderna se caracteriza por uma universalização do direito e da moral não menos do que pela autonomização da arte.

Profanas de um extremo a outro, as ideias de justiça que se conectam com o direito natural racional e com a ética kantiana resultaram do *mesmo* processo de profanização que a arte pós-aurática do modernismo. O próprio Bell faz uso dessas ideias no final do seu livro, quando opina que as contradições econômicas do capitalismo, legíveis nos orçamentos públicos, só podem ser resolvidas com o auxílio de um contrato social renovado. Bell não se contenta com a exigência neoconservadora de moderar a democracia, para que se possam satisfazer os imperativos de um crescimento econômico inalterado em seu mecanismo de propulsão. Pelo contrário, como um liberal consequente, ele considera necessária uma *concepção de igualdade*, passível de consenso, que "dê a todas as pessoas o sentimento de ser tratado com equidade e como um membro da sociedade dotado dos mesmos direitos".[9] É sobre esse fundamento que teriam de ser negociadas de novo as proporções naturalizadas e avezadas de acordo com as quais se elabora, se divide e se consome o produto social.

III

Sobre uma tal plataforma poderiam ser discutidas as questões sociais dos anos 1980, para cuja solução ninguém é capaz de oferecer uma receita simples. Mas, na Alemanha, quem dá o tom não são aqueles neoconservadores que, como Richard Löwenthal ou Kurt Sontheimer, poderiam ser vistos como um *pendant* dos colegas norte-americanos, aparentados no espírito. Neles, a política das ideias e a retórica determinam a discussão com mais força do que a análise das ciências sociais. Fora alguns historiadores, os porta-vozes são principalmente filósofos. Sob a pressão das intuições neoconservadoras, os sociólogos se convertem em "antissociólogos" – um fenômeno bem alemão.

No entanto, as diferenças no estilo de pensamento e de exposição têm a ver menos com as disciplinas de origem do que com as linhas tradicionais das duas culturas políticas. Os porta-vozes filosóficos do neoconservadorismo alemão – e é a esse grupo nuclear articulado que vou me restringir a seguir –

---

[9] Bell, *The Cultural Contradictions in Capitalism*, p.282.

efetuaram sua identificação com a modernidade social não nos termos de uma teoria inequivocamente liberal – que depois sofreria uma desilusão. Pelo contrário, as teorias das quais *partiram* tiveram um impacto jovem-conservador e, com isso, um pano de fundo especificamente alemão. No *Süddeutschen Zeitung* (de agosto de 1982), Hans Heigert descreve, por ocasião da concessão do prêmio Goethe a Ernst Jünger, a mentalidade dos jovens conservadores – daqueles "intelectuais de direita recalcados" da época de Weimar –, acentuando dois componentes: por um lado, a "rejeição do progresso meramente civilizatório, daí o anticapitalismo, o antiamericanismo, o desenvolvimento e a glorificação do elitismo [...]. O feito heroico deveria suplantar o comum, a ação em si mesma deveria servir à libertação"; e, por outro lado, "a lealdade ao que é próprio, a percepção das raízes, a inserção na torrente da história, na profundeza do povo [...]. A propagação das virtudes secundárias perpassou a pedagogia inteira: obediência, dever, serviço, disposição ao sacrifício – fé". Os sobreviventes e os herdeiros desses revolucionários de direita efetuaram, depois de 1945, uma operação que separa os dois componentes mencionados: eles se reconciliaram com o progresso civilizatório, mas conservaram a crítica cultural. É esse caráter negociado de uma reconciliação inconvicta com a modernidade que separa os neoconservadores alemães dos norte-americanos, os outrora jovens conservadores dos outrora liberais.

Desde os dias de Hegel, entre os intelectuais alemães, a sensibilidade para o preço exigido pela modernização social do mundo da velha Europa foi talhada com mais profundidade do que a Oeste. No entanto, o discernimento sobre a dialética do progresso não impediu a esquerda, desde Marx, de apostar nas forças produtivas do mundo moderno, ao passo que os conservadores persistiram na rejeição e na melancolia. Nesse lado das frentes da guerra civil europeia, um "sim" diferenciado à modernidade só foi alcançado no nosso século. Ainda assim, os jovens conservadores *prepararam* esse passo com um gesto heroico e muitas reticências – posteriormente, autores como Joachim Ritter, Ernst Forsthoff e Arnold Gehlen, que percorrem o período do pré-guerra até o pós-guerra, efetuaram de fato esse passo, e na forma de uma negociação, para ser exato.

A negociação consistiu em que eles aceitaram a modernidade social apenas sob as condições que excluíam um "sim" à modernidade cultural. Hoje como ontem, o capitalismo industrial aparece, no caminho que leva à sociedade pós-industrial, sob uma luz semelhante, e é preciso explicar como as injunções dessa sociedade podem ser compensadas – seja por meio de tradições substanciais, não vulneráveis, seja por meio da substância autoritária de um poder estatal soberano, seja por meio da substancialidade secundária das assim chamadas legalidades objetivas. Essas posições, teoricamente bastante estimulantes, foram reelaboradas durante os anos 1950 – mais precisamente, no curso de uma reconciliação conservadora com a modernidade social, que, ao mesmo tempo, não foi necessária pelo lado dos liberais norte-americanos. Eu pretendo esboçar três dessas linhas de argumentação (a quarta linha, etológica, seguida por Konrad Lorenz, eu a deixo de lado, já que ela leva antes à Nova Direita na França do que ao neoconservadorismo alemão).

a) pela via de uma interpretação tão fascinante quanto influente dos escritos políticos de Hegel, *Joachim Ritter* descreveu a "sociedade burguesa" moderna, proveniente da Revolução Francesa, como o espaço de duas coisas, da emancipação e da cisão. A desvalorização do mundo tradicional, a cisão das ordens de vida historicamente transmitidas, é vista positivamente como a única forma em que os cidadãos do mundo moderno podem obter e preservar sua liberdade subjetiva. Por outro lado, a sociedade econômica moderna restringe os *homens* ao *status* de suportes da produção e do consumo. Visto que lhe é inerente a tendência de reduzir as *pessoas* à sua mera natureza carencial, uma socialização absoluta, que venha a negar seus próprios pressupostos históricos, aniquilaria também as conquistas da liberdade subjetiva. No modo da cisão, a liberdade só poderá ser assegurada contra esse perigo de uma socialização total se os poderes desvalorizados da tradição, "como poderes da vida pessoal, da subjetividade e da procedência",[10] mantiverem, contudo, a força para compensar as abstrações necessárias da sociedade burguesa. Portanto, para se estabilizar, a modernidade social precisa tornar presente sua própria substância histórica; em outras palavras: uma substância desesperada, já que se trata da operação paradoxal de um tradicionalismo historicamente esclarecido.

b) Uma outra saída é buscada pela doutrina conservadora do direito público, apoiada no conceito de soberania proposto por Carl Schmitt. No começo dos anos 1950 surgira uma discussão sobre a questão de qual peso caberia à cláusula do Estado de bem-estar social, estabelecida por nossa Lei Fundamental, para a interpretação constitucional. *Ernst Forsthoff* defendeu então a concepção segundo a qual as normas que definem o estatuto do Estado de direito na República Federal da Alemanha deveriam manter uma precedência absoluta sobre a cláusula

---

10 Ritter, Hegel und die französische Revolution, p.183 et seq.

que exigia o Estado de bem-estar social, a qual deveria ser entendida apenas como recomendação política. Essa querela da dogmática jurídica[11] só se torna compreensível quanto ao seu conteúdo em termos de filosofia da história quando mantemos em vista a premissa, quando lembramos a interpretação de Hegel feita por Ritter: a sociedade que representa o substrato da democracia de massas do Estado de bem-estar social não é por si mesma capaz de estabilização e requer compensações. Todavia, Forsthoff não quer ver a dinâmica dessa sociedade represada pelo contrapeso de uma tradição retoricamente evocada, mas sim pelo Estado soberano. Mesmo a ordem do Estado de direito apresenta o poder supremo de um soberano como seu núcleo substancial. O Estado só poderá desdobrar a força necessária para estabilizar a modernidade social se for imune, em caso de urgência, aos motivos alegados em nome de interesses sociais. O guardião do bem comum precisa ter o poder político de *não* argumentar e, em vez disso, decidir.

Esse conceito vive da teoria de Carl Schmitt na medida em que este fizera uso da capacidade de distinguir entre amigo e inimigo como critério para obter um conceito puro de político – purificado de todas as mesclas avaliativas do útil, do verdadeiro, do belo e, sobretudo, do justo. O político deveria permanecer avesso aos pontos de vista da justificação moral. Dessa perspectiva, a modernidade social só perde seu caráter assustador para um poder estatal cuja soberania não se vê ameaçada pelo desarme moral. Nos seus trabalhos posteriores, Forsthoff se tornou receptivo às ideias tecnocráticas.[12]

---

11 Forsthoff (org.), *Rechtsstaatlichkeit und Sozialstaatlichkeit*.
12 Id., *Der Staat in der Industriegesellschaft*.

c) Esta terceira linha de argumentação é seguida por *Arnold Gehlen*. Em sua importante antropologia do começo dos anos 1940, ele acentuara a plasticidade incrível e a vulnerabilidade da essência humana, que não se define por instintos e, em virtude disso, depende da força regulamentadora de instituições arcaicas e naturalizadas.[13] Desse ângulo de visão, a demolição de instituições sacrais, a perda de autoridade da Igreja, do Exército e do Estado, e mesmo o desvanecimento de sua substância suprema, devem ser considerados o sinal de um desenvolvimento patológico. Daí se explica a crítica cultural rude que Gehlen exerceu inicialmente, após a Guerra.[14] Os espaços livres desinstitucionalizados são minados pela energia psíquica de uma interioridade inflada, pela subjetividade da vivência e pela reflexividade da fruição de si mesmo. Cada passo para a emancipação priva o indivíduo de controles automáticos da ação, expõe-no sem proteção a seus impulsos divagantes, sobrecarrega-o com a exigência de decisão, faz dele tanto mais servo quanto mais se propalam os ideais da autodeterminação e da autorrealização. Além do mais, a complexidade crescente da sociedade faz estreitar as margens da ação responsável, ao passo que inunda simultaneamente o interior com estímulos provocantes, emoções e experiências de segunda mão. Esse tom se altera no curso dos anos 1950, quando Gehlen se familiariza com uma tese tecnocrática que lhe possibilita ver a sociedade moderna sob uma luz diferente.

De acordo com essa ideia, a economia, a administração estatal, a técnica e a ciência se vinculam no interior da jaula

---

13 Gehlen, *Der Mensch*.
14 Id., *Urmensch und Spätkultur*; id., *Die Seele im technischen Zeitalter*.

de ferro da modernidade, formando as leis funcionais que parecem ininfluenciáveis e que agora assumem a liderança no lugar das instituições demolidas. Com essas coerções objetivas, a tendência antropologicamente tranquilizante de diminuição de fardos pode prosseguir porque, no mesmo momento, o relógio da modernidade cultural parou: as premissas do Esclarecimento, diz-se, estão mortas, apenas suas consequências continuam em marcha. Não é o despertar tradicionalista dos poderes originários que fornece a receita para embotar as ideias modernas; pelo contrário, a palavra-chave é "cristalização". Gehlen denomina "cristalizada" a cultura moderna porque "as possibilidades inscritas nela estão todas desenvolvidas em seus elementos fundamentais".[15] Em 1960, Gehlen tentou comprovar essa tese com o exemplo do desenvolvimento da pintura moderna. Seu interesse se dirige à demonstração de que a vanguarda tocou todas as suas melodias até o fim, que ela se limita agora a citar a si mesma, que ela perdeu a seriedade de seu impulso, que ela, como o oásis inofensivo de arbitrariedades subjetivas, tornou-se dependente dos processos sociais e foi neutralizada pela institucionalização. A arte reflexiva tornou-se "incapaz de antagonismo".[16]

IV

Diante desse pano de fundo, torna-se claro que a cena transformada nos anos 1960 – com a renovação de uma crítica militante da sociedade e de uma tradição de Esclarecimento

---

15 Id., Uber kulturelle Kristallisationen, p.321.
16 Id., *Zeitbilder*, p.202-233.

mobilizada em toda a sua amplitude, com um movimento antiautoritário, com a nova irrupção da vanguarda nas artes plásticas e uma contracultura esteticamente inspirada – despertou à vida tudo o que os teóricos conservadores acreditaram estar morto. Teóricos como Ritter, Forsthoff e Gehlen se conciliaram com a modernidade social justamente na base de uma modernidade cultural *paralisada*. Enquanto os liberais norte-americanos precisaram buscar na época novos argumentos diante de uma situação imprevista, os filósofos entre os neoconservadores alemães lidaram com isso de maneira relativamente simples. Eles podiam extrair a munição do potencial de argumentação de seus mestres, a fim de combater *praticamente* o que contradizia sua *teoria*, tomando-o como maquinações de um inimigo interno. Em relação àqueles fenômenos desagradáveis que pareciam abalar os fundamentos do compromisso afirmado, eles só precisavam dar nome aos agentes que romperam a cerca feita em torno da revolução cultural. Essa guinada em direção ao aspecto prático e polêmico explica por que os neoconservadores alemães puderam caminhar pela trilha que tomaram, não precisando oferecer nada de absolutamente novo no plano teórico. Quando muito, é novo o tipo do professor que cumpre corajosamente seu figurino nos *fronts* semânticos da guerra civil.

A doutrina neoconservadora, que ao longo dos anos 1970 se infiltrou no nosso cotidiano político por meio da imprensa, segue um esquema simples. De acordo com ela, o mundo moderno se restringe ao progresso técnico e ao crescimento capitalista; moderna e desejável é toda dinâmica social que remonta, em última instância, aos investimentos privados; carecem de proteção também as reservas motivacionais das quais se nutre essa dinâmica. Em contrapartida, são iminentes os perigos provocados pelas mudanças culturais, pelas mudanças de motivação e nas atitudes, dos deslocamentos nos padrões valorativos e identitários, atribuídas a uma irrupção de inovações culturais no mundo da vida, criando assim curtos-circuitos. Por isso, as reservas da tradição deveriam ser congeladas na medida do possível.

As propostas terapêuticas que penetraram a política do dia a dia podem se resumir a três elementos.

Em primeiro lugar: todos os fenômenos que não se ajustam à imagem de uma modernidade pacificada por meio de compensações, projetada por autores como Ritter, Forsthoff ou Gehlen, são personalizados e moralizados, isto é, lançados na conta dos intelectuais de esquerda; esses promoveriam uma revolução cultural a fim de assegurar sua própria dominação, "o domínio sacerdotal da nova classe".

Em segundo lugar: os conteúdos explosivos da modernidade cultural, dos quais se alimenta essa revolução cultural, precisam ser desativados, de preferência declarando-os coisa do passado. Na verdade, já alcançamos a margem da salvação representada pela pós-história, pelo pós-Esclarecimento ou pela pós-modernidade – só os retardatários, cativos da sonolência dogmática de um "humanitarismo", não o notaram ainda.

Em terceiro lugar: as consequências colaterais socialmente indesejadas de um crescimento econômico politicamente sem direção são deslocadas para o plano de uma "crise espiritual e moral"[17] e precisam de compensação por meio do *common sense* incompto, da consciência da história e da religião.

---

17 Cf. o discurso de Helmut Kohl na reunião do *Bundestag* de 9/9/1982.

Eu gostaria de comentar essas três recomendações, de acordo com a sequência.

Ad 1) A *crítica aos intelectuais*, à qual Arnold Gehlen dedicou o trabalho de uma década de vida[18] e que foi ampliada por H. Schelsky na teoria da "Nova Classe", bebe de três fontes. De início, ela mobiliza aqueles clichês que se amontoaram na "história de um palavrão", desde os dias da campanha contra o capitão judeu Alfred Dreyfus (1894). Dietz Bering investigou essa história,[19] e seu estudo agregou um catálogo de termos curtos e grossos que vai de "abstrato", "abstruso" e "sedicioso", passa por "decadente", "formalista", "suspenso no ar", "critiqueiro", "mecanicista", "oportunista", "parasitário", "radical", "alheio à raça", "revolucionário", "mordaz", "sórdido", "desalmado", "autocrático", "sem substância", e chega a "estiolado", "alheio ao mundo", "desenraizado", "desagregador", "indisciplinado" e "cínico". Para quem atravessou por esse catálogo com seus quase mil registros, a crítica mais recente aos intelectuais não pode dizer muito de novo.

Em segundo lugar, a afirmação de uma dominação sacerdotal dos intelectuais se apoia em determinadas tendências. Assim, por exemplo, nas sociedades pós-industriais cresce a parcela das profissões acadêmicas e, de maneira geral, aumenta a importância do sistema científico e educacional. No entanto, das profissões intelectuais, Schelsky seleciona apenas os professores e os publicistas, os padres e os assistentes sociais, os pesquisadores das ciências humanas e os filósofos, para estilizá-los em uma classe

---

[18] Gehlen, *Moral und Hypermoral*; além disso, os ensaios em *Einblicke*, p.253-530.
[19] Bering, *Die intellektuellen*.

exploradora constituída pelos mediadores do sentido – ao passo que os demais fazem o trabalho. Essa construção ocidental não combina com ninguém – a não ser com os próprios intelectuais neoconservadores. Mas nem sequer eles creem nela. Richard Löwenthal critica convincentemente os curtos-circuitos dos quais a concepção da "Nova Classe" é tributária:

> A primeira equiparação falsa é aquela entre um setor social e uma classe. A segunda equiparação falsa é aquela entre influência e poder. A terceira equiparação falsa é aquela entre uma erupção quiliasta da fé, suportada por esperanças escatológicas e, por isso, necessariamente de curta duração, e uma religião capacitada para formar culturalmente em longo prazo o cotidiano social.[20]

O terceiro elemento é o vínculo dos intelectuais com as crises do sistema educacional. As reformas educacionais, forçadas por mudanças sociais estruturais, adiadas na Alemanha por um longo tempo, ocorreram, de fato, em uma época em que a política educacional se encontrava sob a influência de objetivos liberais e moderadamente de esquerda. E, de fato, só a própria práxis reformista provocou a tomada de consciência plena dos perigos da juridificação e da burocratização, inclusive dos perigos de uma cientificização da pedagogia, de um âmbito de atividade insatisfatoriamente profissionalizado. Mas os neoconservadores falseiam essas consequências não intencionadas, atribuindo-as aos propósitos de uma revolução cultural; e conseguiram fazer dessas consequências colaterais, sentidas a contragosto, um pretexto para mobilizar ressentimentos das

---

20 Löwenthal, *Gesellschaftswandel und Kulturkritik*, p. 38.

camadas médias, visto que a campanha contra os intelectuais oferecia o elo de ligação para produzir uma conexão fatal entre a crítica social, a reforma educacional e o terrorismo de esquerda.[21] As análises biográficas efetuadas nesse meio-tempo sobre carreiras de terroristas dissolveram no nada essa alucinação.[22] De resto, esses autores apressados estariam se perguntando hoje o que será que viria à tona caso se fizesse a tentativa de explicar o terrorismo de direita segundo os mesmos moldes da responsabilidade objetiva, os quais continuam a encontrar ressonância apenas no âmbito da dominação stalinista.

Ad 2) A tese do *esgotamento da modernidade cultural* se refere a todos os três componentes: às ciências tecnicamente bem-sucedidas, à arte de vanguarda e à moral universalista, conceituados por Rousseau e Kant.

Em consideração à *ciência*, a mensagem é simples. Se o progresso científico se tornou "desinteressante do ponto de vista da política de ideias", se a solução dos problemas científicos não toca mais de modo algum nos nossos problemas vitais,[23] não se pode esperar mais nada, para o cotidiano, das culturas de especialistas encapsuladas – fora as inovações técnicas e as recomendações em termos de técnicas sociais. Após o Esclarecimento, os conhecimentos científicos só devem ser usados ainda para o progresso técnico e, quando muito, para o planejamento econômico e administrativo. A força orientadora da ação é concedida apenas às ciências históricas que presentificam as

---

21 Rohrmoser, *Ideologische Ursachen des Terrorismus I, Ideologien und Strategien*, p.273 et seq.
22 Jäger, Schmidtchen, Süllwold, *Analysen zum Terrorismus 2, Lebenslaufanalysen*.
23 Lübbe, Wissenschaft nach der Aufklärung, p.45 et seq.

tradições e asseguram as continuidades com meios narrativos. Isso explica a valorização das ciências do espírito que procedem em termos narrativos e, ao mesmo tempo, a desconfiança em relação à história como ciência social e uma desvalorização da sociologia, em geral das ciências sociais fecundas para a realização de diagnósticos de época. Isso não passaria pela cabeça dos neoconservadores norte-americanos, já pelo fato de que seus porta-vozes são quase exclusivamente sociólogos. Dessa perspectiva, torna-se compreensível igualmente a resistência contra as reformas escolares, que desembocam na absorção de matérias das ciências sociais nos planos de ensino. No entanto, a esse surto das ciências sociais na configuração dos planos de ensino, que ocorrera nos EUA algumas décadas antes, seria possível reagir com maior serenidade caso fosse lembrado o conflito disputado no final do século XIX entre os defensores das *Humaniora* e das *Realien*, as ciências naturais.

De resto, a tese do pós-Esclarecimento é tudo, menos convincente. Certamente, as imagens metafísicas e religiosas do mundo se decompuseram. As ciências empíricas não oferecem nenhum substituto para elas. Mas já o alto nível de sínteses científicas popularizadas testemunha que os conhecimentos cosmológicos sobre a origem e o desenvolvimento do universo, que os conhecimentos biomédicos sobre o mecanismo da transmissão hereditária, que principalmente os conhecimentos antropológicos e etológicos sobre a história natural do comportamento humano e a evolução de nossa espécie, que, além disso, os conhecimentos psicológicos sobre o desenvolvimento da inteligência na criança, sobre o desenvolvimento da consciência moral, de seus afetos e impulsos, que a psicologia das doenças mentais, que os conhecimentos sociológicos sobre o surgimento e o desdobramento das sociedades modernas – que tudo isso continua a afetar a autocompreensão dos sujeitos agentes. Esses conhecimentos alteram também os *standards* da discussão de problemas vitais, para os quais as próprias ciências empíricas não têm uma resposta pronta. Finalmente, seria preciso perguntar aos neoconservadores, que gostariam assim de colocar a ciência à distância, como é que eles mesmos querem comprovar suas respostas bastante eloquentes sobre a lastimada crise de orientação – se não é com argumentos que devem resistir ao exame científico.

Todavia, é importante exercitar cautelas no trato prudente com os conhecimentos hipotéticos e, por conta disso, provisórios; exige-se também uma boa dose de ceticismo em relação ao alcance e à capacidade produtiva de ciências que dependem de um acesso hermenêutico a seu domínio de objetos, e justifica-se certamente o cuidado de proteger a autonomia da práxis cotidiana, própria do mundo da vida, das intervenções não mediadas de especialistas, ainda profissionalmente incertas em grande medida – na família e na escola não menos do que nas zonas cinzentas de assistências sociais, amiúde bastante questionáveis.

No que concerne às *artes plásticas*, Gehlen havia defendido, ainda em 1960, a tese segundo a qual a vanguarda teria perdido sua força de contágio – nós aprendemos a viver, assim opinava ele, *ao lado* da arte hodierna. Em uma visão retrospectiva sobre as duas últimas décadas, Hans Sedlmayr chega a outras conclusões. Ele está convencido de que "o anarquismo estético seria muito mais perigoso do que o político".[24] Sedlmayr vê

---

24 Sedlmayr, Aesthetischer Anarchismus in Romantik und Moderne, *Scheidewege*, p.195.

o primeiro romantismo de Jena vinculado à arte de vanguarda do presente por meio de uma "linha negra" que passa por Baudelaire e pelo surrealismo. Ele conjura os perigos de uma práxis artística que de início abstrai de todas as ordens extraestéticas, que expulsa da arte o justo e o verdadeiro junto com o belo, a fim de explodir então os limites da obra estética e tornar-se subversivamente eficaz no cotidiano burguês. A uniformidade da Nova Arquitetura aparece somente como o reverso desse anarquismo na pintura, na música e na literatura: "A recusa da arte, da lógica, da ética, da vergonha; da Igreja, do Estado, da família; da tradição clássica da Europa e de toda religião invadiu os jornais e as revistas, o cinema e a televisão, o teatro e os *happenings*, a práxis da vida".[25] No entanto, não é neoconservador esse lamento, mas a reação a ele – a despedida programática da modernidade, a proclamação da "pós-modernidade". Essa expressão implica, com efeito, a afirmação de que a arte vanguardista se encontra no fim, que ela consumiu sua criatividade, que ela gira em círculos improdutivamente.

"Pós-moderna" é também a palavra-chave para um debate que foi conduzido nos últimos anos no campo da arquitetura (cf., por exemplo, *Der Architekt*, fevereiro de 1982). E não por acaso, pois justamente a arquitetura moderna estava mal armada contra os imperativos econômicos que a reconstrução depois da guerra trouxe consigo, no período, portanto, em que o estilo internacional conseguiu se impor pela primeira vez com ampla eficácia. O desastre de uma arquitetura ao mesmo tempo instrumentalizada e sobrecarregada não colocou em cena, porém, nenhuma alternativa que não retrocedesse a um

---

25 Ibid.

historicismo não criativo ou que não se alimentasse ainda da criatividade de uma modernidade aparentemente suplantada. Certamente, hoje a arte pós-vanguardista, que deixou para trás os sonhos surrealistas, não emite nenhum sinal evidente; mas em parte alguma se descobrem produções que preencham com conteúdo positivo o *slogan* do "pós-moderno", renitente na negação.

Da perspectiva neoconservadora, no entanto, não é apenas o potencial de sensibilização da arte contemporânea, não é apenas o potencial de esclarecimento da ciência que precisam ser interpretados à distância ou minimizados; é sobretudo *nos princípios universalistas* da moral que se inserem os materiais explosivos a ser desativados. Denominamos universalista uma moral quando ela faz valer somente aquelas normas que poderiam encontrar, em cada caso, o assentimento bem ponderado e não coagido de *todos* os concernidos. Contra isso, entre nós, ninguém objetará algo. Também os direitos fundamentais, em geral os princípios de nossas constituições, são, com efeito, normas em relação às quais supomos que satisfazem a condição de ser capaz de encontrar um assentimento universal. Eu tampouco quero adentrar nos problemas que resultam quando aplicamos esses princípios abstratos sobre condições de vida concretas. Apenas *um* aspecto na relação entre moralidade e eticidade deve nos interessar, pois é sobretudo ele que desperta a desconfiança dos neoconservadores. Uma moral universalista não conhece por sua natureza nenhuma barreira; ela coloca também a ação política sob pontos de vista morais, embora não tão imediatamente quanto nossas relações impessoais. Justamente essa moralização poderia encorajar, em caso extremo, até mesmo ações terroristas — assim reza um antigo tópico do anti-Esclarecimento. Também o terrorista, que se entende como um advogado último, isolado, da justiça, poderia querer realizar, em nome de princípios universais, a liberdade almejada por meio de violência direta.[26] Ora, não seria difícil demonstrar a inconsistência ou o erro nas reflexões morais fictícias e hipotéticas do terrorista individual. Mas os neoconservadores salientam esse caso extremo apenas para colocar sob a luz da direita o problema mais geral da limitação dos motivos morais na política. Eles querem minimizar o ônus de fundamentar moralmente a ordem estatal.

Nesse contexto, ou eles partem, com Hobbes e Carl Schmitt, da premissa de que o Estado tem de legitimar-se, em primeira linha, no modo como leva a cabo a tarefa central de assegurar a paz, a defesa contra inimigos externos e internos. Dessa perspectiva se explica a precedência do problema da segurança interna, em geral a estilização de uma pretensa concorrência entre o Estado de direito e a democracia. Ou eles partem, em contato com a tese da tecnocracia, da premissa de que o Estado tem de preencher, em primeira linha, a função arbitral de vigiar a distribuição pertinente de competências, para que as legalidades objetivas dos subdomínios funcionalmente especificados possam entrar em ação, "independentemente da formação da vontade política geral".[27] Dessa perspectiva se explica a precedência das instituições de controle despolitizadas, em geral a estilização de uma pretensa concorrência entre a divisão dos poderes e a democracia. Em ambos os casos, as argumentações desembocam na ideia de que a ordem estatal

---

26 Lübbe, *Freiheit und Terror*, p.239 et seq.
27 Schelsky, *Systemüberwindung, Demokratisierung, Gewaltenteilung*, p.58.

deve ser desonerada do conflito democrático de opiniões a respeito das finalidades político-sociais. O elemento prático--moral, do qual a política deve ganhar distância, é uma democratização dos processos de decisão que coloca a ação política sob os pontos de vista controversos da justiça social, em geral das formas de vida desejáveis.

A atualidade dessas reflexões está ao alcance da mão em uma situação na qual se trata da questão de princípio sobre qual medida de injustiça social estamos dispostos a acatar para recolocar em marcha um crescimento econômico inalterado em seu mecanismo de propulsão, em vista da crise financeira dos orçamentos domésticos. Esse mecanismo de propulsão capitalista requer, por exemplo, que a distribuição dos locais de trabalho se suceda apenas segundo o mercado de trabalho, mesmo no caso de o exército de reserva formado pelos desempregados crescer cada vez mais.

Ad 3) A despedida programática da modernidade cultural deve criar espaço para uma *consciência saudável da tradição*. Tão logo a modernidade cultural feche todas as comportas abertas para a práxis cotidiana, tão logo as culturas de especialistas sejam isoladas suficientemente da práxis cotidiana, *os poderes permanentes* do *common sense*, da consciência histórica e da religião se veem em seu direito. O parto do pós-Esclarecimento carece, no entanto, dos auxílios neoconservadores. Estes se concentram na "coragem para educar", ou seja, em uma política educacional que talhe a educação escolar fundamental de acordo com as habilidades elementares e as virtudes secundárias (como diligência, disciplina e asseio). Ela se concentra, ao mesmo tempo, na "coragem de encarar o passado", na escola, na família e no Estado. Os neoconservadores veem sua tarefa, por um lado, na mobilização dos passados em relação aos quais é possível comportar-se com anuência e, por outro lado, na neutralização moral de outros passados que poderiam provocar tão somente crítica e rejeição. Walter Benjamin mencionou "a empatia com o vencedor" como uma característica do historicismo. É isso que os neoconservadores nos recomendam hoje. Gustav Heinemann, que, no espírito de Benjamin, havia exortado a adoção também da perspectiva dos vencidos, dos insurgentes e dos revolucionários *derrotados*, teve de ouvir que essa orientação pelo ideal do próprio passado seria uma "fixação da imaturidade".[28] No mesmo contexto se encontram as tentativas de interpretar engenhosamente a dominação nazista, de tal modo que toda referência ao fascismo pode ser menosprezada como signo de uma "dominação da sofística que se tornou universal".[29]

No entanto, as verdades singelas do *common sense* e as continuidades históricas não são capazes de suportar sozinhas o fardo da renovação espiritual e moral aguardada. O mais importante é o apelo às forças vinculantes da religião. De fato, o Esclarecimento não foi capaz de uma coisa: a necessidade de consolar deve ser aplacada ou exaurida. Ele tampouco respondeu à questão central de saber se das verdades religiosas, depois que as imagens religiosas do mundo se decompuseram, podem ser salvos afinal nada mais e nada menos do que somente os princípios profanos de uma ética universalista da responsabilidade – e isso significa: princípios assumidos com boas razões, por discernimento próprio.

---

28 Lübbe, *Zwischen Trend und Tradition*, p.17.
29 Rohrmoser, *Zäsur*, p.27.

No entanto, com esse questionamento, continuamos a nos movimentar no circuito da modernidade – inclusive da teologia moderna. Esse questionamento nos afasta de uma renovação tradicionalista da consciência religiosa, obrigando a entender o espectro inteiro dos movimentos e dos impulsos que preenchem hoje, por exemplo, os congressos eclesiásticos. Por um lado, o fundamentalismo religioso se alimenta de fontes diversas; por outro, as correntes não fundamentalistas desamarram as forças, também politicamente eficazes, da problematização que os neoconservadores gostariam de represar. Justamente aqui se reúnem os mediadores de sentido de Schelsky ou os sinalizadores ideológicos de Lübbe, os abridores de horizonte, os especialistas em reflexões sobre metas e os escoteiros. Enquanto Daniel Bell analisa imparcialmente as diversas orientações que suportam uma nova religiosidade comunal e comunitária no interior e fora das igrejas,[30] os neoconservadores alemães amiúde só têm uma coisa em vista: a função de integração social própria de uma tradição da fé que imaginam como tradição substancial, liberada das exigências de fundamentação. Essa interpretação funcionalista da religião como uma "práxis de lidar com as vicissitudes" é considerada por Lübbe uma vantagem justamente porque tira de foco o aspecto da validez da fé religiosa:

> A definição funcional permite [...] deixar de lado as dificuldades de uma presentificação hermenêutica do sentido duradouro de suas antigas doutrinas. A função em um contexto de vida prático não é nada daquilo que predicaríamos como "verdadeiro"

---

30 Bell, The Return of the Sacred, p.324 et seq.

ou "falso". Pelo contrário, denominamos os preenchimentos de funções de tipo prático "convenientes" ou "inconvenientes".[31]

Mas as tradições não são despertadas de novo à vida mostrando-se o que elas poderiam causar de bom. O recuo para o funcionalismo não elimina o embaraço em que se vê preso todo tradicionalismo puro, após o esclarecimento historicista. Horkheimer chamara a atenção, já em 1946, para o seguinte: "Justamente o fato de que a tradição deve ser evocada hoje mostra que ela perdeu seu poder sobre os homens".[32]

Eu não gostaria de ser mal-entendido: as reservas não regeneráveis de nosso meio ambiente natural e as estruturas simbólicas de nosso mundo da vida – as formas de vida com raízes históricas e as modernas – carecem de proteção. Mas elas só podem ser protegidas se nós sabemos o que ameaça o mundo da vida. Os neoconservadores confundem causa e efeito. No lugar de imperativos econômicos e administrativos, as assim chamadas coerções econômicas, que monetarizam e burocratizam cada vez mais os âmbitos da vida, que transformam cada vez mais as relações em mercadorias e em objetos de administração – no lugar do foco real da crise da sociedade, eles colocam o fantasma de uma cultura subversivamente transbordante. Essa análise falsa explica também que, para os neoconservadores, quando têm de escolher, o mundo da vida, mesmo o familial, de modo algum é tão sagrado como o alegam. Enquanto os democratas cristãos não têm nenhuma inibição em encher a Alemanha com cabos de televisão privada,

---

31 Lübbe, Religion nach der Aufklärung, p.69.
32 Horkheimer, *Kritik der instrumentellen Vernunft*, p.4.

os social-democratas, em questões de política para as mídias, são antes os guardiães da tradição. Nós temos de lidar cuidadosamente com a substância de formas de vida comprovadas, na medida em que não foram ainda destruídas pela dinâmica de crescimento da modernização social. Pergunta-se somente *quem* cuida dessas reservas em *caso de urgência*.

V

A cultura política da Alemanha estaria hoje pior se não tivesse aceitado e assimilado, nas primeiras décadas depois da guerra, estímulos provenientes da cultura política da América do Norte. A Alemanha se abriu sem reservas ao Ocidente pela primeira vez; nós nos apropriamos então da teoria política do esclarecimento, compreendemos a força do pluralismo que marca as mentalidades e que foi suportado inicialmente por seitas religiosas, travamos conhecimento com o espírito democrático-radical do pragmatismo norte-americano, de Peirce a Mead e Dewey. Os neoconservadores alemães se desviam dessas tradições, eles bebem de outra fonte. Eles recorrem a um constitucionalismo alemão que da democracia não reteve muito mais do que o Estado de direito; recorrem aos motivos do eclesiasticismo estatal luterano que se enraíza em uma antropologia pessimista; recorrem aos motivos de um jovem conservadorismo cuja herança só conseguiram levar adiante em uma negociação inconvicta com a modernidade. Bismarck quebrou a espinha dorsal do liberalismo político na Alemanha. Que a ala liberal-nacional do FDP [Partido Democrático Liberal] tenha suscitado a reviravolta na política interna rumo ao neoconservadorismo não é um acaso histórico; nesses dias se torna patente que os social-liberais não eram fortes o suficiente para se livrar das hipotecas questionáveis do liberalismo alemão.

Para a cultura política de nosso país, aquela reviravolta também traz consigo o perigo de que se feche um círculo vicioso fatal. O canto de despedida dedicado à modernidade cultural e a veneração devotada à modernização capitalista só podem corroborar aqueles que, com seu antimodernismo indiscriminado, descartam a criança junto com a água suja. Se a modernidade não tivesse nada mais a oferecer do que as recomendações da apologética neoconservadora, seria compreensível por que a juventude intelectual não prefere então retornar a Nietzsche por meio de Derrida e Heidegger, buscando sua salvação nos estados de ânimo, prenhes de significado, de um jovem conservadorismo renovado culturalmente, de um jovem conservadorismo autêntico, ainda não desfigurado por negociações.

2
Depois da reviravolta

O diálogo com Hans-Ulrich Reck em abril de 1983 é determinado pelo receio de que a reviravolta neoconservadora, confirmada nas eleições de março, possa significar uma incisão mais profunda do que uma mera troca de governo.

Política conservadora, trabalho, socialismo e utopia hoje

Hans-Ulrich Reck: Nas últimas décadas, a filosofia se satisfaz cada vez mais com uma posição defensiva, com um papel que mesmo o senhor justificou em um ensaio de 1971, "Wozu noch Philosophie?" [Por que ainda a filosofia?]. Sem dúvida, o senhor hoje lhe atribui mais coisas, mas multiplicam-se as vozes que lamentam, ou mesmo evocam, o "fim da filosofia". Ora, com certeza há razões e uma longa tradição para isso. Com o Esclarecimento, a filosofia perdeu conscientemente sua força como imagem positiva do mundo. Mais tarde, passou a perder cada vez mais sua qualidade de meio de interpretação do mundo, em contraposição às ciências particulares.

O senhor sempre defendeu o interesse de associar o pensamento filosófico e o científico, em especial o sociológico, de fortalecê-los e comprová-los mutuamente, com o propósito de insistir nas finalidades filosóficas que não podem mais ser afirmadas simplesmente a partir de si mesmas. De 1971 em diante, o senhor dirigiu por dez bons anos o Instituto Max Planck voltado à "pesquisa das condições de vida do mundo técnico-científico", em Starnberg. Os trabalhos do instituto abrangem pesquisas sobre fundamentos teóricos e programas empíricos.

Que chances tem a filosofia em uma associação tão exigente e com o pano de fundo formado por uma situação frágil; em que consiste seu impulso, a que não se pode renunciar nessa tradição?

Jürgen Habermas: A filosofia hoje não está mais em posse de verdades metafísicas. Quase tanto quanto as ciências, ela se alojou no falibilismo de um processo de pesquisa que se desenrola sobre o terreno movediço de uma argumentação jamais infensa à revisão. Hoje, os pesquisadores do comportamento ou os físicos filosofantes instam por sínteses populares ao modo de imagens de mundo, diante das quais os filósofos não reprimem um certo ceticismo. Nesse aspecto, os papéis tradicionais estão antes trocados. De um lado, a filosofia continua a manter uma relação mais íntima do que as ciências com o senso comum e com o mundo da vida. Continua a caber a ela um papel de intérprete no intercâmbio entre as culturas autonomizadas de especialistas e o cotidiano.

Visto que a ciência, a moral e a arte ganharam como culturas de especialistas uma grande independência e desenvolveram uma vida institucional própria, tornou-se cada vez mais urgente, como reação a esse distanciamento, a necessidade de mediar teoria e práxis, moral e eticidade, arte e vida – no que, sob os títulos diversos de práxis, eticidade e vida, se visa ao mesmo ponto de referência da práxis comunicativa cotidiana. Antigamente, isso foi chamado de necessidade de Esclarecimento, de esclarecimento sobre os campos de interesse coletivos e os próprios interesses; e para isso a filosofia parece estar ainda mais bem armada do que as demais disciplinas. De resto, a filosofia, no interior das ciências humanas, pode assumir o papel de um guardião de lugar que mantém abertos os questionamentos universalistas, insta por estratégias teóricas ousadas, produz subsídios para uma análise dos fundamentos racionais do conhecimento, da fala, da ação, e assim por diante. Nesse sentido, as reflexões filosóficas permaneceram presentes também nas pesquisas de meu âmbito de trabalho no instituto de Starnberg.

Reck: Mas há nos últimos anos, e não somente na França, com sua tradição cultural mais forte, mas também na Alemanha, uma influência reforçada de certas correntes filosóficas sobre o mundo da vida. Trata-se aí da questão sobre a orientação de vida, a questão sobre o significado ou o perigo da razão. Em todo caso, admira-se que, em muitas dessas tentativas, de hábito muito controversas, Nietzsche desempenhe um papel importante. O senhor notou laconicamente, em 1968, como editor dos escritos epistemológicos de Friedrich Nietzsche, que dele não viria mais nenhuma força de contágio...

Habermas: ...aí eu me equivoquei...

Reck: Essa renascença de Nietzsche não desperta lembranças extremamente discrepantes, por exemplo, da história de sua recepção nazista, mesmo que se tenha observado, já na época, que algumas figuras de pensamento de Nietzsche foram retificadas em favor do "Nietzsche inteiro"?

Habermas: Mediante a recepção de autores como Foucault e Derrida aqui na Alemanha, Nietzsche voltou a tornar-se virulento em termos de visão de mundo. Do ponto de vista acadêmico, ele esteve naturalmente sempre presente nas últimas décadas, mas agora influi não com diversos discernimentos próprios da crítica da ideologia ou epistemológicos, mas também como o autor de *Zaratustra*, sobretudo como autor de *O nascimento da* *tragédia*, ou seja, como o pensador dionisíaco que ajusta as contas com o Ocidente. Até que ponto o Nietzsche de *A vontade de poder*, digamos melhor, dos aforismos do espólio, que, como se sabe, só puderam desdobrar aquela história de recepção graças à compilação de Elisabeth Förster-Nietzsche, ou seja, até que ponto esse Nietzsche ideologicamente explorado desempenha hoje um papel é algo que não ouso responder. É certo que alguns dos antigos fãs de Nietzsche rastejam para fora de seus esconderijos a fim de anunciar agora publicamente o que eles tinham na cabeça desde sempre em termos de fantasias elitistas. Mas o Nietzsche mediado pela França é antes o esteticista, lúdico, bastante crítico no hábito, mesmo que hostil à razão por consequência. Claro, este é um Nietzsche diferente daquele com que os nazistas conseguiram viver. Eu levo bastante a sério essa recepção. Essa é uma das razões por que começo agora, em Frankfurt, uma série de preleções sobre o "discurso da modernidade", na qual quero também me confrontar com os colegas franceses, sabidamente muito produtivos. Nos últimos dez anos de minha existência em um instituto de pesquisa, não levei isso tão a sério, mas foi um erro.

Reck: A questão sobre a influência possível da filosofia se coloca ainda de uma outra perspectiva, mais primitiva, mas não menos eficaz em absoluto. Ao mesmo tempo e após o abandono das interpretações universais do mundo, há uma outra pedra de toque para o pensamento crítico: o novo conservadorismo que – em uma extensa linha, sobretudo na República Federal da Alemanha – rechaça as pretensões do Esclarecimento com demandas às vezes militantes e que, de modo geral, gostaria de não admitir mais nenhum entendimento crítico sobre os problemas, sejam eles ligados ao mundo da vida ou à teoria. Os esforços desse anti-Esclarecimento vão na direção de uma proibição do pensamento. O pensamento crítico aparece como uma espécie de doença, uma patologia, que entra em ação sempre e justamente ali onde não se pensa mais em conformidade com as regras...

Habermas: Essas reviravoltas no clima espiritual, como as que se efetuaram obviamente desde meados dos anos 1970 em todo o hemisfério ocidental, não são eventos autônomos, mas reflexos de deslocamentos no contexto político e social.

Reck: Com que argumentos deve se balizar aqui um campo para os modos de pensar admissíveis?

Habermas: Há exemplos extremos. Eu me lembro do outono de 1977, quando a Liga Liberdade da Ciência tornou conhecida, em uma conferência de imprensa, uma lista com nomes de professores dos quais se afirmava, de maneira fantasiosa e denunciadora, que tramariam contatos com o submundo terrorista. Trata-se assim de funções auxiliares da proteção da constituição que os neoconservadores querem preencher no geral, sob circunstâncias menos dramáticas do que naquela época, com meios um pouco mais sutis. De resto, as teses neoconservadoras, que se tornaram influentes no jornalismo, são talhadas para justificar a forma de vida criada pela modernização capitalista. O planejamento ideológico previsto para tanto foi formulado por Peter Sloterdijk: estancamento da reflexão e valores firmes. É desconfortável para mim no momento retomar esse tema todo, que, claro, eu tratei em detalhes em outro lugar.

Reck: Falemos sobre os panos de fundo sociais e políticos dessas reviravoltas neoconservadoras, sobre o que significa a troca de governo na Alemanha. Expressa-se aqui uma alteração nas atitudes sociais, uma alteração na orientação política? O que explica a guinada parlamentar à direita?

Habermas: Em primeiro lugar, é preciso dizer que trocas de governo em tempos de grandes dificuldades econômicas são inteiramente normais. Sem a candidatura de Strauß, a substituição já teria ocorrido provavelmente dois anos antes. Mais interessante é o enfraquecimento do partido social-democrata. Eu não considero completamente inglório seu dilaceramento interno. Ele é o único dos partidos estabelecidos com órgãos de percepção abertos; ele é ainda sensível a uma sorte de problemas que as meras agências de aquisição e preservação do poder empurram para o canto. A debilidade do SPD [Partido Social-Democrata da Alemanha] é também uma consequência de sua força democrática, que reside no fato de que ele não oculta um conflito social central, mas, quando não o resolve, ao menos o *experimenta* na própria carne. Por um lado, o SPD representa os êxitos do desenvolvimento do pós-guerra na Alemanha Ocidental na medida em que defende tenazmente, com sua mão direita, o compromisso do Estado de bem-estar social, que, como se sabe, assegurou praticamente a paz interna durante as últimas três décadas. Por outro lado, ele expia os efeitos colaterais não desejados desses êxitos, na medida em que acaba intensificando, com a mão esquerda, a crítica neoconservadora ao Estado de bem-estar social, sem poder contrapor às falsas receitas desse lado uma resposta produtiva. Eu tampouco tenho alguma, diga-se de passagem. Mas permita-me ao menos tentar explicar o problema da maneira mais simples possível.

O compromisso em torno do Estado de bem-estar social consistia, da perspectiva subjetiva do cidadão do sistema econômico, em que se ganhasse o suficiente e se recebesse seguridade social o bastante, a fim de conformar-se com o estresse de um trabalho mais ou menos alienado, com as frustrações relacionadas ao papel de cidadão mais ou menos neutralizado, com os paradoxos do consumo em massa, por exemplo, durante as férias anuais usufruídas de maneira turística, a fim de conformar-se com os dissabores de uma relação de clientela com as burocracias. Esse compromisso se vê ameaçado agora por dois lados. É visível que a política econômica neokeynesiana não basta mais para assegurar o crescimento necessário para garantir o pleno emprego e represar os conflitos distributivos. Perdas na renda real para a massa da população, desemprego e pobreza para uma minoria crescente, colapsos de empresas e, ao mesmo tempo, condições de investimento aprimoradas, já incluindo taxas de lucro elevadas para uma pequeníssima minoria – esses são os signos visíveis da rescisão do compromisso, por assim dizer. Mas o compromisso em torno do Estado de bem-estar social é rescindido, menos visivelmente, por um outro lado.

Eu me refiro aqui a problemas que se tornaram temas entre os verdes, nas culturas alternativas e nos novos movimentos sociais, a saber, os custos da modernização capitalista e o fracasso de uma política de prevenção à guerra, estrategicamente calculada e não apoiada na formação da vontade geral. Essas duas coisas são sentidas tanto mais como ameaças *absurdas*, como perigos *enfeitiçados*, quanto mais simultaneamente vão aumentando, aumentando e aumentando tanto as forças produtivas e a riqueza abstrata quanto as forças destrutivas e os arsenais. Isso parece que se torna cada vez mais absurdo conforme cambaleiam nossas capacidades de vivência, nossa fantasia, nossas possibilidades de representar, nossa consciência de responsabilidade, nossa compreensão, nossos sentimentos, por exemplo, o campo de tensão de amor e ódio, que vão ficando detrás da faculdade técnica de dominar e aniquilar a natureza e detrás da complexidade dos enredamentos sociais. Quando se trata da substância dos fundamentos vitais assumidos como evidentes por si mesmos seja na natureza, no entorno urbano, no ambiente familiar, na escola, então resultam fenômenos de carência e de privação em torno dos quais se formam as novas frentes de conflitos.

Pelos dois lados, portanto, se coloca em questão o compromisso em torno do Estado de bem-estar social, e a social-democracia se encontra agora sob a pressão de agir, tanto como advogada desse compromisso quanto como quem faz o diagnóstico de seus custos crescentes. Ou ela tem de justificar uma continuidade obstinada dessa política, e esta é a perspectiva do segundo escalão; ou tem de encontrar uma resposta produtiva, sem se envolver com as panaceias da *reaganomics* e do thatcherismo. A respeito disso, algumas palavras ainda.

Em vez de Estado demais, agora novamente um pouco mais de mercado. Como seria possível retransferir os problemas do Estado para o mercado, se a tendência secular das despesas e das tarefas públicas crescentes não foi senão o sintoma de uma política bem-sucedida de pacificação dos conflitos de classe?

Reck: Ou seja, contra os novos problemas, como o desemprego, os conflitos distributivos, a possível erupção de conflitos de classe, contra o despedaçamento ameaçador da lealdade das massas e da rede de seguridade social, recorrem às velhas receitas. Como essas receitas lhe parecem?

Habermas: As velhas receitas que nosso governo executa com cada vez mais energia requerem quatro ingredientes, no essencial. *Em primeiro lugar*, uma política econômica orientada à oferta que, sob as condições atuais, tem de aceitar também no longo prazo um desemprego em massa. Isso poderia levar a uma nova segmentação da sociedade em *ins* e *outs*, no que os *ins* se compõem de minorias socialmente privilegiadas, formando uma maioria em relação aos enxotados do processo de trabalho. A mentalidade de uma maioria marcada por camadas médias e em preparação para segregar duradouramente uma minoria subprivilegiada considerável só poderá ser descrita um dia com o auxílio do vocabulário próprio do darwinismo social, de um vocabulário que obviamente já revigora hoje no fanatismo elitista, na evocação da disposição para a concorrência e para a imposição.

O *segundo ingrediente* é formado por um tradicionalismo que, na política cultural, na política educacional e na política para a família (embora não na política para a mídia, que, é claro, afeta imediatamente os interesses econômicos), aposta nas virtudes secundárias, na positivação dos passados, no *common sense*, na consciência histórica irrefletida, na religiosidade convencional, em suma, na naturalidade, na detença da reflexão e nos valores firmes. A modernidade cultural é sentida, em contrapartida, como subversiva. A "renovação espiritual e moral" se refere a um retorno aquém do século XVIII, o qual promete uma regeneração maravilhosa de insuspeições, ou seja, uma colcha tradicional que amortece as onerações sempre que falharem os controles monetários e burocráticos.

O *terceiro elemento* é, por assim dizer, a contraparte do lema de Willy Brandt, "ousar mais democracia", não uma demolição direta da democracia, mas tentativas de liberar o aparelho estatal das obrigações onerosas de legitimar-se, tentativas de restringir a esfera dos temas públicos, a fim de desproblematizar a consciência política da população, de desonerar as questões político-sociais, às quais se vinculariam, seja negativa, seja utopicamente, perspectivas esgotadas de futuro. Certamente, é nesse contexto que se precisaria ver a restrição recém-decidida imposta ao direito de protesto. *Em quarto lugar*, faz parte dessa receita, se não o recrudescimento consciente das tensões internacionais, a estimulação da consciência de um perigo externo crescente. Naturalmente, as políticas de defesa contra inimigos externos e internos devem se engrenar. Duas coisas são dramatizadas ao mesmo tempo: a ameaça do Exército Vermelho e os desordeiros na parte interna. Os jornalistas preocupados entre nós estão tentando há meses vincular as formas da resistência não violenta ao delito jurídico do emprego de violência.

Reck: Que chances o senhor confere a essa estratégia?

Habermas: Se e até que ponto essa política neoconservadora é exequível, eu não ouso julgar por definitivo. Nos últimos quinze anos, não apenas nos grupos marginais, mas também na massa da população, efetuou-se uma mudança de atitude digna de nota. Por exemplo, a pane por que passou o sr. Genscher na troca de governo só é explicável porque hoje se colocam pretensões de legitimação diferentes daquelas dos anos 1950. A troca de governo, legalmente sucedida, não foi sentida exatamente como legítima. Um sintoma análogo foi a resistência ao recenseamento da população.

Reck: A questão sobre as estratégias de solução pode ser colocada em princípio em outra esfera temática: como a questão sobre o que significa o socialismo sob as condições atuais das sociedades altamente tecnicizadas e de um desemprego estrutural. O socialismo, em especial em sua expressão marxista, tem uma pretensão de ciência e de filosofia da história, a par de uma pretensão ética e político-social. No século XIX, há para tanto um fundamento visível, que tornou eficaz seu *pathos* e sua força: abundância de trabalho útil, novas tecnologias, a instalação da fábrica, a decomposição e maquinização dos processos de trabalho, e assim por diante. Isso forçou o trabalhador a desenraizar-se de seus contextos de vida, levando a um empobrecimento visível das pessoas. A exploração impiedosa, a brutalidade da fábrica e da máquina, a intensificação do tempo de trabalho sem a garantia de provimento, mesmo que só das carências vitais primárias, a mortalidade precoce extremamente alta, o abandono — tudo isso mostra com evidência o lado sombrio da pauperização. O socialismo era evidente como solução revolucionária desses abusos, não carecendo de nenhuma fundamentação suplementar: só a revolução proletária podia colocar os trabalhadores na perspectiva de cuidar de sua sobrevivência mediante o controle da produção. Essa transparência de todo o sistema penetrou na teoria marxiana. A experiência da miséria força os explorados e os desvalidos à solidariedade, e da repressão se desprendem processos de aprendizagem.

A situação atual não se baseia apenas em um outro desenvolvimento, mas torna patente que os conflitos foram represados, que a luta de classe foi esfriada. Um trabalho doloroso é integrado pelo Estado de bem-estar social em algo mais do que apenas o asseguramento de necessidades primárias, o consumo acena para todas as necessidades, como sortimento com satisfação embalada.

Mas hoje é iminente um outro desenvolvimento, que ataca os fundamentos dessa oportunidade socialista manifesta: o trabalho se torna cada vez mais a falha, ele próprio se torna supérfluo, e em razão disso perde validade o modelo da experiência do trabalhador oprimido, mas forçado ao aprendizado solidário. O desemprego por incremento de produtividade e automatização, uma divisão internacional do trabalho solidificada, que cada vez mais "exporta" os desequilíbrios e as injustiças, esse desenvolvimento nas sociedades altamente industrializadas obriga a refletir com mais exatidão o que o socialismo significa no nível das abastanças modernas e de suas novas ameaças, tendo por pano de fundo uma ampliação possível do "tempo livre" e as consequências visíveis da industrialização, de uma forma econômica cujo crescimento necessário nunca foi colocado fundamentalmente em questão pelo lado marxista. Há novas formas de se solidarizar? Há uma indignação que se incendeia não com os estados emergenciais materiais, mas com o estado moral global dessa economia? Ou é iminente, bem simplesmente, uma divisão violenta e brutal, mas em todo caso controlável, da sociedade por meio da distribuição do trabalho escasso e dos privilégios possibilitados por uma nova escassez?

Habermas: A substância daquelas expectativas que se ligavam no movimento operário ao conceito de socialismo não foi realizada. Mas isso é algo que só se deve dizer quando se constata com o devido respeito o que também se alcançou historicamente. Já pelo fato de que se tem diante dos olhos hoje, com maior nitidez, os efeitos colaterais negativos de um processo de modernização monstruosamente brutal, não é lícito simplesmente esquecer o que se torna hoje, trivialmente, o padrão de vida; não me refiro apenas ao nível de subsistência das massas, mas também às conquistas dos cidadãos em termos de democracia e Estado de direito. Aliás, que relembremos esse ganho somente quando ele se vê em perigo é filosoficamente uma circunstância digna de reflexão. Eu me refiro à ausência peculiar de vestígios de um determinado tipo de progresso, e em razão disso o progresso não se torna algo ruim, mas algo subjetivamente irreal. As melhoras materiais – que, para as gerações que vivenciaram a prosperidade do pós-guerra, têm, de fato, uma evidência biográfica – trazem na testa, por assim dizer, o signo da perda de memória histórica. Trinta dias de férias anuais ou o primeiro automóvel significavam outrora um aumento eminente de liberdade de movimento e satisfação privadas; eram objetivos para os quais assumíamos esforços e até mesmo sacrifícios. Mas o nível de satisfação alcançado outrora elimina os vestígios de sua própria história de surgimento, por assim dizer. Determinadas conquistas, emancipação real em relação às coerções da natureza e da sociedade, têm de ser retidas de maneira simbolicamente clara para que possam escapar ao destino dessa amnésia, dessa absorção em um agito apático e a-histórico, presente e pobre. Utopias são importantes, talvez venhamos a falar delas ainda, não é? Mas tão importante quanto é a recordação, a relembrança ativa, a anamnésia, mesmo que não vise a algo tão exigente como a solidariedade anamnésica de Benjamin. Para coisas pelas quais se batalhou, para as quais foi necessário um esforço coletivo, é necessária uma forma simbólica de exposição. O assustador naqueles progressos materiais, mesmo nos progressos políticos e ligados ao Estado de direito, de povos que não lutaram por nenhuma revolução é esse desvanecimento sem rastos do caminho histórico. É assustador igualmente em relação à dor passada e às vítimas passadas, que perderam a chance de uma lembrança expiadora, por assim dizer. E também em relação à identidade das gerações seguintes, que não podem saber quem são, sem uma consciência da herança que receberam.

Reck: A sociedade do trabalho constituiu o trabalho prioritariamente como sistema técnico. A solidariedade obtida de experiências comuns nela desaparece cada vez mais, sendo saciada por outros âmbitos, organizados em analogia com a técnica (por exemplo, o consumo, as mídias). E, no entanto, tudo se passa ainda como se o problema do progresso se explicasse pelas coerções próprias da técnica ou pelos controles meramente falhos, em que a técnica aparece como força neutra, aplicável racionalmente para ter efeitos emancipadores. Mirando um campo ainda não investigado e funcionando de maneira inconsciente, o senhor diz que o progresso se impõe sempre com anulação da reminiscência e se consolida por meio disso. Portanto, não haveria nenhuma técnica "neutra" nesse sentido.

Habermas: Sim, "anulação da reminiscência" é uma boa expressão. No catálogo de questões que me enviou, o senhor falou do "déficit de imagens felizes" e afirmou: "iconograficamente, as imagens felizes do trabalho não são encontráveis no âmbito industrial, mas unicamente, hoje como ontem, no âmbito artesanal e familiar". Essa é talvez a chave para entender a anulação da reminiscência, inscrita na sociedade industrial do trabalho de modo geral. Ao trabalho industrial é imanente o *telos* de sua própria abolição. Se o senhor entra hoje no salão de montagem de uma fábrica que produz aparelhos de televisão, o senhor vê nesse ramo altamente automatizado da produção que os poucos postos de trabalho, ocupados ainda com forças de trabalho (femininas), já são moribundos – sobras de um processo arruinado de racionalização técnica. E o senhor já pode identificar também os postos de trabalho que devem ser preenchidos em poucos anos não mais com trabalho vivo. Onde os movimentos corporais do organismo humano tornam-

A Nova Obscuridade

-se acessórios de instalações eletronicamente controladas, os atos de trabalho se encontram sob a antecipação de que desaparecerão sem deixar vestígios. Talvez o trabalho humano já se encontre sob esse aspecto de autoeliminação, junto com a decomposição manufatora dos processos de trabalho. Mas é provável que só se tome consciência, com ampla eficácia, dessa relação objetiva a partir do momento em que não apenas os congressos de sociólogos, mas também as mídias de massa passarem a ocupar-se desse tema, o que Dahrendorf colocou sob a fórmula pregnante de que o trabalho chegaria ao fim na sociedade do trabalho. No último congresso alemão de sociologia em Bamberg, Claus Offe retomou essa questão. Ele mostrou de maneira bem convincente que os componentes do trabalho, da produção e da remuneração marcam cada vez menos a constituição da sociedade em seu todo.

Reck: A esfera da produção e do trabalho perde sua força estruturadora? Pode-se falar, apesar do fato permanente da dependência da parte preponderante da população em relação aos rendimentos, que o trabalho perde seu significado, visto individualmente e no todo?

Habermas: Quando se responde positivamente a essas questões, como Offe, resultam consequências para a teoria social, que desde Marx, evidentemente, se concentra em torno de categorias como práxis e trabalho. Foi por isso que propus utilizar o conceito de ação comunicativa como uma chave para a formação de teorias, a fim de que alcancemos melhor as estruturas do mundo da vida dotadas de sentidos intrínsecos, e sobretudo a ameaça que sofre esse mundo da vida por parte de imperativos burocráticos e econômicos, os perigos que surgem pelo fato de que as relações pessoais, os serviços e os tempos de vida se transformam cada vez mais em objeto de administração ou em mercadorias. Mesmo o que os filósofos gregos honraram outrora como o elemento basilar da natureza é preciso hoje, como turista, *comprar* aos tantinhos – água, terra, ar, sol e sombra.

O fim da sociedade do trabalho, se posso me servir desse *slogan*, lança problemas que até agora não foram ainda bem analisados. Mas, como problemas, eles são sentidos por todos.

O *primeiro problema* eu já mencionei. Dois colegas, os senhores Esser e Fach, apontaram para desenvolvimentos que testemunham que a Alemanha está no caminho de uma sociedade "fendida", com um núcleo produtivo de empregados e uma margem de repelidos em subculturas e guetos, cada vez mais ampla, negligenciada e somente alimentada em relação ao básico. A questão política decisiva dos próximos anos será se esse tema se mantém fora da esfera pública ou se ele se torna objeto de confrontações políticas – e qual lado se impõe, caso o problema seja tematizado: o egoísmo interessado de uma maioria que defende seu padrão de vida com unhas e dentes – um antegosto é dado, claramente, pela luta pela preservação do sistema escolar triplo nos últimos anos, ou o protesto de médicos em Paris; ou a solidariedade dos que ainda estão dentro com os que estão fora. Isso dependerá também, e talvez em primeira linha, de que os sindicatos se dediquem a uma *closed shop policy*, segundo o padrão norte-americano, ou se apoiem na tradição solidária do movimento operário. Também aqui a cultura política poderia ser mais importante do que a economia política. Nossa sociedade quer persistir no conservadorismo estrutural, preferindo aguentar, como diz André Gorz, uma "não classe de não trabalhadores" – e, como Marx disse, "sentir-se bem na alienação"? Ou já cumpriu sua missão histórica a sociedade das cotoveladas, o capitalismo com a liberação da concorrência, com a orientação pela produtividade e as energias da autoafirmação, isto é, já se criou um conjunto de forças produtivas que, com efeito, há muito ultrapassaram as representações dos séculos passados?

Certamente, tudo isso depende de como se analisa essa questão. O *segundo problema* é, por isso, de natureza teórica. O potencial de desenvolvimento da sociedade do trabalho, nas sociedades industriais ocidentais avançadas, esgotou-se, no sentido de que teria alcançado um limite crítico o processo progressivo e secular de transformação dos âmbitos de atividade amadurecidos em relações de ocupação recompensadas e organizadas em termos monetários? Até agora há curiosamente, como se sabe, âmbitos reiterados que o capitalismo não derrubou ainda; por exemplo, a profissionalização da mãe ou da dona de casa poderia monetarizar o universo gigantesco do trabalho familiar educativo e doméstico. E, no entanto, tem-se agora, pelo contrário, a impressão de que o mecanismo do mercado de trabalho fracassa diante da necessidade social de determinados tipos de atividades. Por exemplo, no momento não temos poucos professores, tampouco professores supérfluos demais, mas professores muito mal pagos que podem fazer o trabalho que querem fazer e que também é necessário. Essa imagem pode se alterar rapidamente no curso dos desenvolvimentos demográficos. Mas o problema continua. Ora a necessidade do trabalho socialmente necessário parece se deslocar para âmbitos que as atividades que seguem o padrão do trabalho industrial não conhecem de modo algum, os quais exigem, pelo contrário, um trato comunicativo com pessoas; ora a necessidade se desloca para âmbitos de atividade que não se ajustam à forma de organização das atividades industriais e administrativas.

Nesse contexto, penso nas tarefas pedagógicas e sociais, também nas políticas, que não se traduzem de modo algum em relações formais de emprego, visto que não rendem lucro algum; mas tampouco deveriam ser organizadas como prestações de serviços, visto que isso só continuaria a submeter o mundo da vida mais amplamente às intervenções dos especialistas. Por exemplo, falamos hoje de "trabalho com relacionamentos sociais", também de "trabalho político" – pense nos processos de formação da vontade temporalmente dispendiosos, muito intensivos, necessários nas comunidades habitacionais, nas vizinhanças, nas comunas, para organizar o convívio de diversas gerações de uma maneira que pudessem compensar os efeitos negativos da estrutura das famílias nucleares, a cujas vantagens não gostaríamos de renunciar – no que concerne aos idosos, às crianças, aos incapacitados e enfermos, aos isolados etc. Refiro-me a isso sem nenhum sentimentalismo: duvido que o mecanismo de mercado seja apropriado ainda para identificar a necessidade factual de trabalho e satisfazê-la no interior das formas do trabalho socialmente reconhecido.

Portanto, o trabalho até agora produtivo no sentido capitalista se encontra em oposição não somente a um reconhecimento social, mas também ao valor das atividades sociais que não se ajustam mais às formas existentes de reconhecimento e de estima.

Isso tem a ver com o *terceiro problema*, a revalorização das atividades. O assim chamado "tempo livre de trabalho" aumenta, não só semanalmente, mas também pela ampliação das histórias de vida, e, apesar disso, os âmbitos de vida situados fora da ocupação formal se definem sempre de maneira apenas negativa, como já diz a expressão "tempo livre de trabalho", sempre de maneira apenas privativa, com referência a uma esfera do trabalho que se torna mais e mais obsoleta. Como a sociedade pode ser reconstruída em seus fundamentos, de modo que não apenas da perspectiva de toda a economia, mas também da perspectiva da história de vida individual ocorra um deslocamento de peso? É considerado trabalho produtivo, como diz Offe, principalmente o que traz lucros em termos de economia empresarial, o que se assemelha à elaboração de coisas e pode ser decomposto em atos de trabalho abstratos. Em contraposição a isso, dever-se-ia pôr diante dos olhos, pelo menos uma vez, o tipo de "trabalho" no qual podem assumir uma forma dotada de pleno sentido aquelas energias raramente percebidas, mas consideráveis, que se reúnem hoje, por exemplo, em um grupo de mulheres ou em uma associação local social-democrata, onde acabam sendo paralisadas, apesar de toda a boa vontade, isto é, são ao mesmo tempo canalizadas e neutralizadas.

Reck: Portanto, seriam necessárias também outras formas de distribuição, diferentemente qualificadas, um outro fundamento para o reconhecimento social de atividades necessárias e negligenciadas. O que significa então "socialismo", se sua estratégia não pode mais se apoiar na produção, como era manifestamente necessário outrora?

Habermas: Tenho a impressão de que, medindo-se pelas carências e pelas capacidades reais, os mecanismos de alocação para distribuir trabalho socialmente reconhecido não funcionam mais. Tampouco eu tenho alguma resposta que se possa adotar como receita. Eu me limito a pensar que, sob as condições presentes, só se poderá chegar a uma ideia mais clara a respeito do socialismo quando se refletir até o fim sobre essas questões. O socialismo significava uma tentativa, tanto sujeita a falhas quanto viável, além de apoiada em autocorreções, de diminuir ao menos, com o esforço coletivo, a dor identificável, a injustiça identificável, as repressões evitáveis, isto é, de solucionar, em uma determinada perspectiva, problemas que são correntemente elaborados e resolvidos de certa maneira. Essa perspectiva deixa-se caracterizar abstratamente com facilidade: a saber, deter a destruição de formas de vida solidárias e criar novas formas de convívio solidário, portanto, formas de vida com possibilidades de expressão enfática, com um espaço de ação para as orientações prático-morais, ou seja, para formas de vida que oferecem um contexto no qual a própria identidade e a dos outros podem se desenvolver de maneira não problemática, não danificada. Essa é uma perspectiva que resultou da autocrítica da forma de vida hoje dominante, imposta com a modernização capitalista.

Por isso, o socialismo significa, sobretudo, saber o que não se quer, aquilo de que se quer emancipar: de uma forma de vida na qual todas as questões vitais são redefinidas, a ponto de se ajustarem ao padrão do trabalho abstrato de cunho industrial e orientado ao lucro, burocrático e orientado à dominação. Isso é fácil de dizer; mais difíceis são as análises concretas com as quais podemos convencer a nós e aos demais das possibilidades de desenvolvimento alternativo.

Reck: Mas há pelo menos uma longa tradição de decisões evolutivas convictas de outra natureza: as utopias. Mas justamente o socialismo, em especial o socialismo científico defendido na esteira de Marx, tem uma relação refratária e negativa com o utópico. Enfim, o desenvolvimento técnico, o nível das forças produtivas, ultrapassou as imagens do utópico. Mesmo Herbert Marcuse apontou para o "fim da utopia" em referência a isso. O trato com as utopias é marcado, nesses dois lados, por uma espécie de proibição de imagens. Mas recentemente se anuncia, múltiplas vezes e de maneira desconcertante por muitos lados, a necessidade de orientações utópicas; demanda-se uma correção por meio de esteios utópicos, uma correção, porém, da qual não se sabe direito se a imagem utópica tem também um direito à realização comprovável. Qual é a função dos projetos utópicos hoje?

Habermas: As utopias têm uma função prática, na medida em que adentram nos movimentos sociais como orientações. Com a visão de um utópico, Bloch emprega, por exemplo, a fórmula do "andar ereto". A sociedade deve parecer de tal modo que todos possam andar eretos, mesmo os fatigados e aflitos, os desvalidos e humilhados. Nesse contexto, o emprego utópico de uma imagem serve para introduzir um conceito preciso, a saber, o da dignidade humana. Como se sabe, dignidade foi uma categoria feudal. Alguém era "digno" quando possuía um *status* na ordem hierárquica e podia desempenhá-lo com o comportamento correto – nesse sentido medieval, o papa tem dignidade, por exemplo. Com essa métrica, o *show business* de um adestrador de massas de turistas poderia ser designado talvez de indigno.

Em contraposição a isso, a dignidade humana foi concebida de maneira mais abstrata no direito natural racional, na filosofia moderna em geral. Todo indivíduo deve ser incólume em sua autonomia, protegido em sua integridade física e psíquica. Esse conceito universalista da metáfora do andar ereto é obtido por meio de um aguçamento conceitual. Esse é um exemplo da função crítica das imagens promissoras em contextos teóricos.

Foi promissor que a dignidade fosse transposta do mundo feudal, onde apenas os representantes andavam eretos, para o mundo burguês e para o socialista, onde mesmo os desvalidos e os aflitos poderão se erguer – aqui e não só no além.

Reck: Ernst Bloch disse sempre que a utopia tem uma "imprensa fraca". Hoje, pelo contrário, confrontamo-nos com um uso inflacionado da palavra...

Habermas: ...por causa do próprio Bloch, entre outros motivos...

Reck: ...que, sem dúvida, não se tornou conceitualmente sustentável, mas aparentemente vem ao encontro de uma nova sensibilidade. Uma sensibilidade, por exemplo, para aquilo que o senhor chama de ressecamento das tradições comunicativas e ligadas ao mundo da vida. Por outro lado, torna-se evidente o quanto a pretensão utópica é expressa capciosamente. A utopia é considerada uma espécie de direito privado para projetar mundos desiderativos que se referem a nada menos do que um todo desimpedido. Isso parece se afastar do potencial crítico e, por essa razão também autocrítico, do pensamento utópico.

Habermas: Em determinados momentos históricos, nos quais reconhecemos realmente um movimento social, no qual reconhecemos lutas políticas, vemos também que ninguém luta por abstrações – apesar dos três grandes objetivos inalienáveis da Revolução Francesa. Ninguém luta *por* abstrações, mas *com* imagens. Bandeiras, símbolos e imagens, o discurso retórico, o discurso alegórico, o discurso utopicamente inspirado, o discurso em que os objetivos concretos são colocados diante dos olhos, estes são certamente os elementos necessários dos movimentos que em geral causam algo na história. Tudo o mais é, evidentemente, antes de tudo assimilação e paralisia.

Mas também no pensamento conceitual, ainda mais nos âmbitos da filosofia, das ciências sociais e humanas, mas mesmo na física, a linguagem da teoria não é evidentemente autônoma em relação aos elementos imagéticos, metafóricos e mesmo míticos. Não há de modo algum uma linguagem conceitual exclusiva. Este é como que o cerne mítico ainda do discurso científico, mas aqui a imagem é conceitualmente domada. Um filósofo da utopia como Bloch pode tornar plausível, então, que é necessário ir para lá e para cá, entre a linguagem teórica na qual se quer proceder de maneira rigorosamente discursiva, simplesmente porque se quer solucionar problemas, e a recepção de uma linguagem imagética, forte no cotidiano, em todo caso enraizada nas experiências cotidianas.

Reck: Se o pensamento construtivo da utopia visa a interpretações feitas em termos de totalidade, então resta a suspeita crítica de que essa totalidade oculte deficiências e efeitos colaterais. Essa crítica, realizada no sentido de uma emancipação, não se volta contra as próprias utopias?

Habermas: Isso tem, eu penso, boas razões. É claro que utopias são amiúde formas de vida imaginadas. Isso significa que são projetos de totalidades. E isso não pode ser trazido para a teoria. Não há, creio, nenhuma utopia teoricamente fundamentada. Onde se projetam totalidades, formas de vida inteiras, histórias de vida inteiras em sua concreção, e se sugere que elas podem ser politicamente realizadas sem mediações, ocorrem facilmente consequências para as quais apontam sabidamente nossos amigos neoconservadores. Essa é uma das razões para que no socialismo se exerça uma certa abstinência em relação à imaginação de formas de vida concretas. Dever-se-ia falar de socialismo apenas no sentido de que, em uma determinada situação histórica, se busca indicar as condições necessárias que devem ser preenchidas *para que* possam surgir formas de vida emancipadas, sejam elas quais forem. Totalidades aparecem apenas no plural, e esse pluralismo não se pode antecipar na teoria.

Reck: Basta para isso uma compreensão de utopia que vise a um sistema de representações vitais mediante projetos livres, a uma espécie de Estado mínimo que sirva para que os indivíduos realizem suas próprias utopias e possam estar em acordo livre com os outros a respeito de formas de vida renovadoras?

Habermas: Essas são ideias liberais, que têm uma história venerável. Um elemento dessa tradição eu manteria de fato. Deve ser criada a medida de igualdade jurídica que é necessária para possibilitar, ao mesmo tempo, a maior medida possível de individualismo, e isso significa o espaço de ação para as configurações individuais de vida. Só que aquilo que desde Hegel foi apresentado em termos de crítica dessas construções jurídicas individualistas não pode ser simplesmente esquecido. A liberdade, mesmo a liberdade pessoal, a liberdade de sufrágio em última instância, só pode ser pensada no nexo interno com uma rede de relações interpessoais, isto é, no nexo com as estruturas comunicativas de uma comunidade que assegura que a liberdade de alguns não se dá à custa da liberdade de outros. É interessante que, para tanto, não baste o direito abstrato. É preciso fazer o esforço de analisar as condições da liberdade coletiva que tiram da liberdade individual apenas a sua periculosidade, seu potencial de perigo no sentido do darwinismo social.

O indivíduo não pode ser livre se nem todos forem livres, e nem todos podem ser livres se nem todos forem livres no que é comum. Esta última frase é o que as tradições empiristas e individualistas não conseguem mensurar.

3
Outono de 1983 —
ou a neutralização moral do direito

Durante o ano inteiro de 1983, foram instigadas confrontações violentas que depois, felizmente, não ocorreram. Nessas discussões, pelo lado dos governantes e de seus adeptos, revelou-se uma compreensão autoritária do direito que é insensível aos motivos e às formas de manifestação da desobediência civil. A mesma mentalidade parece determinar igualmente muitos dos julgamentos emitidos no intervalo de um ano, documentados em um dossiê da *Zeit*, de 30 de novembro de 1984. Tratei esse tema uma vez antes e outra depois das grandes manifestações de outubro, em um evento do fórum de cultura do SPD [Partido Social-Democrata da Alemanha], em setembro de 1983, e em um artigo para o primeiro caderno da *Merkur* publicado sob seu novo editor, Karl Heinz Bohrer, em janeiro de 1984.

Desobediência civil – a pedra de toque do Estado democrático de direito

O duo bávaro que tem dado o tom do governo alemão, os senhores Zimmermann e Spranger, canta o refrão em verso cuja melodia o *Frankfurter Allgemeine Zeitung* não para de tocar para eles há meses: "resistência sem violência *é* violência". Em contrapartida, o ministro da Justiça se encontra a tal ponto sob a sombra do ministro do Interior – e o liberalismo dos outrora democratas liberais já está a tal ponto com as costas junto à parede – que nessa curva só restam tautologias a serem ouvidas: mesmo a desobediência civil sem violência seria ilegal. Na discussão dos últimos meses, os advogados de uma intensificação do direito penal contra manifestações seguiram a tendência de estender o conceito jurídico de violência até as formas não convencionais da formação da vontade política, indo além da tipicidade do ato violento.

Conhece-se pela psicologia a compulsão de pensar segundo alternativas; como tantas vezes antes, também agora o pensamento compulsivo se entrincheira atrás de fórmulas jurídicas. Como alternativa única ao perturbador e ao desordeiro, ao perpetrador de ato violento criminoso, aparece o manifestante pacífico – um cidadão que vai à urna eleitoral por dever e costume, frequenta talvez as assembleias do próprio partido e participa eventualmente de um ato coletivo, seja no Primeiro de Maio ou em 20 de julho. Da perspectiva de uma autoridade que tem de cuidar da paz e da ordem, a formação democrática da vontade do presuntivo soberano mostra um semblante pálido, intimidado, sem garras. Por razões policiais, seria melhor que as manifestações ocorressem em salões, em todo caso, que não se desviassem da imagem normal do cortejo ordeiro de cidadãos adultos e asseadamente vestidos, com alocuções conclusivas diante da Câmara Municipal. O pensamento do "ou-ou" busca segurança na falsa univocidade de dicotomias violentamente produzidas. Manifestando-se pacificamente, o "perturbador da paz pública" que não se dirige para casa a toda pressa depois da primeira solicitação policial e, contudo, não pode demonstrar ter satisfeito a tipicidade original do "apaziguamento" é um produto desse pensamento.

A nova cena dos protestos

De fato, modificou-se a cena dos protestos na Alemanha desde as marchas de Páscoa no começo dos anos 1960. Temos na memória os protestos estudantis, cuja fagulha saltou de Berlim para as universidades da Alemanha Ocidental, quando Benno Ohnesorg foi assassinado a tiros por um policial, sem motivo aparente. As novas formas desse movimento de protesto, frequentemente criativas, às vezes violentas, inspiraram-se nos modelos norte-americanos, a começar por aquele caso exemplar de desobediência civil em Ann Arbor, onde, em 15 de outubro de 1965, 39 estudantes da Universidade de Michigan, como protesto contra a intervenção militar dos Estados Unidos no Vietnã, mantiveram ocupado o escritório das autoridades locais para a convocação militar, e precisaram ser arrancados duas horas depois do final do expediente. O processo subsequente desencadeou um debate vivaz, recebendo por conta disso uma publicidade mundial.[1] Ainda mais nítida – e ainda mais fortemente investida de emoções – é a nossa lembrança das ações terroristas clandestinas da RAF [Fração do Exército Vermelho], que muito rapidamente tornaram clara a diferença entre ações criminosas e desobediência civil – por fim, até mesmo nas cabeças em que esses conceitos continuaram peculiarmente difusos depois de anos de discussões duras, conduzidas internamente.

Desde a segunda metade dos anos 1970, foi se formando um novo movimento de protesto, com outra composição, com novos objetivos e com uma paleta de cores de novas formas, diferenciadas, de manifestação da vontade. Exemplos disso são as grandes manifestações de Bonn, que atraíram uma cidade inteira para o ritmo e o redemoinho de um evento de massa estribado em subculturas, animado e expressivo; o assalto de pessoas de várias partes da Alemanha a um campo de energia atômica, cercado pela polícia, como em Brokdorf; a sonora manifestação contrária ao espetáculo de um grande rufo,* ensaiado previamente em público, como em Bonn ou Bremen; o bloqueio temporário dos trabalhos de construção e a ocupação de locais de construção como em Wyhl; a aldeia antiatômica em Grohnde e a aldeia-fortaleza contra a construção da pista oeste

---

1 Cohen, Law, Speech and Disobedience, p.165 et seq.

* *Großer Zapfenstreich*: toque militar tradicional na Alemanha. (N. T.)

no aeroporto de Frankfurt, destinadas a confrontar o planejamento de grandes projetos com uma forma de vida alternativa; enfim, as ocupações de casas no bairro berlinense de Kreuzberg e alhures, que chamaram a atenção da esfera pública mais ampla para o escândalo da especulação inescrupulosa com habitações de construção antiga, cobiçadas e dignas de preservação. Todas essas ações têm em comum o fato de terem partido de iniciativas básicas formadas espontaneamente, compostas de maneira heterogênea, bem espraiadas e com trabalho descentralizado. Esse amálgama de movimento pacifista, ecológico e feminista não é nada daquilo que se poderia proibir como um partido.

Ora, para os meses do outono, foram anunciadas manifestações variadas e resolutas contra a aguardada instalação de mísseis Cruise e foguetes Pershing II: bloqueios, correntes formadas por pessoas impedindo o trânsito, estas e outras manifestações de desobediência civil. O lema do "outono quente" está em circulação e esquenta os ânimos de antemão. A imprensa relata esses planos como preparações de guerra de um invasor que ameaça a segurança nacional. Notícias sobre a cena dos protestos recebem o tratamento de informações do serviço secreto a respeito de movimentos de tropas inimigas. Campos de pacifistas ganham o aspecto de nichos de guerrilheiros. E nos quartéis generais da polícia ensaiam-se missões de acordo com os cenários conhecidos, como em um Estado-Maior. Cada novo tumulto que, como em Krefeld, se segue a manifestações transcorridas discretamente reforça na esfera pública a impressão fatal de que é precisamente o movimento pacifista que oferece novos alvos para o aparelho estatal de controle e intervenção, armado e ampliado no curso do combate ao terrorismo. Assim, surge uma perspectiva a partir da qual os delitos de tropas de choque pequenas mas ágeis, compostas de arruaceiros violentos, acabam se fundindo com as ações da desobediência civil moralmente fundamentada. Com esse ângulo de visão estreito, nas formas de protesto colocadas em perspectiva e praticadas hoje, não é mais possível perceber justamente aquele elemento que caracteriza os novos movimentos sociais. Como ensina a comparação com o movimento estudantil, o movimento de protesto contemporâneo oferece pela primeira vez a oportunidade de compreender, mesmo na Alemanha, a desobediência civil como o elemento de uma cultura política madura. Toda democracia ligada ao Estado de direito que é segura de si mesma considera a desobediência civil como componente normalizado, visto que necessário, de sua cultura política.

De acordo com minhas experiências, nos anos da revolta estudantil, a autocompreensão de muitos atores se inspirou em modelos revolucionários falsos. Em todo caso, faltava a identificação com os princípios constitucionais de uma república democrática, necessária para conceber uma ação de protesto em seu caráter exclusivamente simbólico, mesmo que transgrida os limites do juridicamente admissível. Na época, alguns líderes estudantis se tornaram estrategistas de uma pseudorrevolução, visto que quiseram manter em suspenso sua resistência política entre o protesto e a ação de luta. É precisamente essa obscuridade que não posso descobrir em parte alguma no movimento pacifista. Pelas manifestações que me são conhecidas, depreende-se mais do que uma mera declaração tática de isenção de violência, a saber: a convicção de que as ações de protesto, mesmo que representem infrações calculadas às regras, só podem ter caráter simbólico e só podem ser executadas com o propósito de apelar à capacidade de discernimento e ao senso de justiça da maioria.[2] Ninguém imagina hoje poder impedir a instalação de foguetes – se é que se pode fazê-lo ainda – de outro modo do que ganhando e mobilizando a massa da população alemã para a rejeição política e moral de uma decisão de alcance existencial. Só uma iminente perda de legitimação pode demover o governo.

Certamente, fala-se de *resistência* isenta de violência, ainda que pelo menos os porta-vozes do movimento saibam que hoje não são satisfeitas visivelmente as condições de um exercício do direito constitucional de resistência, definidas na Lei Fundamental, artigo 20, inciso 4. Mas cabe obrigar um movimento social a uma linguagem juridicamente fundamentada? Cabe "desapropriá-lo terminologicamente", como diz Günter Frankenberg? O uso popular da linguagem quer expressar, com o termo "resistência", apenas a urgência do motivo do protesto. A palavra não é empregada nem sequer de maneira metafórica quando designa as manifestações de desobediência civil – ou seja, atos que são ilegais segundo sua forma, embora sejam executados em apelo aos fundamentos legitimadores da ordem do Estado democrático de direito, reconhecidos em comum. Quem recorre ao protesto dessa maneira se vê em uma situação na qual só lhe restam, tratando-se de uma questão de consciência moral, os meios drásticos, carregados de riscos pessoais, para despertar a disposição de novamente deliberar e formar a vontade a respeito de uma norma vigente ou de uma política decidida com força de lei, dando impulso à revisão de uma opinião da maioria. Quem se decide pela desobediência civil não quer se dar por satisfeito com que estejam esgotadas

---

2 Cf. o recente artigo de Narr, Zwölf Thesen zur Gewalt, p.30 et seq.

as possibilidades de revisão institucionalmente previstas, dado o alcance de uma regulamentação considerada ilegítima. Por que a ação do que aceita o risco de uma persecução penal por essas razões não iria poder se chamar "resistência"?

A teoria da justiça de John Rawls

Dessa motivação se podem derivar as determinações mais importantes para a desobediência civil no Estado democrático de direito. O filósofo moral norte-americano John Rawls propôs, em sua conhecida obra *Uma teoria da justiça*, a seguinte definição: a desobediência civil se manifesta em "uma ação pública, não violenta, determinada pela consciência moral, mas contrária à lei, que deve suscitar de hábito uma modificação das leis ou da política governamental".[3] Rawls cita três condições que devem ser satisfeitas para justificar a desobediência civil: o protesto tem de dirigir-se contra os casos bem circunscritos de injustiça grave; as possibilidades de influências legais promissoras têm de estar esgotadas; e as atividades da desobediência não podem assumir uma extensão que ameace o funcionamento da ordem constitucional. Nesse meio-tempo, a teoria de Rawls passou a ser discutida com vivacidade também entre os juristas alemães.[4]

---

3 Rawls, *Theorie der Gerechtigkeit*, p.401.
4 Dreier, Widerstandsrecht im Rechtsstaat, *Festschrift H. U. Scupin*, p.573 et seq.; Frankenberg, Ziviler Ungehorsam und rechtsstaatliche Demokratie, *Juristenzeitung*, p.266 et seq. A esse ensaio eu devo mais sugestões do que posso tornar evidente por meio de referências. Cf. também Frankenberg, Der neue Ungehorsam, *Süddeutsche Zeitung*, 1-2.10.1983.

São incontroversas as determinações centrais, resultantes da finalidade do apelo à capacidade de discernimento e ao senso de justiça de uma maioria de cidadãos. A desobediência civil é um protesto moralmente *fundamentado*, ao qual não podem subjazer convicções da fé privada ou interesses próprios; ela é um ato *público*, que via de regra é anunciado e cujo decurso pode ser calculado pela polícia; ela inclui a *infração propositada* de diversas normas jurídicas, sem afetar a obediência à ordem jurídica em seu todo; ela requer a disposição de *responder* pelas *consequências* jurídicas da infração de normas; a infração de regras em que se manifesta a desobediência civil tem um *caráter* exclusivamente *simbólico* – e disso já resulta a restrição aos meios de protesto *isentos de violência*. Günter Frankenberg procura definir o princípio da isenção de violência da seguinte maneira: é civil somente uma infração de regras que não esteja em desproporção com a finalidade almejada do protesto e, em especial, que preserve a integridade física e psíquica do adversário do protesto ou de terceiros não participantes. Em todo caso, a isenção de violência não exclui, segundo a concepção de Dreier, momentos de coação; ela é compatível com a "pressão psíquica e o prejuízo à liberdade de movimento de terceiros".[5]

A disputa em torno de uma determinação suficientemente precisa do conceito de violência não deveria se afastar, porém, da verdadeira provocação da teoria rawlsiana. Quem nesses dias fica à escuta do tom dos comunicados à imprensa feitos por governos e partidos, à escuta das discussões televisivas e editoriais e consulta a opinião dominante entre os juristas não poderá iludir-se sobre a mentalidade do lema "lei é lei".

---

5 Dreier, Widerstandsrecht im Rechtsstaat, p.587.

A Nova Obscuridade

O dogma das forças basilares do Estado mantém o pé firme. Quem viola leis em apelo à sua consciência moral se permite direitos que nossa ordem jurídica democrática não concede a ninguém em prol da segurança e da liberdade de todos os cidadãos. Quem promove a desobediência civil no Estado de direito coloca em jogo, junto com a paz jurídica, uma das conquistas culturais supremas e mais vulneráveis. Ele levanta "o machado sobre a democracia", como opina Geissler.

Em contraposição a isso, Rawls afirma, então, que a desobediência civil representa uma pedra de toque para a compreensão adequada do fundamento moral da democracia e – assim podemos acrescentar no que concerne à República Federal da Alemanha – uma pedra de toque para o estado de maturidade da primeira república democrática em solo alemão que é apoiada por todas as camadas sociais:

> O problema da desobediência civil, como eu o entendo, surge apenas em um estado democrático mais ou menos justo, para cidadãos que reconhecem a constituição. O problema consiste em um conflito de deveres. Em que ponto o dever de sujeitar-se às leis acertadas por uma maioria legislativa (ou às ações do poder Executivo, apoiadas por ela) não é mais obrigatório, em vista do direito de defender sua liberdade e o dever de resistir contra a injustiça? Essa questão toca no sentido e nos limites da regra da maioria.[6]

Por que deve se justificar a desobediência civil no Estado democrático de direito, e justamente nele?

---

[6] Rawls, *Theorie der Gerechtigkeit*, p.400.

Eu gostaria de tentar oferecer não uma resposta jurídica, mas uma resposta ligada à filosofia do direito, a qual não sei exatamente até que ponto concorda com aquela dada por Rawls. O problema de que se trata só pode surgir quando partimos do fato de que o Estado constitucional moderno tanto carece quanto é capaz de uma justificação moral. Eu parto da pretensão de legitimação do Estado de direito, extraordinariamente alta: ele exige de seus cidadãos que reconheçam a ordem jurídica não por medo da pena, mas de moto próprio. A lealdade à lei deve resultar de um reconhecimento com discernimento e, por conta disso, voluntário daquela pretensão normativa à justiça que toda ordem jurídica levanta. Esse reconhecimento se apoia normalmente no fato de que uma lei foi discutida, decidida e expedida pelos órgãos constitucionais. Com isso, a lei alcança validade positiva e define o que conta como comportamento legal em seu domínio de validade. Isso é o que chamamos legitimação por meio de procedimentos. No entanto, essa legitimação não oferece uma resposta à questão de por que o próprio procedimento legitimador, de por que o exercício conforme às regras dos órgãos constitucionais, de por que, em última instância, a ordem jurídica é legítima em seu todo. A remissão à realização legal de normas positivamente vigentes não ajuda muito aqui. A constituição tem de poder justificar-se por princípios cuja validez não pode depender de o direito positivo concordar com eles ou não. Por isso, o Estado constitucional moderno só pode esperar de seus cidadãos a obediência às leis se e na medida em que se apoia em princípios dignos de reconhecimento, a cuja luz o que é legal pode justificar-se então como legítimo – ou, dado o caso, ser reprovado como ilegítimo.

No entanto, quem quiser distinguir legalidade de legitimidade com um propósito normativo precisa julgar-se capaz de caracterizar aqueles princípios constitucionais legitimadores que têm para si boas razões e *merecem* reconhecimento. Mas como podem justificar-se essas normas fundamentais, por exemplo, os direitos fundamentais, a garantia das vias jurídicas, a soberania popular, a igualdade perante a lei, o princípio do Estado de bem-estar social etc.? Para tanto, foi elaborada uma série de propostas na tradição do direito racional e da ética kantiana. Todas elas seguem a intuição de que são justificadas apenas aquelas normas que expressam um interesse passível de universalização e que, por isso, poderiam encontrar o assentimento bem ponderado de todos os concernidos. Mais precisamente, esse assentimento se liga a um procedimento da formação racional da vontade; por isso, esse modo de fundamentar exclui o recurso hoje preferido a uma ordem de valores materiais historicamente incorporados. Seja qual for a posição tomada em relação a essas teorias morais, um Estado democrático de direito, visto que não funda sua legitimidade na mera legalidade, não pode exigir de seus cidadãos nenhuma obediência incondicional ao direito, mas apenas uma obediência qualificada. A isso presta contas também a Lei Fundamental no artigo 1, inciso 2, com uma *declaração* sobre os direitos humanos invioláveis e inalienáveis. Como Erhard Denninger salientou, o caráter da declaração deve expressar que os direitos fundamentais também desfrutam da validade supralegal de princípios constitucionais legitimadores.[7] Também na distinção entre "lei" e "direito", acertada na Lei Fundamental (artigo

---

7 Denninger, *Alternativ-Kommentar zum Grundgesetz*.

20, inciso 3), sugere-se essa conclusão. Com o par conceitual legalidade-legitimidade, muitos disparates foram cometidos; isso explica a reserva de muitos juristas. Em contraposição a isso, eu considero que a ideia do próprio Estado de direito urge que se pense até o fim a relação tensa entre esses dois momentos, que remetem um ao outro.

O guardião da legitimidade

Nas instituições da democracia ligada ao Estado de direito se incorpora a desconfiança contra a razão falível e contra a natureza corruptível dos seres humanos. Essa desconfiança estende-se para além dos controles e dos contrapesos que podem se institucionalizar. Pois nem a observância da via jurídica nem a autoridade da jurisprudência científica oferecem uma proteção automática em face do desenraizamento moral de uma ordem jurídica e de uma jurisprudência intactas na forma. No ano do quinquagésimo aniversário do 30 de janeiro de 1933, isso não carece de maiores explicações. O Estado de direito que pretende permanecer idêntico a si mesmo se encontra diante de uma tarefa paradoxal. Ele precisa proteger e vigiar a desconfiança contra uma injustiça que apareça sob as formas legais, embora ela não possa assumir uma forma institucionalmente garantida. Com essa ideia de uma desconfiança não institucionalizável contra si mesmo, o Estado de direito sobreleva o conjunto de suas ordens positivadas. O paradoxo encontra sua solução em uma cultura política que dota as cidadãs e os cidadãos da sensibilidade, da medida de juízo e da disposição ao risco que são necessárias em situações transitórias e excepcionais a fim de reconhecer as violações legais à legitimidade e a fim de agir também ilegalmente por discernimento moral, em caso de necessidade.

O caso da desobediência civil só pode ocorrer sob as condições de um Estado de direito intacto em seu todo. Nesse caso, porém, o infrator das regras só pode assumir o papel plebiscitário do cidadão que aparece como soberano imediato dentro dos limites de um apelo à maioria. Diferentemente do combatente da resistência, ele reconhece a legalidade democrática da ordem existente. A possibilidade de justificar a desobediência civil resulta para ele somente da circunstância de que as regulações legais podem ser ilegítimas mesmo no Estado democrático de direito – no entanto, ilegítimas não segundo os critérios de uma moral privada qualquer, de um direito especial ou de um acesso privilegiado à verdade. São decisivos somente os princípios morais convincentes para todos, nos quais o Estado constitucional moderno funda a expectativa de ser reconhecido por seus cidadãos de moto próprio. Não se trata do caso extremo da ordem do não direito [*Unrechtsordnung*], mas de um caso normal que ocorre repetidas vezes, já que a realização de princípios constitucionais exigentes com conteúdo universalista é um processo de longa duração que de modo algum decorre retilineamente na história, mas, pelo contrário, se caracteriza por erros, resistências e derrotas. A história europeia dos direitos fundamentais, por exemplo, pode ser compreendida como um semelhante processo de aprendizagem coletiva, interrompido por contragolpes.[8] Quem vai afirmar que esses processos de aprendizagem se encontram concluídos? Inclusive hoje, não nos é lícito nos sentir como meros herdeiros felizes. O Estado de direito em seu todo

---

8 Frankenberg, Rödel, *Von der Volkssouveränität zum Minderheitenschutz*.

aparece, dessa perspectiva histórica, não como um construto acabado, mas como um empreendimento suscetível, vulnerável, voltado seja para produzir, conservar, renovar ou ampliar, sob circunstâncias cambiantes, uma ordem jurídica legítima. Visto que esse projeto é inconcluso, também os órgãos constitucionais de modo algum se excetuam dessa suscetibilidade.

Acresce-se a isso que são os fatigados e os aflitos os primeiros a experimentar na própria carne a injustiça. Aqueles que são os primeiros a sentir a injustiça não são dotados, via de regra, de autoridade ou de qualquer chance privilegiada de influir – seja por meio da pertença aos parlamentos, aos sindicatos e aos partidos, seja por meio do acesso às mídias de massa, seja por meio do potencial de ameaça dos que podem acenar com uma greve de investimentos durante campanhas eleitorais. É também por essas razões que a pressão plebiscitária da desobediência civil representa frequentemente a última possibilidade de corrigir os erros no processo de realização do direito ou colocar em marcha algumas inovações. O fato de que em nossa ordem jurídica se inserem muitos mecanismos de autocorreção, desde a leitura tripla de uma proposta de lei parlamentar até a via das instâncias dos tribunais, não faz mais do que testemunhar, com efeito, que o Estado de direito conta com uma elevada necessidade de revisão e não que outras possibilidades de revisão devam ser excluídas. Também o teórico do direito de Oxford, Ronald Dworkin, situa a desobediência civil nesse ponto de junção. O que é *prima facie* desobediência pode se revelar muito rapidamente, visto que o direito e a política são concebidos em adaptação e revisão constantes, como a marcha pioneira de correções atrasadas e inovações. Nesses casos, as infrações civis às regras são experimentos moralmente fundamentados, sem os quais uma república vital não pode conservar sua capacidade de inovação nem a crença de seus cidadãos na legitimação.[9] Se a constituição representativa falha diante dos desafios que afetam os interesses de todos, o povo, na figura de seus cidadãos, e também dos cidadãos em particular, tem de poder lançar mão dos direitos originários do soberano. O Estado democrático de direito depende, em última instância, desse guardião da legitimidade.

Retenção de ambos os lados

Naturalmente, também é possível que se equivoquem os que se valem de discernimentos morais, não certamente como privilégio, mas como fundamentação indulgente para sua desobediência pontual. Os loucos de hoje nem sempre são os heróis de amanhã; mesmo amanhã, muitos permanecem os loucos de ontem. A desobediência civil se move frequentemente na penumbra da história da época; essa penumbra dificulta a avaliação política e moral para o contemporâneo. O caso claramente recortado da resistência ativa é mais fácil de julgar – e isso não só em retrospectiva. Não foi necessária uma distância histórica para ver o que distingue por princípio a jurisdição de Stammheim das sentenças de um "Tribunal do Povo".* A legitimidade das ações de resistência tampouco se deixa conhecer imediatamente pela seriedade ética dos motivos. Falta de consciência moral não foi certamente o que separou Ulrike

---

9 Dworkin, Civil Disobedience, p.206 et seq.; cf. também o ensaio que dá o título do mesmo volume, p.184 et seq. (ed. alemã: *Bürgerrechte ernstgenommen.*)

* *Volksgerichtshof*: tribunal especial implantado na época da dominação nazista. (N. T.)

Meinhoff de Sophie Scholl – e, no entanto, era palpável que um mundo inteiro separava a rosa negra da rosa branca. As situações de resistência ativa têm precisamente uma pregnância incomparavelmente maior do que as de desobediência civil.

Essa falta de univocidade compromete os dois lados. Os infratores das regras têm de examinar sem reservas se a escolha de meios espetaculares é realmente adequada à situação e se não surge apenas de convicções elitistas ou de impulsos narcisistas, portanto, de uma arrogância. Por outro lado, o Estado tem de abster-se igualmente de um juízo de natureza histórica e ainda guardar respeito por aqueles que hoje agem ilegalmente e que amanhã permaneçam talvez no não direito. Ele pode renunciar o quanto antes a esgotar seu potencial de sanção, visto que a desobediência civil não pode colocar em questão a existência e o sentido da ordem jurídica em seu todo. Como se apresentam as coisas em uma cultura política quando falta essa retenção por ambos os lados é algo que se torna patente pela manifestação do deputado Schwalba-Hoth, impensada em seus pressupostos e meios; no entanto, torna-se ainda mais patente pela verborragia indizível que a assim chamada "sujeira de sangue"* desencadeou. Se nessa história, abstraindo a condecoração atávica do general, houve algo de sangrento, então foi a gritaria pedindo a punição pelo "atentado sangrento atroz".[10]

Essas reações desinibidas a uma tentativa malograda de desobediência civil fazem temer o pior. Ainda assim, elas tornam

---

* *Blutsudelei*: o termo se refere ao jato de sangue que o deputado verde Frank Schwalba-Hoth lançou sobre o comandante das forças armadas norte-americanas no ano de 1983. (N. T.)

10 Fromme, no *Frankfurter Allgemeine Zeitung*, 13.8.1983.

compreensível a tentativa de juristas críticos de legalizar uma tipicidade que não pode ser domada com os meios do direito positivo, assim como a resistência não pode ser domada por meio do direito de resistência acolhido na Lei Fundamental. Certamente, foram apresentadas boas razões para uma legalização: uns gostariam de juridificar a desobediência civil pelo caminho da interpretação radical do direito de manifestação e reunião;[11] outros tentam o mesmo pelo caminho da tradução das fundamentações feitas no âmbito da teoria da moral e do direito em fórmulas de justificação juridicamente aplicáveis.[12] Porém, contra a legalização da tipicidade da desobediência civil, depõe de imediato o efeito inesperado da normalização. Se todo risco pessoal desaparece, o fundamento moral do protesto que infringe as regras torna-se questionável; também se desvaloriza o seu efeito de apelo. A desobediência civil tem de permanecer em suspenso entre a legitimidade e a legalidade; só assim ela sinaliza o fato de que o Estado democrático de direito aponta, com seus princípios constitucionais legitimadores, para além de todas as formas de sua incorporação jurídico-positiva. Visto que esse Estado renuncia, em última instância, a requerer de seus cidadãos obediência por razões diferentes do que a de uma legitimidade

---

11 Blanke, Sterzel, Demonstrationsrecht und Demonstrationsfreiheit in der BRD, p.71 et seq.
12 Dreier, Widerstandsrecht im Rechtsstaat, p.593: "Quem sozinho ou em conjunto com outros, publicamente, sem violência e por razões político-morais, se enquadra no tipo legal de normas proibitivas age de maneira justificada segundo os direitos fundamentais, se ele protesta assim contra injustiça grave e se seu protesto é proporcional". Cf. Dreier, Widerstand und ziviler Ungehorsam im Rechtsstaat, p.54 et seq.

da ordem jurídica convincente para todos, a desobediência civil faz parte do acervo irrenunciável de uma cultura política madura.

Rawls e Dworkin consideram adequada uma mudança da persecução penal nos casos de desobediência civil. As autoridades possuem espaço de ação suficiente para decidir se deve ser levantada a acusação e aberto o procedimento capital, se uma condenação é necessária e como, dado o caso, mensurar a pena.[13] Em todo caso, porém, os tribunais deveriam fazer conhecer que a desobediência civil não é um delito usual. O Estado democrático de direito não se esgota em sua ordem legal. Para o caso excepcional do fracasso da constituição representativa, ele coloca sua legalidade à disposição daqueles que então podem ainda cuidar de sua legitimidade. Saber quando esse caso é dado não é algo que, logicamente, possa depender de novo das constatações de um órgão constitucional. A desobediência civil tira sua dignidade da pretensão de legitimação do Estado democrático de direito, fincada em um patamar elevado. Se os advogados públicos e os juízes não respeitam essa dignidade, se perseguem o infrator de regras como criminoso e lhe impõem penas usuais, eles decaem em um *legalismo autoritário*. Com conceitos de uma compreensão convencional do Estado, oriunda de relações jurídicas pré-modernas, eles acabam desconhecendo e encurtando os fundamentos morais e a cultura política de uma coletividade democrática desenvolvida.

Os advogados do legalismo autoritário recorrem preferencialmente a Carl Schmitt. Este evocou repetidas vezes o fantasma hobbesiano da guerra civil religiosa para sugerir que

---

13 Cf. Schüler-Springorum, Strafrechtliche Aspekte zivilen Ungehorsams, p.76 et seq.

a função de fundar a paz, própria do Estado neutro em termos de visão de mundo, exige a obediência dos cidadãos em relação a um soberano *superior*. Sua tese é abordada em muitas variantes; ela não se torna mais convincente pelo fato de atribuir o papel do soberano superior ao Parlamento ou ao Tribunal Constitucional Federal em vez do presidente do Reich ou do *Führer*.[14] O Estado democrático de direito é certamente neutro em relação às certezas da fé de seus cidadãos, que são protegidas pelos direitos fundamentais; de modo algum ele procede de maneira neutra em relação aos fundamentos morais da legalidade e da obediência jurídica, que são intersubjetivamente reconhecidos. A consciência moral do cidadão se estende também ao que diz respeito a todos. Por isso, não há nenhuma instância que seria isenta em definitivo do conflito em torno da observância ou da realização de princípios constitucionais legitimadores – e isso tanto menos quanto mais profundamente o Estado intervencionista tem de interferir nos fundamentos vitais sociais com suas políticas. A desobediência civil fundamentada na consciência moral se sabe obrigada ao consenso constitucional e não pode ser confundida com a imposição de certezas privadas da fé. O papel histórico das guerras confessionais é completamente enviesado, pois essas guerras acabaram arrancando de um Estado confessional a tolerância religiosa, isto é, o direito fundamental ao exercício desimpedido da religião. Em contraposição a isso, Thoreau e Martin Luther King, ao posicionarem-se contra a dominação escravagista e a violação dos direitos humanos, não absolutizaram suas convicções privadas, mas reclamaram os princípios constitucionais vigentes. Nessa tradição talvez co-

---

14 Krockow, Die Versuchung des Absoluten, *Die Zeit*, 2/9/1983.

loquemos amanhã, com maior evidência do que hoje, os irmãos Berrigan e todos aqueles que anunciam a desobediência civil em favor da proscrição de todos os meios de aniquilação em massa.

Onde reside a injustiça hoje?

Contudo, a questão de princípio é diferente da questão concreta de saber se aqui e hoje é dada uma situação em que as infrações das regras podem se justificar como desobediência civil. No caso da aguardada instalação de foguetes, não se trata visivelmente daquele tipo de injustiça [*Unrecht*] contra a qual se colocaram Martin Luther King e o movimento por direitos civis norte-americano, isto é, não se trata da violação manifesta de direitos fundamentais. Em todo caso, não seria simples interpretar uma medida de política armamentista, que o governo toma ou admite na execução de sua política de defesa declarada e de sua política externa, como lesão do direito à vida e da incolumidade corporal, ou do direito ao livre desenvolvimento da personalidade. Tanto menos se trata daquele tipo de injustiça contra o qual se dirigiu em sua época o protesto contrário à Guerra do Vietnã. Ao governo alemão não se pode imputar que fere o dever de preservar a paz internacional. No entanto, quando se aduz, como exemplo, os argumentos polemicamente afiados, mas bem ponderados, de Erhard Eppler, um dos protagonistas mais influentes e sérios do movimento pacifista, resulta uma interpretação da situação da qual se podem derivar *outras* razões para a desobediência civil. Eppler argumenta em seu livro mais recente aproximadamente da seguinte maneira.

Em primeiro lugar: os EUA alteraram a fundo sua estratégia de intimidação. Enquanto até a época do governo Carter a vulnerabilidade conscientemente aceita de ambos os lados era a condição paradoxal para a prevenção auspiciosa de uma guerra atômica, o governo norte-americano aspira hoje à capacidade de poder ganhar uma guerra atômica limitada – naturalmente não para conduzi-la, mas para poder aplicar esse potencial de ameaça em favor de uma prevenção da guerra como condição de uma *pax americana*.

Em segundo lugar: os foguetes Pershing II, a ser instalados no solo da Alemanha, devem assumir, no quadro dessa concepção, a posição de armas de primeiro ataque, com alvos precisos. Eles se prestam a eliminar a estrutura de comando soviética em poucos minutos. Do lado norte-americano, não se trata, em primeira linha, de um contrapeso aos foguetes soviéticos SS 20, mas da ameaça fidedigna de "decapitar" o adversário no duelo nuclear. Por isso, os norte-americanos não têm nenhum interesse em um acordo que afete a composição prevista de Pershing II e mísseis Cruise.

Em terceiro lugar: a ameaça qualitativamente nova força os soviéticos a dar a máxima prioridade, em seu catálogo de alvos, aos foguetes Pershing II instalados na Alemanha. Com isso, eleva-se o risco que a Alemanha já atraiu para si de todo modo na qualidade de depósito gigantesco de armas – tanto como alvo de um ataque preventivo quanto como refém potencial.

Em quarto lugar: para além do ensejo concreto, o estacionamento de novos foguetes corrobora, por sua vez, a incapacidade das grandes potências de ao menos suspender a espiral armamentista. As capacidades de aniquilação acumuladas nesse meio-tempo representam, mesmo quando se consideram apenas erros técnicos e falhas humanas, uma ameaça aguda aos fundamentos da existência na Europa e no mundo. Por isso, a premissa sob a qual se encontravam até agora as negociações do desarmamento tem de ser alterada – aquela mentalidade da autoafirmação, profundamente enraizada na história natural e que se manifesta na "utopia mortal da segurança".[15]

Não é preciso partilhar a interpretação da situação feita por Eppler em todos os pontos, é possível considerá-la até mesmo aventureira adotando-se a perspectiva do governo – em todo caso, ela é tão bem comprovada e tão bem refletida que se deve levá-la a sério como pano de fundo para a justificação da desobediência civil. Certamente, ninguém contestará a um governo o direito de apoiar sua política em uma *outra* interpretação, de ganhar as maiorias para ela e perseguir essa política com todos os meios legais – por mais que possam ser fatais suas decisões e medidas em particular. Porém, se a interpretação da situação feita por Eppler serve de fundamento, é possível colocar a questão de saber se as decisões de princípio da política de segurança, que se ligam a riscos iminentes e intervêm profundamente na vida de cada um, até mesmo nas possibilidades de sobrevivência de povos inteiros, podem ser suportadas pela fina camada de legitimação de uma maioria simples no Bundestag. De qualquer modo, é plausível essa dúvida no caso suposto de uma inversão "da estratégia de impedir a guerra para uma estratégia de conduzir a guerra" (Gert Bastian).

Como sabemos pelas pesquisas, a opinião dos cidadãos sobre a dupla resolução da Otan não contribuiu para a vitória eleitoral dos partidos governistas atuais em março deste ano. Mesmo que esse fosse o caso, impõe-se a questão que o juiz

---

15 Eppler, *Die tödliche Utopie der Sicherheit*; Mechtersheimer, Barth (orgs.), *Den Atomkrieg führbar und gewinnbar machen?*

do Tribunal Constitucional Federal, Helmut Simon, colocou no último Congresso Evangélico Alemão Hanover:

> É lícito então estacionar mísseis sem que o Bundestag decida sobre isso, por meio de lei formal e após um processo de formação pública da vontade? É lícito que a Federação consinta com a limitação de sua soberania no estacionamento de armas extremamente perigosas, sobre cujo emprego somente o presidente dos EUA decide? [...] Basta *sempre* o princípio da maioria simples (fora do âmbito não suscetível de votação)? É suficiente também para as decisões prenhes de consequências e de natureza irreversível, isto é, para aquelas decisões que no caso de uma mudança na maioria não podem mais ser simplesmente invalidadas e podem ter consequências fatais para todo mundo, quando são errôneas?

À luz dos princípios constitucionais válidos, Simon tira dos objetivos políticos do movimento pacifista a conclusão jurídica de que não se poderia decidir de acordo com o princípio da maioria sobre o desenvolvimento técnico e o planejamento estratégico do emprego de meios de aniquilação em massa – e até mesmo que "o uso de meios de aniquilação em massa – tanto quanto a escravidão outrora – deveria se tornar objeto não suscetível de votação".

Quando funciona a regra da maioria?

Portanto, trata-se da questão de saber se as condições de validade essenciais da regra da maioria não são lesadas quando se decide sobre o planejamento estratégico do emprego de meios de aniquilação em massa com maiorias simples (ou de modo geral, por maioria de votos). Além da irreversibilidade mencionada por Simon a propósito da decisão iminente sobre o estacionamento de foguetes, pode-se citar uma outra condição de validade que hoje não parece mais satisfeita sem problemas.

A crítica estratégica composta por Eppler à mentalidade da segurança, própria dos sistemas de autoafirmação adestrados para sanções externas e com pensamento puramente instrumental, é apenas *um* fio de argumentação em uma rede muito ramificada de considerações e distanciamentos aos quais o movimento pacifista confere expressão. Os grupos heterogêneos que se unem nesse movimento não dizem apenas um "não" plebiscitário aos foguetes atômicos; antes se agregam nesse movimento muitos "nãos": o não às armas atômicas com o não às usinas atômicas, à tecnologia de grande alcance de modo geral, à poluição química do meio ambiente, à medicina tecnicizada, à revitalização urbana, ao desmatamento das florestas, à discriminação das mulheres, à xenofobia, à política de asilo etc. O dissenso que toma a palavra nesse complexo não se dirige contra esta ou aquela medida, esta ou aquela política; ele se enraíza na rejeição de uma forma de vida, mais precisamente, daquela forma de vida estilizada como modelo normal, talhada para as necessidades de uma modernização capitalista, programada para o individualismo possessivo, para os valores da segurança material, do empenho pela concorrência e produtividade e assim por diante, e baseada no recalque da angústia e da experiência da morte. Se agora é fundada uma República da Wendland, ou se uma grande manifestação se desenvolve em uma festa popular, nessa espécie de protesto se pode reconhecer de imediato que se trata hoje da confrontação de diversas formas de vida. Mas se tradições culturais comuns e identidades coletivas se *separam* e se, contudo, o princípio da maioria continua a reagir nas questões de importância vital, chega-se, como no caso das minorias nacionais, étnicas e religiosas, a separações, isto é, a um separatismo que indica que as condições de validade e de função essenciais do princípio da maioria foram lesadas.

A pesquisa sociológica sobre a decisão da maioria compilou evidências sóbrias que mostram até que ponto os processos políticos de obtenção de acordo se desviam, de fato, daquelas supostas condições sob as quais a regra da maioria operacionaliza racionalmente os processos de entendimento sob a pressão da decisão.[16] Apesar disso, nós nos atemos à decisão da maioria respeitada pelas minorias como a via régia da formação democrática da vontade. Isso, hoje, ninguém quer abalar seriamente. Mas determinados pressupostos *mínimos* têm de ser cumpridos, se a regra da maioria deve manter sua força legitimadora. Assim, não é lícito que haja minorias inatas, por exemplo, em razão de tradições e identidades culturais divididas. Tanto menos é lícito que a maioria tome decisões irreversíveis. A regra da maioria só funciona convincentemente em determinados contextos. Seu valor tem de deixar-se medir pela ideia sobre até que ponto as decisões que ela possibilita sob as condições do tempo escasso e das informações limitadas distanciam-se dos resultados ideais de um acordo obtido discursivamente ou de um compromisso presuntivamente justo. Por isso, Claus Offe estimulou um manejo reflexivo da regra da maioria, a saber, de modo que os objetos, as modalidades e os limites do próprio emprego do princípio da maioria se-

---

16 Offe, Politische Legitimation durch Mehrheitsentscheidung, p.150 et seq.

jam colocados à disposição da maioria. É nessa dimensão que situo a justificação da desobediência civil que se contrapõe a uma instalação de foguetes Pershing II, marcada por uma legitimação democrática insuficiente.[17]

As univocidades forçadas

Eu considero um indício da maturidade da cultura política na República Federal da Alemanha que a sensibilidade dos cidadãos para a legitimidade das decisões políticas de grande alcance é hoje inconfundivelmente maior do que na época de Adenauer. Em favor disso fala o protesto contra uma troca de governo legal, mas sentida justamente como ilegítima; igualmente, o protesto contra a implementação de um recenseamento não suficientemente transparente no objetivo e no procedimento. Nos últimos meses, no entanto, abre-se o abismo entre as demandas crescentes de legitimação e a tendência a um legalismo empedernido. A alteração do direito penal contra manifestações, decidida pelo governo, a forma e o modo como os Estados governados pela CDU [União Democrata Cristã] fazem uso da reserva de lei [*Gesetzesvorbehalt*] estabelecida no artigo 8, inciso 2 da Lei Fundamental, e a proibição de máscaras promovida pela CSU [União Social-Cristã] colocam a percepção que os cidadãos têm dos direitos fundamentais

---

17 A objeção de que também a política para os países do Leste foi implementada em sua época pela coalizão entre social-democratas e liberais com estreitas maiorias, eu não a considero pertinente. A conclusão dos tratados com o Leste poderia ser colocada em uma perspectiva histórica e moral análoga à imposição de direitos civis ou à proscrição de meios de aniquilação em massa?

nas proximidades do exercício de uma licença estatal sujeito a tarifas. Um secretário do Estado, no que concerne ao "Outono quente", reflete publicamente sobre o emprego da lei de estado de emergência; e o *Frankfurter Allgemeine Zeitung* denuncia nomeadamente um juiz de província que absolveu alguns participantes de um bloqueio, ainda antes de conhecer a fundamentação da sentença.[18] Está na hora de tornar claro, sem maleabilidade, em que sentido se justifica a desobediência civil.

Isso é algo diferente de um apelo à desobediência civil. A decisão de contrair um semelhante risco é algo que cada um tem de tomar por si mesmo. O "direito" à desobediência civil permanece em suspenso entre a legitimidade e a legalidade, por boas razões. Mas o Estado de direito, que persegue a desobediência civil como um crime comum, escorrega no plano enviesado de um legalismo autoritário.[19] O lema emitido pelos juristas, propagado pelos jornalistas e acolhido pelos políticos – "lei é lei", "coação é coação" – nasce da mesma mentalidade que a convicção daquele antigo juiz da Marinha nazista que opinava que o que foi uma vez direito teria também de permanecer direito. Pois a desobediência civil no Estado de direito está para a resistência ativa contra o Estado de não direito [*Un-*

---

18 *Frankfurter Allgemeine Zeitung*, 5/8/1983.
19 Para uma crítica, cf. entrementes Hassemer, Ziviler Ungehorsam – ein Rechtfertigungsgrund?, p.325 et seq., em particular p.344 et seq. Certamente, a desobediência civil moralmente justificada requer um "prolongamento conceitual até o direito positivo", de modo que suceda de fato a "flexibilidade e a retenção de controles ligados ao direito penal" que Hassemer julga já poder observar agora. Mas dessas implicações jurídicas não resulta a necessidade de substituir uma justificação moral da desobediência civil por uma jurídica.

rechtstaat] como o legalismo autoritário no Estado de direito está para a repressão pseudolegal do Estado de não direito. O que depois de 1945 teria sido talvez uma sabedoria trivial tem dificuldades de encontrar atenção hoje. Nesse meio-tempo, o positivismo do pensamento da segurança, dirigido contra inimigos internos e externos, pôde se apoiar em um positivismo do pensamento histórico, análogo na estrutura. Desde que os mentores neoconservadores elevaram o assentimento aos passados positivos, convertendo-o em dever nacional, as falsas positividades do presente encontram naquelas do passado um penhor histórico. É a mesma postura espiritual, entre militares, historiadores e ainda mais entre juristas, que se agarra tanto mais obstinadamente às univocidades quanto mais oscila o terreno sob os pés. Nesse contexto, a ambiguidade jamais assumiu uma existência mais palpável do que naquelas armas que são aperfeiçoadas para jamais serem empregadas. Se é verdade que as superpotências se preparam para retornar, mesmo na era atômica, à univocidade das guerras vencíveis, repete-se nessa utopia da segurança a mesma estrutura de pensamento que no mal-entendido do positivismo jurídico acerca da democracia armada, que pretende acabar com a ambiguidade da desobediência civil. O legalismo autoritário renega a substância humana do não unívoco exatamente ali onde o Estado democrático de direito se nutre dessa substância.

Direito e violência — um trauma alemão

A uma distância de menos de um mês, faço uma retrospectiva sobre a "Semana de Ações" do movimento pacifista, ocorrida em meados de outubro (de 1983). As sensações são discrepantes — como certamente muita coisa que separa uma geração ou mais dos impulsos, das experiências e expectativas da juventude nos inúmeros grupos de contato, nas imponentes correntes formadas de pessoas. Nunca antes na República Federal da Alemanha tantas pessoas foram às ruas em prol de um objetivo político que muitos de nós consideramos urgente e racional. Elas puderam fazer isso com a consciência de expressar ao mesmo tempo a vontade política de uma maioria de cidadãos eleitores, como averiguado pelas pesquisas de opinião. Na satisfação se mescla a preocupação com a continuação das coisas. Sobretudo, a preocupação de saber se os mais ativistas entre os participantes avaliam corretamente a extensão de seu sucesso. Seria realista, com efeito, a expectativa: não de impedir a instalação programada dos foguetes, mas de tornar claro ao governo conservador que um novo rearmamento na Alemanha não é mais exequível. Aqueles que ainda desta vez, se não por razões militares, então por razões políticas, seguem o governo norte-americano, que se tornou menos previsível, terão de ensaiar, de um jeito ou de outro, a saída da lógica fatal da corrida armamentista. Nesse ponto, os soviéticos prestarão serviços pioneiros tão pouco quanto os norte-americanos.

Só uma avaliação realista quanto às expectativas de êxito na política interna pode preservar o movimento pacifista de duas coisas – o declínio ou a divisão, que teria por consequência que o protesto extrapolaria os limites sensíveis da desobediência civil.

Pois o movimento pacifista representa uma incisão na cultura política da Alemanha não apenas por causa da mobilização inédita de massas: a prática em massa de desobediência civil no Estado de direito significa também uma incisão. Há sensações discrepantes também nesse ponto. Eppler, Böll, Gollwitzer exercem a "resistência sem violência", juntos com milhares de cidadãos leais. Mutlangen tornou-se um exemplo decididamente estatuído, mas também cuidadosamente guardado. Com isso, a esfera pública política de nosso país recebe pela primeira vez a oportunidade de desprender-se de um trauma paralisante e de dirigir o olhar sem medo para um âmbito da formação democrático-radical da vontade, até então objeto de tabu. Eu receio que se deixe passar essa oportunidade, a qual os países com tradição democrática longa compreenderam como um desafio e assimilaram produtivamente. Apertados entre o positivismo jurídico e o fetichismo do poder, muitos de nossos juristas se fixam a tal ponto no monopólio da violência por parte do Estado que acabam efetuando o corte conceitual e o institucional entre direito e violência no ponto errado – justamente ali onde ele despedaça a cultura política de uma coletividade democrática desenvolvida, separando os órgãos estatais de suas raízes morais e políticas.

Até agora, os protestos do movimento pacifista, nas palavras e nos atos, expressaram a convicção de que as ações dos manifestos, mesmo que incluam infrações calculadas de regras, destinam-se a manter um caráter simbólico e somente podem se efetuar com o propósito de apelar ao discernimento e ao senso de justiça de uma maioria. A práxis das últimas semanas e meses conferiu cidadania à concepção de desobediência civil, que foi tomada de empréstimo de modelos norte-americanos e que o filósofo moral John Rawls definiu, em sua conhecida obra *Uma teoria da justiça*, como uma ação pública, não violenta, determinada pela consciência moral, mas contrária à lei, que deve suscitar de hábito uma alteração da lei ou da política governamental.

Essa espécie de rescisão pontual da obediência jurídica com propósito de manifestação só pode ocorrer no interior de uma ordem de Estado de direito reconhecida em seu todo como legítima; pois a desobediência civil se refere aos princípios pelos quais a própria constituição se legitima. Em contraposição a isso, entre nós, o presidente do Tribunal Constitucional Federal, o governo, os políticos formadores de opinião e os jornalistas defendem uma outra concepção, para ser exato, uma concepção dominante entre os juristas alemães: que o protesto infrator não só é punível, mas também moralmente reprovável. Eles persistem no conceito jurídico de isenção de violência, o qual exclui a "coação" também no sentido da pressão psíquica e do prejuízo à liberdade de movimento de terceiros: "A proibição da violência só ganha univocidade por meio de leis que a abarcam, em especial, por meio de leis penais e o direito civil sobre delitos e coisas".[1] Mas se a tautologia "violência é violência, coação é coação" é a primeira e ao mesmo tempo a última palavra a respeito da desobediência civil, a questão sobre se a instalação de foguetes aqui e hoje justifica um protesto que infrinja as regras nem precisa ser colocada. Nesse caso, a violência na definição dos juristas basta, a distinção legalista-autoritária entre direito e violência basta para criminalizar cidadãos engajados, que se voltam cheios de imaginação contra sua midiatização por parte das mídias de massa encatarradas, não apenas no sentido do direito penal, mas também na política constitucional. É suficiente um passo para ir do desrespeito pelos motivos morais e políticos do infrator até a exclusão desqualificadora de um inimigo interno ao Estado.

O cenário neoconservador da guerra civil

Hoje se ouve no círculo de teóricos alemães do direito público alertas que vão em uma e em outra direção. O jornal *Das Parlament*, de 1º de outubro de 1983, contém em seu suplemento tomadas de posição de Claus Arndt e Martin Kriele. Arndt lembra as infrações massivas e contínuas anos a fio, cometidas pelo movimento de protesto norte-americanos contra a Guerra do Vietnã, o qual contribuiu essencialmente para uma reviravolta da opinião na população e, enfim, para o encerramento dessa intervenção contrária ao direito das gentes. Arndt acentua os dois lados. Enquanto os infratores reconheceram a legalidade democrática da ordem jurídica no seu todo, assumindo

---

[1] Isensee, Ein Grundrecht auf Ungehorsam gegen das demokratische Gesetz?

as consequências penais de seus atos, o Estado, depois do fim da guerra, deu testemunho de seu respeito pelos motivos da desobediência recorrendo a uma anistia generosa:

> Somente ambas as reações em conjunto, as penas e a anistia, formam a verdade inteira e provam a capacidade dessa comunidade política de dominar tamanha crise individual e social. Nós, em todo caso, não pudemos nos entender depois da revolta estudantil [...] a respeito de um passo semelhante. Quem ousaria excluir que esse descuido contribuiu, em uma parcela não desconsiderável, para a escalada do terrorismo na primeira metade dos anos 1970?

Isso é visto por Kriele, colega de Arndt, de um modo inteiramente diferente. Kriele considera — em seu artigo sobre *Frieden im Lande* [Paz no país] — a desobediência civil não só uma ação criminosa, ele recorta a sua tipicidade segundo o formato de uma hostilidade constitucional: toda infração de regras moralmente fundamentada, "com caráter coativo", é computada por ele como criminalidade "moralmente reprovável". Com isso, a desobediência civil entra em uma penumbra desejável; ela se torna elemento integral da tentativa subversiva de "exercer a ditadura indireta por parte de uma elite". É manifesto que Kriele quer prosseguir o caminho que os usufruidores neoconservadores do terrorismo tomaram nos anos 1970, sendo a política constitucional hoje isolada não por uma geração de estudantes, mas por um número incrivelmente grande de cidadãos jovens, com convicções democráticas, leais e particularmente engajados.

Com traços grosseiros, Kriele copia mais uma vez, em seu artigo para o suplemento do *Parlament*, o conhecido cenário de guerra civil na República Federal Alemã projetado por Schel sky, Lübbe, Rohrmoser e outros. Ele concebe a resistência contra o rearmamento como o auge de um luta por poder que dura décadas. O centro da resistência é formado por jornalistas de esquerda, pedagogos, teólogos, escritores, artistas, professores, estudantes etc., que desde os dias da reforma monetária se utilizam de quaisquer motivos para impor aos representantes eleitos e empossados do Estado "a pretensão a uma posição jurídica privilegiada de uma elite dos valores", com todos os meios, de preferência os subversivos. Naturalmente, os pedagogos da emancipação cuidariam de "uma armada de jovens combatentes da resistência, que devem assumir os riscos de sanções legais, em favor dos generais que na maior parte permanecem no pano de fundo". Nessa "contraelite", o desprezo pelas pessoas normais, médias, típicas, vai de mão dada com a "rejeição à forma democrática do Estado" e com "uma certa compreensão da pretensão de dominação absoluta própria da oligarquia partidária comunista". O alvo imediato dessa elite autonomeada é a destruição da consciência jurídica na população mais ampla; ela pode esperar alcançar esse objetivo "uma vez que os iniciadores da resistência dispõem de mídias poderosas". As confrontações análogas à guerra civil se concentram na inversão da relação entre poder público legítimo e contrapoder ilegítimo. Em *Frieden im Lande*, Kriele escreve:

> Para nossa democracia, tornou-se uma questão vital saber se a decisão última se situa nos órgãos estatais democraticamente legitimados ou nas redações dos jornais. É disso que se trata quando a polícia e os tribunais decidem acerca da tolerância ou da não em relação à resistência, ainda que esta não tenha um caráter coativo, mas só de manifestação.

Como ilustração, nosso autor acrescenta que desde o início se trata de uma luta por poder

> entre o Bundestag ou o governo federal, de um lado, e algumas redações, de outra parte, sobretudo os semanários de Hamburgo, ou dos institutos de rádio e televisão, que pretendiam decidir sobre a aceitação das decisões dos órgãos federais. Uma lei pode ser deliberada e aceita no Bundestag e, eventualmente, ser declarada constitucional também pelo Tribunal Constitucional Federal. Depois basta uma outra deliberação nessas redações para decidir se a lei pode e deve alcançar não só validade jurídico-formal, mas também eficácia social.

Essa acusação contém uma força de percussão especial porque as próprias revelações do senhor Kriele – e a publicística ativa conduzida por seus amigos de convicções – podem aparecer normalmente em um órgão tão afastado quanto o *Frankfurter Allgemeine Zeitung*.

Minha confiança no bom senso é tão inquebrantável que prefiro fazer que fale por si mesma a teoria da conspiração defendida pelo professor de Direito Público e Teoria Geral do Estado, da Universidade de Colônia. Cada palavra a mais iria despertar a falsa impressão de que se trata nesse pequeno drama, no qual os generais da resistência entram em cena e conduzem a guerra civil, de algo sobre o que se poderia discutir. Esse ideário peculiar deve nos lembrar somente de que a paz jurídica na Alemanha hoje é ameaçada pelos dois lados: não só pelo instrumentalismo e pelo alheamento jurídico dos que poderiam estar dispostos a transgredir os limites da desobediência civil, mas também pelo legalismo autoritário daqueles que, dotados do poder de definição desenganadora do jurista, traçam o limite entre direito e violência, de tal sorte que o infrator civil de regras pode ser punido e, além disso, moralmente desqualificado.

Doutrinas levianas tiradas da história

O desenvolvimento da Alemanha na política interna se encontra até hoje sob o trauma causado por uma passagem, efetuada de forma legal, do Estado democrático ao regime totalitário do *Führer*, àquela "ordem", portanto, que se deu a conhecer desde o primeiro dia como regime do não direito [*Unrechtsregime*]. Freud denomina trauma uma lesão tão dolorosa que precisa ser recalcada; o trauma danifica o aparelho psíquico de maneira duradoura; nos motivos sintomáticos, ele desencadeia reiterados choques emotivos e confunde os sentidos. Impulsos eletrizantes dessa espécie formam uma rede tramada com densidade e vibrante, na qual a história da República Federal da Alemanha se estremece sem amparo – impulsos como o rearmamento, a proibição do KPD [Kommunistische Partei Deutschlands – Partido Comunista da Alemanha], os primeiros processos sobre os campos de concentração sob o próprio governo, as relações com países como Israel, Polônia, União Soviética, a questão sobre o prazo de prescrição dos crimes de guerra, filmes como *Holocausto* ou inumeráveis biografias de ministros, juízes, professores e assim por diante. Desse modo, o clima excitado de suspeitas e imputações recíprocas não se extinguiu até hoje. Ninguém pode livrar-se dele, nem o senhor Geissler, nem o senhor Kriele, nem eu tampouco, certamente.

A Nova Obscuridade

Nesse clima, que, é claro, não se pode alterar de maneira simplesmente intencional, determinados motivos tocam no trauma de maneira particularmente árdua – motivos como as formas mais extremas de protesto no fim dos anos 1960 e, mais ainda, as ações criminosas dos terroristas nos anos 1970. São principalmente três fios que se enlaçam aqui, formando um novelo quase indeslindável. Em primeiro lugar, inflama-se o conflito entre os oponentes que alegam ter tirado do passado comum as únicas consequências corretas, com boa consciência subjetiva e grande intransigência. Logo a seguir, surge o conflito no ponto de junção precário entre direito e violência; ele afeta as zonas mais sensíveis de uma ordem própria ao Estado de direito, sela institucionalmente a ruptura com o passado fascista e serve no presente como muro de proteção contra todos os inimigos da democracia. Por fim, as ações incriminadas colocam em questão supostamente, ou, como no caso do terrorismo, de fato, o monopólio da violência por parte do Estado, provocando reações enraizadas em uma tradição que remonta muito antes ao regime nazista e se forma de convicções próprias ao Estado autoritário. A onda do populismo de direita que transbordou a Alemanha no outono de 1977 pôde se alimentar *também* dessa tradição. Agora nossos amigos neoconservadores já estão de novo no trabalho de colocar o protesto contra o rearmamento na *mesma* perspectiva.

Faríamos melhor se dissociássemos o conflito em torno da desobediência civil do trauma alemão e o tratássemos como aquilo que ele é em outros países: trata-se da relação tensa entre a garantia da paz jurídica do Estado que detém o monopólio da violência e a pretensão de legitimação da ordem jurídica democrática.

O protesto do movimento pacifista não deveria ser colocado em conexão com os eventos traumatizantes de meio século atrás nem de um jeito nem de outro. Os porta-vozes tornaram claro que podem e querem fundamentar sua oposição não a partir do direito de resistência no sentido do artigo 20, inciso 4 da Lei Fundamental. No entanto, eles deveriam renunciar então também a todas as referências indiretas. O teólogo moral de Marburg, Wolfgang Huber, pode se referir de modo muito ponderado à obrigação da Igreja Confessante para com a "resistência na hora oportuna", mas isso só serve de ensejo depois para observações maliciosas (visando aqui Günter Grass), como as de Josef Isensee a respeito do "papel confeccionado na República Federal do combatente da resistência *a posteriori*". Convencem-me as razões que um conhecedor tão excelente da história da época como Karl Dietrich Bracher apresenta contra a falsa atualização do problema da resistência. E me espanta tanto mais a atualização que ele mesmo efetua.

Na coletânea *Frieden im Lande*, Bracher volta a perseguir, sob o título *Die Lektion von Weimar und die Aktualität des Widerstands--Problems* [A lição de Weimar e a atualidade do problema da resistência], o caminho doloroso da República de Weimar que vai dos movimentos de golpe entre 1919 e 1923 até as lutas de rua entre 1930 e 1933. Ele lembra novamente as ilusões dos sindicatos, a postura de espera da liderança do SPD [Sozialdemokratische Partei Deutschlands – Partido Social-Democrata da Alemanha], a adaptação dos partidos burgueses, o isolamento autoimputável do KPD. Ele menciona também o assassinato de Rosa Luxemburgo e Karl Liebknecht, de Walther Rathenau e Matthias Erzberger. Mas recapitulação só serve como plataforma de lançamento para a rápida conclusão: o que naquela época veio da direita vem hoje da esquerda. A lição de Bracher sobre Weimar consiste em que se deve combater oportunamente a "expansão do potencial extremista [...] convertido em 'movimento'". Bracher se refere realmente ao movimento pacifista? Quem enfrenta os falsos paralelos em relação à resistência contra o regime nazista tampouco deveria traçar falsos paralelos entre Bonn e Weimar – e ainda mais com uma inversão leviana de esquerda e direita que acaba colocando o pacifismo e o fascismo no mesmo denominador comum. Bracher tira da fórmula de juramento da ordem germânica da qual saíram os assassinos de Erzberger uma citação rica em ensinamentos: "Eu juro observar obediência incondicional ao guia supremo da organização e a meus superiores [...]. Os traidores sucumbem ao seu juízo". Um paralelo talvez em relação ao meio terrorista dos anos 1970; mas também um paralelo em relação ao ambiente das iniciativas civis, dos grupos de referência e das assembleias de base de hoje? Pois estes são os destinatários aos quais Bracher quer dar uma lição com seu ensaio. Dificilmente se poderia passar mais ao largo da mentalidade deles.

O hobbesianismo alemão

A questão da desobediência civil *no* Estado de direito não se presta à ótica da guerra civil. Nos EUA, ninguém considerou o problema dessa perspectiva quando ele se tornou atual em virtude do movimento pelos direitos civis e dos protestos contra a Guerra do Vietnã. Mesmo que nos desprendamos do trauma alemão, permanece influente no país aquele peculiar hobbesianismo que Carl Schmitt defendeu nas doutrinas do direito público alemão e que nesse meio-tempo passou a contrair um vínculo com os hábitos mentais conservadores de outra procedência. Assim, por exemplo, o professor de direito público de Bonn, Isensee, considera a desobediência civil no Estado de direito uma perversão do direito de resistência, visto que o "monopólio da violência e o dever para com a paz formam o fundamento do Estado moderno, padrão mínimo de qualquer forma estatal dos tempos modernos". E acrescenta depois: "Mas também só o padrão mínimo. A obediência à lei, que a democracia da Lei Fundamental, ligada ao Estado de direito, exige do cidadão, vai mais longe". Depois do adendo restritivo, espera-se em seguida uma indicação sobre os fundamentos legitimadores rigorosos do Estado de direito, por exemplo, que o Estado constitucional moderno requer de seus cidadãos obediência à lei somente porque ele se apoia em princípios dignos de reconhecimento, a cuja luz o que é legal pode ser justificado como legítimo. Mas não se fala disso. Em seu lugar, o autor prossegue: "A legalidade não se esgota na proibição da lesão corporal e dano real, da perturbação da paz pública e doméstica e de outros acessos de violência privada", para em seguida pôr em posição outros canhões contra a obediência jurídica "seletiva". Tudo isso não é falso, mas é, de um modo interessante, caolho: além da garantia da paz jurídica, não ganha expressão a pretensão de legitimação na qual se apoia o monopólio da violência estatal, quando se toma a sério a ideia de Estado de direito.

Isensee recorre, nessa passagem, a um trabalho de Robert Spaemann sobre *Moral und Gewalt* [Moral e violência], que ilumina bem a história das ideias complexa que forma o pano de fundo da leitura seletiva dos princípios do Estado de direito.[2] Hobbes objetara contra o direito clássico de resistência que o bem supremo segurável pelo Estado, a saber, a paz interna e a segurança dos cidadãos, seria colocado em jogo se, em última instância, cada cidadão devesse decidir por si mesmo quando ocorre uma situação de resistência justificada. Em vez disso, *toda forma* de dominação suficientemente efetiva também deve valer de imediato como legítima para produzir aquele bem, portanto, obrigar à paz interna. Segundo Hobbes, a legalidade de qualquer ordem jurídica se apoia somente no monopólio estatal da violência; ela não carece de legitimação recorrendo a conteúdos conformes ao direito. O direito compele do mesmo modo que a violência; só o monopólio da violência do dominante distingue a violência do Estado da mera violência. Mesmo Kant foi tão influenciado pela reflexão de Hobbes que renegou o direito de resistência por razões análogas. Todavia, Kant exigia do Estado de direito também leis conformes ao direito. Como princípio do direito serve o conhecido princípio moral segundo o qual a liberdade do arbítrio de cada um deve poder concordar com a liberdade de todos sob normas universais. No entanto, Spaemann persegue essa meada kantiana apenas com a premissa característica da linha alemã do pensamento hobbesiano sobre direito público: as questões de legitimação devem permanecer subordinadas, sem hesitação, ao problema do asseguramento da legalidade, visto que só o Estado monopolizador da violência pode impedir o maior dos males, a saber, a guerra civil. De acordo com Spaemann, a legalidade do Estado de direito só está em jogo quando a liberdade

---

2 Spaemann, *Moral und Gewalt*.

de expressão é abolida, quando a emigração é proibida e quando não há mais um procedimento jurídico para o desenvolvimento de um estado jurídico existente. Segundo esses critérios parcos, a desobediência de um Martin Luther King, honrada com um feriado nacional, deveria ser considerada inadmissível e – da perspectiva do Estado que vê seu monopólio da violência ameaçado – moralmente reprovável.

O traçado de limites bruscos entre direito e violência, entre a violência monopolizada pelo Estado e a mera violência, permite desonerar a esfera jurídica de uma grande medida de questões sobre a legitimação. Um pensamento inspirado por Hobbes precisa empurrar para o canto o âmbito da cultura política, tomando-o como juridicamente insignificante. Onde a ordem legal cessa começa de imediato a rebelião, se não a revolução. Um elemento intermediário, justamente a cultura política, em que, como Hegel teria dito, a vida ética do povo se desenrola, em que a crença dos cidadãos na legitimação se regenera a partir das convicções morais, não pode existir se os conceitos são dispostos primeiramente dessa maneira. Esse âmbito da vida se estrutura normativamente *embaixo* do umbral das normatizações jurídicas; como chão em que o Estado de direito se enraíza moralmente, ele não entra no campo de visão do hobbesianismo alemão.

Carl Schmitt soube jogar engenhosamente com o âmago desse hobbesianismo. Quem não respeita aquele limite incisivo estabelecido por força do poder estatal de definição, quem não respeita esse limite entre direito e poder, comporta-se de maneira subversiva e perde o direito ao respeito moral – a não ser que seja forte o suficiente para se elevar do estado de mera revolta formando um partido capaz de conduzir a guerra. Para Carl Schmitt, trata-se de duas coisas: a valorização existencialista de um tipo ritualizado de condução da guerra, há muito pertencente ao passado, mas, sobretudo, a discriminação impiedosa dos que contestam ao Estado o poder de definição e fazem valer definições concorrentes oriundas do contexto de experiência da sua cultura política – hoje, portanto, as definições do que deve ser reconhecido como "ação isenta de violência". Spaemann sublinha bem o âmago de Carl Schmitt, ao tornar claro o que se passa com aquele que se rebela contra as definições de violência dadas pelo monopolizador da violência:

> A razão do recurso à violência pode ser tão justa quanto se queira. Onde a violência (definida por lei) ganha espaço, aquela razão é relativizada, e só há ainda *uma* justiça: o reconhecimento recíproco dos inimigos como partidos condutores da guerra. A violência dominante buscará recusar isso, com razão, e perseguirá a rebelião como delito.

Vê-se para onde podem conduzir as coerções conceituais do hobbesianismo alemão: quem promove a desobediência civil se coloca na fileira dos rebeldes que se aproveitam do duplo papel, moralmente reprovável, "de cidadão e inimigo". Um mundo inteiro separa essa tradição de pensamento da proposição emitida pelo professor de direito público Claus Arndt: "Nós temos de ser sempre as duas coisas ao mesmo tempo: cidadãos e rebeldes". Certamente, no interior do Estado de direito, uma tal "rebelião" só pode servir à "defesa, conservação ou restauração da vida dos cidadãos como uma comunidade de livres e iguais".

Jürgen Habermas

Obediência jurídica incondicional ou qualificada?

O peso do hobbesianismo no direito público pode explicar por que hoje tantas contribuições ao debate são o que na psiquiatria se chama *tangential response*: respostas a questões que não foram colocadas. Hoje não se trata da resistência contra um Estado de não direito, mas da desobediência civil no Estado de direito.

Entende-se esse tipo de obediência somente quando se parte, diferentemente de Hobbes, da premissa segundo a qual são constitutivas do Estado de direito democrático, considerado normativamente, duas ideias *em igual medida*: tanto a garantia estatal da paz interna e a segurança jurídica para todos os cidadãos quanto a pretensão de que a ordem estatal é reconhecida como legítima pelos cidadãos de moto próprio, isto é, por discernimento próprio. No que concerne à obediência jurídica, as duas ideias podem entrar em uma relação de tensão. Pois de uma ideia, posta em ataque somente por Hobbes, resulta a exigência de obediência jurídica *incondicional*, da outra, a exigência de obediência jurídica *qualificada*. De um lado, o Estado, apoiado em seu monopólio da violência, garante a observância das leis, se todas as pessoas de direito devem poder se mover no seu quadro com liberdade e independência na mesma medida. De outro lado, a pretensão de legitimação do Estado democrático de direito não é resgatada de imediato pelo fato de que leis, sentenças e medidas sucedem, são emitidas ou tomadas segundo os procedimentos prescritos. Nas questões sobre princípios, não basta a legitimidade procedimental – o próprio procedimento e a ordem jurídica em seu todo têm de poder se justificar a partir de princípios. Esses princípios legitimadores da constituição têm de encontrar reconhecimento, por seu turno, independentemente de o direito positivo concordar com ele ou não. Se as duas coisas divergem, a obediência às leis não pode mais ser exigida incircunstancialmente.

Essa qualificação da obediência jurídica é necessária porque não se pode excluir que também no interior de uma ordem jurídica legítima em seu todo perdura, de modo particular, uma injustiça legal, sem ser corrigida. Certamente, as decisões dos órgãos estatais que trabalham de acordo com o procedimento são revisadas dentro de prazos razoáveis – no Estado de direito, são institucionalizadas possibilidades de revisão. Mas a experiência histórica ensina que essa domação legal da razão humana falível e da natureza humana corruptível funciona amiúde apenas para um estado jurídico dado, ao passo que resulta uma imagem diferente quando se considera a coisa de uma perspectiva própria da história do direito.

Nossa ordem jurídica se baseia em princípios com conteúdo universalista – e a realização desses princípios se deixa entender como um esgotamento desse conteúdo. Normas como os direitos fundamentais, a garantia das vias jurídicas, o princípio da soberania popular, a divisão dos poderes, o princípio do Estado de bem-estar social etc. – todas elas são formuladas, de modo inevitável, em um alto nível de abstração. Elas devem valer, com efeito, universalmente, isto é, em qualquer momento e da mesma maneira para cada um e para tudo, mesmo para as outras normas que julgamos de acordo com esses critérios. Os princípios permanecem iguais, enquanto mudam as circunstâncias históricas e os campos de interesses sobre os quais eles encontram aplicação. Em acréscimo à moralidade das normas fundamentais, entra em jogo, como Hegel a denominou, a eticidade das relações de vida, unicamente no interior da qual as normas fundamentais podem se realizar. É nessa dimensão da realização histórica do Estado democrático de direito que se situam os processos de aprendizagem e as experiências que importam para mim.

Retrospectivamente, são fáceis de descobrir as cegueiras e as leituras carregadas de preconceito que ornaram as sendas nacionais da imposição da liberdade de opinião, do direito de sufrágio universal, o direito de coalizão etc., mesmo em antigas democracias como a Inglaterra e a América do Norte. Se Kant quis ver excluídos do direito de sufrágio não só as mulheres e os jornaleiros, mas também todos os trabalhadores dependentes, isso dificilmente foi um mero erro categorial. Só à luz da transformação dos campos de interesse e das circunstâncias históricas é que se tomou consciência do esgotamento unilateral, seletivo, do conteúdo universalista das normas universais. Precisou-se sempre de lutas políticas árduas e movimentos sociais de longa duração para que a injustiça da realização seletiva do direito pudesse penetrar a consciência jurídica geral. Esse processo de aprendizagem, interrompido repetidas vezes por contragolpes,[3] não está concluído de modo algum hoje. Isso se torna patente com um olhar fugaz lançado sobre aquelas leis reformistas da coalizão entre liberais e social-democratas que, aos cuidados do senhor Zimmermann, correm o risco de ser revogadas de novo. Mas se as gerações passadas se iludiram reiteradamente, ninguém pode estar seguro, no horizonte de

---

3 Tugendhat, *Probleme der Ethik*, p.87 et seq.

seu presente, que o projeto do Estado de direito atingiu o objetivo – e que ele precisa tão somente administrar o bem adquirido com a consciência de ter recebido uma herança feliz. A experiência histórica testemunha a parcialidade sistemática não só das camadas estabelecidas, dos representantes do Estado e – sabe Deus – da jurisprudência científica. Repetidas vezes, eles cederam diante de tais desafios históricos que precisam ser respondidos com correções ou com inovações que desenvolvem o direito, se é que a legitimidade da ordem do direito não deve desabar à luz de seus próprios princípios.

Visto que hoje as coisas não se passam diferentemente, a desobediência civil tem de ser reconhecida como componente da cultura política de uma coletividade democrática desenvolvida. Se a constituição representativa falha em face dos desafios como o da corrida armamentista fora de controle, os cidadãos que não dispõem de chances privilegiadas de influência precisam entrar imediatamente no papel do soberano e podem rescindir a obediência civil, com o propósito de conferir um impulso às correções atrasadas ou às inovações. O falibilismo que se apresenta no processo histórico de realização de princípios constitucionais universalistas, e do qual não se excetuam os representantes eleitos e empossados do Estado, encontra um contrapeso somente na desconfiança não institucionalizável dos cidadãos de uma cultura política madura. Nessa cultura, eles precisam ter adquirido, indo além da consciência jurídica hobbesiana, a sensibilidade, a medida de juízo e disposição ao risco necessárias para reconhecer as lesões legais prolongadas contra a legitimidade e para enfrentá-las, se não é possível outro remédio, com a *ultima ratio* de rescindir a obediência civil.

Isso não é uma carta em branco para a desobediência jurídica politicamente motivada. A desobediência civil se encontra sob as reservas que resultam forçosamente da garantia da paz jurídica do Estado; pois o monopólio da violência é constitutivo do Estado de direito tanto quanto a pretensão de legitimidade democrática. A existência e o sentido da ordem jurídica em seu todo têm de permanecer intactos. Disso resulta que a desobediência civil não pode ser legalizada como tal. Certamente, muitos dos princípios legitimadores da Constituição, aos quais podemos apelar hoje, já são componentes da Lei Fundamental; mas, como direito positivo, eles só valem na medida em que seu conteúdo universalista é esgotado pela legislação. Mas é controverso o grau de esgotamento. Que essa controvérsia pode se inflamar reiteradamente é algo que se explica pela validade suprapositiva das normas não suscetíveis de votação, às quais a própria Lei Fundamental *aponta* graças à *declaração* dos direitos fundamentais, no artigo 1, inciso 2, e à distinção entre lei e *direito*, no artigo 20, inciso 3. Mas a ordem legal tampouco pode positivar bem aqueles conteúdos batalhados, frequentemente não identificados, com os quais as normas fundamentais apontam para além do conjunto das leis vigentes.

Por causa dessa diferença, o ato típico da desobediência civil permanece em suspenso entre a legitimidade e a legalidade. Ela se justifica à luz de uma ideia de Estado de direito orientada à realização, não segundo os critérios do direito positivo.

Por isso, a justiça penal tem de registrar esse tipo de desobediência como ilegalidade e, se for o caso, persegui-la; mas ela não pode avaliá-la como um delito usual. O Estado democrático de direito não permaneceria idêntico a si mesmo se não permitisse reconhecer que respeita no infrator de regras um guardião potencial de sua legitimidade – mesmo que se possa verificar no juízo da história que os que hoje agem ilegalmente permanecem amanhã no não direito.

Essa retenção só pode ser exigida do poder público, no entanto, se a desobediência civil satisfaz três condições – indo além do caráter simbólico, ou seja, isento de violência, e do propósito de um apelo à maioria. A ordem jurídica no seu todo tem de permanecer intacta; o que Johan Galtung denomina resistência "funcional" na *Vierteljahresschrift für Sicherheit und Frieden* [Publicação trimestral sobre segurança e paz] (caderno 1, 1983) não pode se justificar dessa maneira. Além do mais, o infrator tem de responder pelas consequências jurídicas de seus atos. E, por fim, espera-se que ele possa fundamentar sua desobediência a partir de princípios legitimadores da constituição reconhecidos, sejam quais forem suas convicções subjetivas.[4]

Abolição do estado de natureza interestatal

Com essas reflexões sobre princípios nada ainda foi obtido para a questão concreta de saber se hoje, na República Federal da Alemanha, a infração de regras pode se justificar afinal como desobediência civil. Essa discussão mal começou. Eu me sinto no papel de um simpatizante que se inclina a uma resposta afirmativa. Isso não tem nada a ver com a convocação de uma desobediência civil.

---

4 Sobre a proporcionalidade dos meios e a consideração dos interesses de terceiros, cf. p.134.

Em uma instância preliminar, levanta-se a objeção de que "não é impossível outro remédio". Remédio, assim se poderia retrucar, recorrendo a um Parlamento que só pela "pressão das ruas" foi levado a conduzir um debate de pelo menos dois dias a uma questão de importância vital? Tampouco é do meu conhecimento que a aliança CDU/CSU [União Democrata Cristã/União Social-Cristã] tenha suspendido a fidelidade partidária do voto para a decisiva votação em 22 de novembro.* No que concerne aos tribunais: dever-se-ia seguir seriamente o exemplo das adversárias e adversários britânicos das armas atômicas e apresentar junto à Suprema Corte em Nova York uma queixa contra o presidente Reagan e o governo dos Estados Unidos.

É mais séria a questão acerca das normas contra as quais se choca a planejada instalação dos foguetes. Um candidato fraco é o direito à vida e à incolumidade corporal, assegurado pelo artigo 2, inciso 2 da Lei Fundamental. A isso as tropas estacionadas podem apelar tão bem quanto; e em uma democracia há de repente situações em que ambos os lados podem apresentar bons argumentos prós e contra. Um candidato ainda mais fraco é a ancoragem constitucional do dever para com a paz. Ninguém poderá atribuir ao governo alemão a má vontade de ferir esse direito.

Mais próximo da coisa se situa certamente o artigo 25 da Lei Fundamental, que declara obrigatórias as regras do direito das gentes. Que os meios de aniquilação em massa são contrários

---

* 22 de novembro de 1983 foi a data em que o Bundestag, o Parlamento Federal Alemão, votou a favor do estacionamento das novas armas atômicas. (N. T.)

ao direito das gentes é algo difícil de contestar – imediatamente porque o emprego dessas armas, que não são mais armas, não permite mais manter em pé a diferença entre civis e outros participantes, por acaso uniformizados. Seria permitido então fazer ameaças com essas armas? No entanto, o adepto da *Realpolitik* apontará para o *status* questionável do direito das gentes e objetará que apenas acordos internacionais examináveis podem realizar esses princípios jurídicos – e é isso que está em jogo, com efeito, em Genebra. Ora, já Thoreau tomou a anexação da Califórnia, contrária ao direito das gentes, como ensejo para um boicote fiscal – e retrospectivamente todos acham por bem que tais precursores da desobediência civil sejam celebrados. Hoje a lógica da corrida armamentista criou relações e riscos tão absurdos que a proscrição de meios de aniquilação em massa, a título de um primeiro passo para abolir o estado de natureza escandaloso entre os Estados, é um objetivo legítimo, mesmo que inicialmente deva ser buscado mediante passos unilaterais. No entanto, o próprio direito das gentes precisa de impulsos inovadores, na medida em que se encontra preso ainda ao ideário do sistema de Estados europeus, existente entre 1648 e 1914. O exemplo da história cheia de vicissitudes da imposição de direitos fundamentais importantes sugere uma perspectiva histórica de longo prazo, na qual é preciso ver também o desenvolvimento e a imposição progressiva dos princípios do direito das gentes. Diante da fantasia adolescente de ritualizar as relações de amigo e inimigo em termos extrajurídicos, a tentativa enérgica de um primeiro passo para juridificar efetivamente o estado de natureza entre os Estados é o realismo puro. O que mais poderia ser?

Não obstante, no momento parece mais auspicioso investigar, junto com Simon,[5] o juiz do Tribunal Constitucional Federal, e muitos outros, a questão de saber se, para as decisões fundamentais na política da segurança de peso eminente, basta a fina camada de legitimação formada por maiorias simples no Bundestag. Nesse ponto, é preciso manter em vista as condições de validade e de função da regra da maioria, investigadas em detalhe por Claus Offe.[6] Essa regra é a via régia da formação democrática da vontade – e deve também permanecer assim. Porém, sua eficácia em termos de legitimação só pode ser preservada quando ela é aplicada sob condições em que pode atrair para si a suposição de que ela regula o processo de formação da vontade de tal sorte que, sob a pressão do tempo e com informações incompletas, se realizam decisões racionais. São irracionais, por exemplo, as decisões irreversíveis da maioria – elas *poderiam* ser falsas, com efeito. Certamente, foguetes podem ser montados e também desmontados – embora isso seja bem improvável segundo as experiências até agora. Mas essa reversibilidade vale também para a doutrina militar subjacente à dupla resolução da Otan? Os adversários afirmam que os EUA mudaram de uma estratégia de impedir a guerra para a de conduzir a guerra – não para conduzir guerras atômicas, mas para poder fazer ameaças com suas possibilidades de vitória. Se essa nova estratégia permanecer em vigor, ainda que só pelo mesmo tempo que a antecedente, os planejamentos terão prejulgado um intervalo de

---

5 Simon, Fragen der Verfassungspolitik. Cf. também as contribuições de Ralf Dreier, Jürgen Habermas, Horst Schüler-Springorum em: Glotz (org.), *Ziviler Ungehorsam im Rechtstaat*.
6 Offe, *Politische Legitimation durch Mehrheitsentscheidung?*, p.160 et seq.

tempo no interior do qual, segundo medidas humanas, podem ocorrer catástrofes, mesmo quando a consideração se limita a panes e falhas humanas. Certamente, o governo contesta essa leitura da doutrina militar da Otan; mas, nesse caso, a simetria dos argumentos não pode justificar que se acate a possibilidade não excluível de um choque contra as condições de validade da regra da maioria.

A desestabilização que a introdução de armas atômicas de primeiro ataque provoca no relacionamento entre as superpotências e seus aliados (alemães), também os riscos que hoje já resultam da difusão de armas atômicas em potências médias e pequenos Estados imprevisíveis, não admite nenhuma outra possibilidade que a saída da lógica própria para a política de segurança adotada até agora. A essa nova situação precisa se adaptar o direito das gentes. O Estado monopolizador da violência dos tempos modernos europeu possibilitou a paz jurídica interna; uma onda evolutiva igualmente inédita é necessária para se aproximar daquela paz jurídica internacional que Kant projetara. Se essa utopia, necessária à sobrevivência, não deve acabar no pesadelo de um Estado mundial, ela não pode se espremer, por seu turno, na figura conceitual do Estado monopolizador da violência.

4
Variantes do Esclarecimento

A contraparte do neoconservadorismo se apresenta hoje na crítica radical da razão, marcada pelo pós-estruturalismo francês e que encontra um vivo eco principalmente entre os estudantes e os intelectuais mais jovens. Eu procuro destacar o impulso crítico dessa crítica da razão – que de quando em quando resvala na escuridão além – em uma recensão do conhecido livro de Peter Sloterdijk, em um necrológio dedicado a Michel Foucault e na resposta a uma enquete do jornal parisiense *Le Monde*.

Entre Heine e Heidegger:
um renegado da filosofia do sujeito?

Quem teria pensado que o Grupo Marxista e a redação do *Transatlantik* (dispensada nesse meio-tempo) pudessem ter mais em comum do que a origem espiritual no ambiente de Schwabing? Após a leitura de Sloterdijk, é possível reconhecê-lo: a mentalidade do cinismo do pós-Esclarecimento.

A fenomenologia desse estado de espírito constitui o tema do livro de Peter Sloterdijk, *Kritik der zynischen Vernunft* [Crítica da razão cínica] (em dois volumes, 1983), o qual merece sua publicidade, velozmente adquirida. O vínculo literariamente brilhante entre a ensaística filosófica e o diagnóstico de época costuma estar em casa primeiramente na França. O olhar voltado ao aspecto fisiognomônico e o talento para o elemento construtivo, Sloterdijk comprova ambos ao tratar de fenômenos muito alemães, principalmente os intelectuais de direita dos anos 1920 e as síndromes da desilusão de esquerda – as flores do pântano dos anos 1970. Surge uma concatenação de aforismos – apesar das 950 páginas, nenhum fluxo longo, mas antes um fluxo de pensamentos variados, com uma dose de seriedade teutônica quando se trata da substância.

Mas e quando se trata da substância? Quando perde a mão a afetação do Eu, na qual o Eu se torna cada vez menor, quando somente os gurus do grande vórtice prometem ainda abrigo e retorno ao lar, Sloterdijk é implacável: "O pensamento metafísico lega ao Esclarecimento uma herança infinitamente valiosa, a lembrança do nexo entre reflexão e emancipação, que permanece válido mesmo onde os grandes sistemas desabaram" (p.86). No entanto, Sloterdijk posiciona-se seriamente também em outro ponto. Quando o uníssono com o "cosmos rítmico e pulsante" não dá mais certo, cria-se irritação: "Na relação com esse ritmo, só resta às pessoas uma postura válida: a devoção. Entender significa: estar de acordo" (p.691). Um lance à esquerda, outro à direita, e duas "validades". Só uma coisa é certa: um neoconservador, o senhor Sloterdijk não o é. Ele é contra a detença da reflexão e os valores firmes. É possível imaginar os sentimentos sem mesclas que o acometeram quando um folhetim de uniforme neoconservador o incorporou, tomando-o como um segundo Spengler.

É cínico o estado de espírito daquele que, desiludido com boas razões, tem de reprimir, no entanto, a dor a respeito da perda de orientações que foram outrora uma parte dele próprio. O cínico permanece fixado em suas intuições pessimistas e eleva a realidade dolorosa à instância última. Diante dessa instância, ele justifica o oportunismo, e diante dela também exige que os demais, que ele não pode converter ao cinismo, prestem contas em termos militantes. No entanto, a coloração do cinismo muda junto com o declive entre o ideal (perdido) e a realidade. O cinismo dos anos 1970 é mais inofensivo e amargo em comparação com o dos anos 1920. Mais inofensivo, pois a revolta de 68 foi mais irreal que as tormentas de

A Nova Obscuridade

aço de Jünger.* Mais amargo, pois o próprio ideal já era, com efeito, o produto de um Esclarecimento, já havia se distinguido com vantagens, em todo caso, da substancialidade imitada de Gehlen.

Nosso cinismo é a

> falsa consciência esclarecida. É a consciência infeliz modernizada, na qual o Esclarecimento trabalha, ao mesmo tempo com êxito e em vão. Ela aprendeu sua lição de Esclarecimento, mas não a implementou, e certamente não pôde implementá-la. Bem situada e miserável ao mesmo tempo, essa consciência não se sente mais concernida por nenhuma crítica da ideologia; sua falsidade é já flexivamente elastificada. (p.37-38)

Nenhum índice de conteúdo passa tampouco pela seguinte passagem:

> Do que se trata em última instância são os limites sociais e existenciais do Esclarecimento. Coerções da sobrevivência e desejos de autoafirmação humilharam a consciência esclarecida. Ela padece da coerção de suportar condições dadas das quais duvida, de ajeitar-se com elas e, por fim, de cuidar inteiramente dos seus negócios. (p.39-40)

Na descrição dessa experiência geracional, ao mesmo tempo imaginativa e plástica, Sloterdijk dificilmente pode ser supe-

---

* Referência ao título da obra de Ernst Jünger, *In Stahlgewittern* [Em tormentas de aço], na qual o autor narra suas experiências nas trincheiras, durante a Primeira Guerra Mundial. (N. T.)

rado. Citações saborosas se impingem, páginas a fio. Eu recomendo as páginas 223 e seguintes. Mas Sloterdijk não quer apenas descrever a coisa que experimentou na própria carne, mas também explicá-la. Ao explicar a repercussão dos ideais destroçados de 68 com os meios que toma de empréstimo à história da filosofia, ele retira do monte de destroços também um pouco de verdade. Essa verdade é denominada por ele de impulso quínico [*kynisch*], que por fim também esteve oculto aí (lembremos as encenações de Imhoff). Sloterdijk estiliza Diógenes, o patriarca do quinismo [*Kynismus*], convertendo-o no contraponto do cinismo [*Zynismus*]. Por fim, só são cínicos ainda os estabelecidos, que respondem à provocação quínica: "eles veem completamente o que é verdadeiro nela, mas prosseguem com a repressão. Eles sabem de agora em diante o que fazer" (p.400).

A ambição filosófica de Sloterdijk depende da construção dessa oposição. O Diógenes onanista torna-se a imagem originária de um crítico da razão com propósito de um adepto do Esclarecimento. Ele conduz um diálogo "de pele e alma". Sua crítica não verbal ludibria aquele *medium* de discurso e contradiscurso em que somente argumentos e teorias podem se desenvolver. A linguagem corporal desacata aquela linguagem na qual a questão da razão, seja sofística ou idealisticamente, se inverteu tantas vezes em aparência de razão, em violência dos pensadores sistemáticos e dos mestres-pensadores, meramente ocultada como razão. Esse tipo de crítica escarnecedora granjeia a verdade por gestos mudos de despojamento, por ridicularização; ele quer descobrir quanta irrisão aguenta a verdade pretendida pelos oponentes – "pois a verdade é um assunto resistente ao escárnio" (p.527). O criticismo de Popper e Adorno empalidece diante dessas práticas de falsificação *ludibriadora*, que procura como que puxar o tapete sob nossos empreendimentos racionais.

O método quínico pode se caracterizar, um pouco professoralmente, por meio das seguintes marcas: pela estratégia de recusar a argumentação, pelo propósito de subversão, por afundar a contradição na expressividade do corpo, por um princípio de corporificação, que deve assegurar a unidade existencial de teoria e vida, pela aclamação materialista dos órgãos baixos contra os superiores, pelo levante subjetivista do privado contra o público, pelo nominalismo de um "não" dependente da situação que protesta contra o pensamento universalizador já em seu princípio. O quínico se retira da comunidade de comunicação dos racionais ao prosseguir o entendimento linguístico com os meios mais primitivos das formas analógicas de expressão. Essas formas mudas de protesto são o equivalente mais humano para a loucura ou para o suicídio, aqueles dois impasses em que o cético radical por fim acaba se refugiando para não ser cooptado pela razão argumentadora. O método *isento de argumentos* tem a vantagem de escapar às autocontradições em que se enredam as tentativas de uma liquidação argumentativa da razão, desempenhadas em todas as variantes de Nietzsche a Foucault. Mas essa vantagem exige o preço de que o quínico depende da produtividade de seu adversário: ele vive como parasita das afirmações do outro, correndo o perigo de morrer de tédio tão logo Sócrates cesse de falar e contradizer.

Pode ter a ver com essa posição do pensamento quínico também o fato de que Sloterdijk se defronta com o curso tempestuoso de uma autoafirmação asselvajada apenas com negações abstratas. A alternativa em voga do deixar ser e das virtudes passivas se explica por uma fixação no contrário; ela não se deve a uma superação produtiva da filosofia do sujeito, mas é um gesto de sair dela. Sloterdijk se emaranhou fundo demais no pensamento originário ativista da doutrina da ciência de Fichte para que pudesse se desligar dele de outro modo que pela produção espasmódica de oposições – por meio da retórica do deixar acontecer, da não intervenção, da ação omissora e assim por diante.

Isso não causa prejuízo à revista completa dos cinismos cardinais – quanto mais nacionais e familiares os objetos, tanto melhor funciona a empiria sombria. Na dissecação dos modelos de consciência da modernidade alemã, Sloterdijk não leva gato por lebre. Minhas reservas residem em um outro plano.

É um pouco desconfortável para mim já a construção do próprio quínico. Suas mangas não são tão limpas por seu turno: ele aceita a lesão à integridade de seu defrontante. Também por parte do cínico algo não bate bem. Eu posso compreender o contentamento intelectual com a manipulação das letras iniciais. Mas as regras de transformação para a conversão de quinismo em cinismo não são, eu receio, inteiramente claras. É preciso ter sido quínico para poder tornar-se cínico. Mas nesse caso "a réplica do dominante e da cultura dominante" não pode ser cínica, e ela tampouco precisa disso. Os estabelecidos não têm necessidade do cinismo.

Por exemplo, o editor Mohn, que tomou como pretexto o cinismo da revista *Stern* em publicar os diários de Hitler para realizar o plano, há muito tempo alimentado, de purgar da paisagem midiática da Alemanha Ocidental o último periódico liberal de esquerda – ele age de maneira cínica? Certamente o faz de maneira empreendedora antes de tudo, talvez nem sequer isso, mas somente com apatia e conformismo – em compasso com uma reviravolta sentida de forma apolítica. No *Frankfurter Allgemeine Zeitung* de hoje (20 de maio de 1983), um dos editores comenta o fracasso (parcial) desse golpe editorial. Ele lamenta quanto aos proprietários de capital que eles, com o afastamento de "um de seus jornalistas mais bem-sucedidos", tenham revelado o objetivo de "alterar ao menos pontualmente o estilo da direção e o rumo da revista". Cometer-se-ia uma dura injustiça com o senhor Fack se ele fosse chamado de cínico por causa disso. Como que para comprovar o que Fack entende por uma "rota jornalística de centro", que o levante da redação da *Stern* impediu agora infelizmente, a vítima lastimável da dubiedade capitalista pode tomar a palavra de punho próprio, no mesmo número do *Frankfurter Allgemeine Zeitung*: "Contra todos os pessimistas: nós nos tornamos uma democracia genuína. A corja não pode somente ter voz em toda parte, ela porta a grande palavra". Johannes Gross deve ser chamado de cínico, por sua vez? Nesse caso, é óbvio que ele precisaria ter desejado algo em algum momento. Não, não são os outros os cínicos. Se pensamos Sloterdijk até o fim, temos de reservar o termo cinismo à autocrítica. E entre nós – quem deixaria comprar seu cinismo por completo, "com pele e alma"?

Com a flecha dirigida ao coração do presente. Sobre a preleção de Foucault a respeito do texto de Kant "O que é Esclarecimento?"

A morte de Foucault sobreveio tão imprevista e brusca que dificilmente se pode conter o pensamento: aqui a vida e a doutrina de um filósofo continuam a testemunhar-se, na incidentalidade e na brutal contingência de seu falecimento repentino. Mesmo à distância, a morte do homem de 57 anos de idade é sentida como um incidente em cuja precocidade se faz valer a violência e a impiedade do tempo – o poder da facticidade, que transgride, sem sentido e sem triunfo, o significado penosamente costurado de cada vida humana. Para Foucault, a experiência da finitude tornou-se um aguilhão filosófico. Ele observou o poder do contingente, que no fim acabava por identificar com o poder em geral, sobretudo de um ângulo de visão estoico, e não no horizonte de experiências cristãs. E, no entanto, nele o aspecto estoico do observador, que mantém meticulosamente a distância e se aferra à objetividade, via-se peculiarmente entretecido com o elemento contraposto da participação apaixonada e autodestrutiva na atualidade do instante histórico.

Eu só conheci Foucault no ano passado, e talvez não o tenha compreendido bem. Só posso dizer o que me impressionou.

Foi justamente aquela tensão, que escapa às categorias correntes, entre uma reserva científica quase serena do erudito sério, empenhado pela objetividade, de um lado, e a vitalidade política do intelectual vulnerável, subjetivamente irritável e moralmente sensível, de outro. Eu imagino que Foucault revolveu os arquivos com a energia tenaz de um detetive buscando confirmar pistas. Quando, em março de 1983, ele me fez a proposta de que deveríamos nos encontrar com alguns colegas norte-americanos em novembro de 1984 para uma conferência interna, a fim de discutir aquele ensaio "Resposta à questão: o que é Esclarecimento?", publicado há 200 anos, eu não sabia nada de uma preleção que Foucault acabava de dar sobre o tema na época. Naturalmente, eu havia entendido seu convite como solicitação para uma discussão em que nos confrontaríamos (juntamente com Hubert Dreyfus, Richard Rorty e Charles Taylor) a respeito de diversas interpretações da modernidade – partindo de um texto que inaugura de certa maneira o discurso filosófico da modernidade. Mas não foi exatamente essa a intenção que Foucault vinculou à sua proposta; no entanto, só vi isso quando, em maio deste ano, foi publicado um excerto da preleção de Foucault.

Nela não encontramos aquele Kant familiar tal qual no livro *As palavras e as coisas*, aquele crítico do conhecimento que, com sua analítica da finitude, se deparou com o portal para a idade do pensamento antropológico e das ciências humanas; mas encontramos um *outro* Kant, o precursor dos jovens hegelianos, o primeiro a romper seriamente com a herança metafísica, a separar a filosofia do que é verdadeiro e do que é sempre, e a concentrar-se no que até então os filósofos haviam considerado como o não conceitual e o não ente, como o contingente e o efêmero por excelência. Foucault descobre em Kant o contemporâneo que transforma a filosofia esotérica em uma crítica do presente que responde à provocação do instante histórico. Na resposta de Kant à questão "O que é Esclarecimento?", Foucault vê nascer uma "ontologia do presente", que, passando por Hegel, Nietzsche e Max Weber, conduz a Horkheimer e Adorno. De modo surpreendente, o próprio Foucault, na última frase de sua preleção, se insere nessa tradição.

Foucault emparelha o texto publicado em 1784 com o *Conflito das faculdades*, o qual mira retrospectivamente os acontecimentos da Revolução Francesa. O conflito da faculdade de filosofia com a faculdade de direito trata, como sabido, da questão de saber se o gênero humano se encontra em um progresso constante para o melhor. O objetivo pelo qual esse progresso se mede fora explicado por Kant em sua filosofia do direito. Uma constituição republicana asseguraria o Estado jurídico no interior e no exterior – tanto a autonomia dos cidadãos sob as leis dadas por eles mesmos quanto também o afastamento da guerra das relações internacionais. Kant busca apenas um ponto de apoio empírico para o encontro factual desse postulado da razão prática pura com uma "tendência moral" notável do gênero humano. Ele busca um "acontecimento de nossa época" que indique uma disposição da natureza humana para o moralmente melhor; e, como se sabe, ele encontra esse "sinal histórico", sem dúvida, não na própria Revolução Francesa, mas certamente no entusiasmo publicamente manifestado com que um amplo público saudara esses eventos sem temor, considerando-os a tentativa de uma realização dos princípios do direito natural. Um semelhante fenômeno, julga Kant, não se esquece mais, pois aquele acontecimento é grande demais, está imbricado demais com o interesse do ser humano para que não deva ser rememorado aos povos, por uma ocasião qualquer de circunstâncias favoráveis, e não deva ser despertado para a reiteração de novas tentativas dessa espécie.

Por seu turno, Foucault cita as famosas frases não inteiramente desprovido do "afeto pela participação no bom". No texto anterior sobre o Esclarecimento, Kant acentuara, porém, que mediante a Revolução jamais sucederia aquela "verdadeira reforma na maneira de pensar" que, como mais tarde ele considera no *Conflito das faculdades*, ganha expressão justamente no entusiasmo pela revolução ocorrida entrementes. Foucault coloca os dois textos em vínculo, de tal modo que surge uma sinopse. Desse ângulo de visão, a questão "O que é Esclarecimento?" se funde com a questão "O que essa revolução significa para nós?"; com isso se efetua, ao mesmo tempo, o amálgama da filosofia com um pensamento estimulado pela atualidade ligada à história da época – o olhar instruído para as Verdades Eternas mergulha no detalhe do instante prenhe de decisões, irrompendo sob a pressão das possibilidades futuras antecipadas.

Assim, Foucault descobre em Kant o *primeiro* filósofo que, como um arqueiro, dirige a flecha ao coração de um presente condensado na atualidade e, com isso, inaugura o discurso da modernidade. Kant deixa atrás de si o conflito clássico sobre a exemplaridade do antigo e a dignidade igual dos modernos e enreda o pensamento, refuncionalizado como diagnóstico, no processo de autocertificação irrequieto que mantém a modernidade em movimento contínuo até os dias de hoje, no horizonte de uma nova consciência histórica. Para a filosofia reivindicada pela atualidade, trata-se da relação da modernidade consigo mesma, o *"rapport 'sagittal' à sa propre actualité"*.* Hölderlin e o jovem Hegel, Marx e os jovens hegelianos, Baudelaire e Nietzsche, Bataille e os surrealistas, Lukács, Merleau-Ponty, os mentores de um marxismo ocidental em geral, não por último o próprio Foucault – todos eles trabalham no aguçamento de uma consciência moderna do tempo que manteve uma entrada na filosofia com a questão "O que é Esclarecimento?". O filósofo torna-se um contemporâneo; ele sai do anonimato de um empreendimento impessoal e se dá a conhecer como uma pessoa de carne e osso, à qual tem que estar ligada toda investigação clínica sobre o próprio presente confrontador. Mesmo retrospectivamente, o período do Esclarecimento continua a aparecer sob a descrição que ele deu a si mesmo; ele assinala a entrada em uma modernidade que se vê condenada a extrair de si mesma sua autoconsciência e sua norma.

Se isso é simplesmente a paráfrase da própria linha de pensamento de Foucault, coloca-se a questão: como essa compreensão afirmativa do filosofar moderno, dirigido à nossa atualidade em cada momento e inscrito em nosso presente, ajusta-se à crítica inflexível que Foucault dirige à modernidade? Como a autocompreensão de Foucault como um pensador na tradição do Esclarecimento se concilia com a crítica inequívoca justamente a essa forma de saber da modernidade?

A filosofia da história de Kant, a especulação sobre uma constituição da liberdade, sobre a condição cosmopolita e a paz

---

* Frase em francês, tirada do excerto mencionado da preleção de Foucault: "relação 'sagital' com sua própria atualidade". (N. T.)

perpétua, a interpretação do entusiasmo revolucionário como um sinal do progresso histórico para o melhor, cada linha de Kant não deveria provocar o escárnio de Foucault, o teórico do poder? Sob o olhar estoico de Foucault, o arqueólogo, a história não se congelaria em um *iceberg*, coberto por formas cristalinas de formações discursivas arbitrárias? (Pelo menos é assim que vê o amigo Paul Veyne.) Sob o olhar cínico de Foucault, o genealogista, esse *iceberg* não entraria em movimento de maneira bem diferente do que gostaria de admitir o pensamento atualizador da modernidade – simplesmente como um vaivém sem sentido de processos anônimos de subjugação, em que o poder, e nada mais do que o poder, aparece sob máscaras sempre novas? Foucault, em *As palavras e as coisas*, não teria descoberto em Kant, de maneira exemplar, a dinâmica peculiar daquela vontade de verdade para a qual toda frustração é apenas um novo aguilhão para a produção multiplicada e de novo malograda de saber? A forma de saber da modernidade se caracteriza pela aporia de que o sujeito cognoscente, autorreferencial, se ergue dos destroços da metafísica para, com a consciência de suas forças finitas, consagrar-se a um projeto que demandaria uma força infinita. Como Foucault mostra, Kant transforma abertamente essa aporia em um princípio de construção de sua teoria do conhecimento, ao reinterpretar as limitações da faculdade de conhecer finita segundo as condições transcendentais do conhecimento que progride até o infinito. Um sujeito estruturalmente sobrecarregado se embaraça na forma de saber antropocêntrica, e esse terreno é ocupado depois pelas ciências humanas, em que Foucault vê em obra um poder disciplinar pérfido. Em todo caso, elas erigem, com suas pretensões exigentes, jamais realizadas, a fachada arriscada de um saber universalmente válido, atrás do qual se oculta a facticidade da pura vontade de autoapoderamento sapiente. Só na esteira dessa vontade de saber abissal se formam a subjetividade e a autoconsciência de que parte Kant.

Se retornamos com essas lembranças ao texto de nossa preleção, notamos de fato algumas medidas de precaução contra contradições demasiadamente flagrantes. Sem dúvida, para nós o Esclarecimento, que inaugura a modernidade, não significa simplesmente um período qualquer da história do espírito. Mas Foucault alerta, porém, para a atitude piedosa dos que, em seguida, acabam por conservar tão somente os restos do Esclarecimento. Foucault estabelece expressamente (mesmo que apenas em parênteses) o vínculo com as análises anteriores. Hoje nossa tarefa não poderia ser a de manter presentes, como modelos, o Esclarecimento e a Revolução; pelo contrário, estaria em jogo a questão sobre os impulsos históricos particulares que ao mesmo tempo se impõem e se ocultam, desde o final do século XVIII, no pensamento universalista. Foucault se volta contra os pensadores da ordem que se reportam ao questionamento de Kant no âmbito da teoria do conhecimento; sempre em busca de condições universais, sob as quais os enunciados podem ser verdadeiros e falsos de modo geral, eles são cativos de uma "analítica da verdade". Apesar dessas precauções, continua a ser uma surpresa que, por outro lado, os pensadores subversivos, que buscam conceber a atualidade de seu presente, apareçam *agora* como os herdeiros legítimos da crítica kantiana. Eles repetem aquela questão diagnóstica fundamental de uma modernidade que se certifica de si mesma e que Kant foi o primeiro a colocar sob as condições alteradas de seu presente. Foucault vê a si próprio como continuador dessa linha de tradição. Para ele, o desafio dos textos de Kant, colocados como fundamento, consiste em que se trata de decifrar aquela vontade que outrora se revelou no entusiasmo pela Revolução Francesa. Pois esta é aquela vontade de saber que a "analítica da verdade" não reconhece. Mas se antes Foucault farejara essa vontade de saber nas formações modernas do poder apenas para denunciá-la, ele a mostra *agora* sob uma luz inteiramente diferente: como o impulso crítico digno de conservação e carente de renovação, que vincula seu próprio pensamento aos começos da modernidade.

Do círculo dos diagnosticadores filosóficos da época que fazem parte de minha geração, Foucault afetou o espírito do tempo da maneira mais duradoura, e, não em último lugar, graças à seriedade com que persevera em contradições produtivas. Só um pensamento complexo produz contradições instrutivas. É instrutiva a contradição em que Kant incorre quando declara o entusiasmo revolucionário como um sinal histórico que faz vir à tona uma disposição inteligível do gênero humano no mundo do fenomênico. Em igual medida, é instrutiva a contradição em que Foucault incorre quando coloca em oposição sua crítica do poder afetada pela atualidade com a analítica da verdade, de tal sorte que escapam daquela os critérios normativos que ela deveria tomar de empréstimo desta. Talvez seja a força dessa contradição que Foucault reconduziu, nesse último de seus textos, à esfera de influência do discurso filosófico da modernidade, o qual ele quis, no entanto, explodir.

Os precipícios da crítica da racionalidade

Antes que eu tente responder às três questões da enquete dos senhores, gostaria de completar a descrição da situação anteposta às perguntas. Nesse ponto, limito-me às duas disciplinas em que eu mesmo trabalho: a filosofia e a sociologia.

I

Nos anos 1950 e no começo dos anos 1960, as posições ortodoxas e as desviantes eram fáceis de reconhecer. Nos departamentos de filosofia norte-americano, dava o tom uma teoria da ciência que administrava a herança do empirismo lógico; encontrava-se ao seu lado uma filosofia da linguagem que tencionava o arco do progresso histórico entre o início da análise da linguagem em Frege e Moore e a última filosofia de Wittgenstein. Os departamentos de sociologia estavam sob a influência de Parsons e Homans; aqueles liberais que entrementes se tornaram os porta-vozes do neoconservadorismo louvavam na época o fim da ideologia, a dominação democrática de elite e as legalidades objetivas tecnocráticas.

Na França, a influência de Kojève continuava a ser perceptível; Sartre e Merleau-Ponty manifestavam a maneira de pensar antropológica e fenomenológica – e os temas e estímulos eram cuidados por um marxismo influente graças ao Partido Comunista. A sociologia francesa vivia inicialmente de suas próprias tradições significativas, mais tarde também de Lévi-Strauss. Na Alemanha, a filosofia e a sociologia se abriram, no curso dos anos 1950, à predominância norte-americana; por conta disso, a fenomenologia, em suas variantes husserlianas e heideggerianas, foi reprimida ou, em todo caso, relativizada. O institucionalismo de Freyer, Gehlen e Schelsky, oriundo da época do nazismo, adaptava-se às teorias tecnocráticas ocidentais. Só em Frankfurt os emigrantes regressados guardaram uma certa continuidade com o marxismo ocidental dos anos 1920.

Nesse meio-tempo, os impulsos espirituais da revolta estudantil transformaram plenamente esses cenários distintos, ainda marcados pelas tradições nacionais particulares – e assimilaram uns aos outros. Todas as ortodoxias, as de Wittgenstein, Popper e Parsons não menos do que as de Heidegger, Sartre e Lévi-Strauss, se diluíram, como as tradições escolares de modo geral. Mesmo em Paris predomina, depois que o marxismo ortodoxo se arruinou, um pluralismo que acaba dissolvendo também as frentes claras, junto com os antigos monopólios. Considerada desde a atalaia das ortodoxias passadas, essa nova abertura, que se poderia chamar também de uma nova obscuridade, é um resultado das abordagens teóricas antigamente "desviantes". Isso é mais evidente na sociologia, em que a hermenêutica, a etnometodologia, a Teoria Crítica e, crescentemente, as abordagens pós-estruturalistas desafiaram a autocompreensão convencional da profissão. Mas também na filosofia se difunde um sincretismo peculiar. Em todo lugar, às vezes precipitadamente e em simultaneidade indiscriminada, recepciona-se o que até então foi reprimido: em Paris, Leo Strauss e Hannah Arendt, Popper e Adorno; em Berkeley e em Frankfurt, Lévi-Strauss, Foucault e Derrida – e, em toda parte, Feyerabend e Rorty, com uma pitada de Quine e Putnam.

II

Portanto, em todos os lugares agora se trata mais ou menos de tudo, e é bom que seja assim. A par das tendências ao nivelamento que *se cruzam* entre si – e com isso eu chego ao tema –, observam-se também tendências *paralelas*. *Em primeiro lugar*, a penetração de maneiras de pensar históricas e etnológicas nas disciplinas de orientações teóricas fortes; o mundo da vida só aparece ainda no plural; a eticidade substitui a moralidade, o cotidiano substitui a teoria, a ruptura, a continuidade, o particular, o universal. Ora, essa tendência, por um lado, despertou a desconfiança contra as fortes sistematizações e supergeneralizações, contra as construções de teor normativo, de modo geral; por outro, promove uma autodesconfiança falibilista salutar e a tolerância em relação aos modos de proceder de ciências maleáveis, que não se sujeitam aos *standards* científicos positivistas. Hoje, nada é menos aceitável do que, por exemplo, a distinção normativa da ciência unitária – a concepção de *unified science*.

Em segundo lugar, muitas abordagens filosóficas convergem hoje na suplantação do paradigma da filosofia da consciência, dominante faz duzentos anos – com seus conceitos chave de sujeito e consciência de si. Essa crítica tem naturalmente seus precursores nas tentativas pragmatistas, linguísticas e antropológicas de elevar a um nível filosófico, contra o dualismo cartesiano de espírito e corpo, categorias "terceiras" como ação, linguagem e ser vivo [*Leib*]. Em uma consideração interna à filosofia, Nietzsche e Heidegger devem sua atualidade renovada a esse enfrentamento. É de se supor que um dia veremos o verdadeiro feito filosófico de nossa época na remoção do paradigma da consciência, comparável ao corte de sua inauguração em termos de filosofia transcendental por parte de Kant. No entanto, ainda debatemos sobre o desfecho correto desse processo de substituição. Trata-se da questão de saber se *continuamos* a autocrítica de uma modernidade em conflito consigo mesma e se podemos obter, no interior do horizonte da própria modernidade, uma distância em relação às patologias do pensamento voltado ao poder de dispor – ou se, como muitos afirmam, o projeto de uma emancipação da menoridade autoimputável já se encontra definitivamente exaurido.

Aqueles entre nós que creem deixar para trás todos os paradigmas e poder adentrar na clareira anarquista da pós-modernidade são representativos de uma *terceira* tendência. Eles vinculam a crítica da filosofia do sujeito a uma crítica da razão na qual a razão só aparece ainda em *genitivus objectivus* – e na qual, de modo paradoxal, permanece em aberto quem ou o que deve ocupar o lugar do *genitivus subjectivus* (se já não é mais a própria razão). A essa crítica total da razão se vinculam as grandes despedidas, não apenas de Descartes, mas também de suas virtudes: do pensamento metódico, da responsabilidade teórica e daquele igualitarismo do pensamento científico que rompeu com todo acesso privilegiado à verdade. A cruzada contra uma razão instrumental inflada em totalidade assume, ela também, traços totalitários. Por outro lado, mesmo nessa tendência se esconde um momento de verdade – é simplesmente bom que se difunda hoje uma sensibilidade para a dialética do Esclarecimento, ou seja, para o fato de que um Esclarecimento tacanho precise se esclarecer a respeito de si mesmo.

III

Se essas são as tendências contemporâneas que determinam as suposições de fundo de muitos cientistas sociais e filósofos, não é de se admirar que os estados de ânimo subjacentes, enraizados no elemento econômico, propiciem uma expressão pregnante ao extremo, isto é, uma expressão dramatizada, em determinadas filosofias. Nos escritos de muitos pós-estruturalistas, não se encontram apenas os prosseguimentos perspicazes da crítica da ideologia exercida por Nietzsche; aqui nos deparamos também com exageros metodológicos de uma crítica da razão que se tornou total e que confere expressão sintomática a um difuso espírito do tempo, em vez de levá-lo ao conceito.

Uma crítica supostamente radical gera sentimentos de disposição ao despertamento; e a perseverança diante das verdades futuras indeterminadamente avisadas faz surgir um vácuo em que as verdades não examinadas da religião e da metafísica podem afluir tanto mais despreocupadamente. Ainda existe, felizmente, uma divisão do trabalho entre os que nós denominávamos outrora jovens conservadores e os que gostariam de herdar a hostilidade pseudorradical à razão. Ainda se distinguem os que hoje seguem o último Heidegger, exercendo com gesto crítico a disposição à obediência e silenciando as forças da crítica, e os que demandam secamente uma disposição ao despertamento, estimulada dessa maneira. Deveríamos temer o curto-circuito retórico entre os gestos contrários de desentulhar os antigos altares e de erguer novos.

Certamente, a articulação filosófica do espírito do tempo se desenrola em um plano diferente do da mudança de mentalidades políticas. Mas há interferências entre ambos os movimentos. Na Alemanha, multiplicam-se os sinais de que os efeitos de interferência dessa espécie são percebidos com mais nitidez do que até então. No último número do *Freibeuter* (caderno 20), Lothar Baier analisa uma conferência para a imprensa que Frémontier, o ex-intelectual do Partido Comunista, proferiu no Hotel Méridian de Paris, sob a proteção lateral do deputado de direita Alain Madelin:

> Chama a atenção que os pecados confessados em toda parte são exclusivamente pecados da esquerda. E chama mais a atenção que uma mudança de opinião perfeitamente normal decorra cada vez mais raramente sem um ritual de autoincriminação e de arrependimento sobre o palco. E nós somos lembrados cada vez mais frequentemente que a França não é apenas o país de Descartes, da Revolução e da Declaração dos Direitos Humanos, mas também o país de onde as Cruzadas partiram [...]. Parece-me estranho somente que nessa sociedade industrial laica viva ainda tanto gesto religioso, mas não que a nova cruzada parta, conforme a tradição, contra o Leste.

Para não deixar surgir uma falsa impressão, Baier se serve do exemplo francês tão somente para criticar as condições alemãs. Ele zomba com razão da "esquerda na penitência".

IV

Após essa introdução um pouco circunstanciada, eu posso responder suas questões com poucas palavras.

Em primeiro lugar: eu creio que o "logocentrismo ocidental" não se deve a um excesso, mas a uma escassez de razão. O privilégio do ente na ontologia, da consciência na teoria do conhecimento, da proposição enunciativa e da verdade proposicional na semântica são, em três períodos muito distanciados entre si, exemplos do mesmo estreitamento cognitivista do conceito de razão. Pode ser antiquado, mas creio que também hoje nos encontramos ainda, como Kant, diante do problema de explicar onde o conhecimento objetivante, o discernimento moral e a força do juízo estético encontram sua unidade procedimental.

Em segundo lugar: a unilateralização cognitivo-instrumental do conceito moderno de racionalidade espelha a unilateralização objetiva de um mundo da vida modernizado de forma capitalista. Por isso, superar o "logocentrismo" não pode ser assunto somente do pensamento filosófico e da formação de teorias nas ciências sociais. No entanto, a filosofia e as ciências sociais podem contribuir para tornar acessíveis de novo as dimensões soterradas da razão – mais precisamente, por meio da força explorativa da própria razão. Elas podem ajudar a recolocar em movimento, na práxis cotidiana alienada, o jogo de conjunto paralisado do cognitivo-instrumental com o prático-moral e o estético-expressivo, como um móbil que estancou persistentemente. Se o paradigma da consciência é substituído pelo paradigma do entendimento, as análises pacientes podem tornar visível de novo o potencial de uma racionalidade não redutora, inserido nas ações comunicativas cotidianas.

Em terceiro lugar: durante os últimos quinze, vinte anos, e penso somente nos diagnósticos de época feitos na teoria social, partiram de Paris mais impulsos produtivos do que de qualquer outro lugar. Penso nos trabalhos de Bourdieu, Castoriadis, Foucault, Ricoeur e Touraine – obras que só se realizaram mediante os esforços contínuos de uma vida inteira. Essas análises tendem certamente a direções distintas. Mas, à distância, muitas verdades fragmentadas também se deixam remeter umas às outras. De resto, o exemplo da filosofia política de Luc Ferry mostra que a produtividade não se esgotou na geração mais recente – e que ela se livrou dos medos de contato neofilosóficos diante dos mestres-pensadores teutônicos.

5
*A Nova Obscuridade**

O texto seguinte serviu de base para um discurso que proferi perante as *Cortes*, em 26 de novembro de 1984, a convite do presidente do Parlamento espanhol.

---

* *Die Neue Unübersichtlichkeit*: a expressão, título do presente volume e em maiúscula, é de difícil tradução. Ela se refere antes de tudo à dificuldade de ter uma visão de conjunto [*Übersicht*] e, com isso, também à falta de clareza, ligando-se assim aos sentimentos de perplexidade e desorientação. Optamos por "obscuridade" para firmar essa falta de visão e perspectiva que, no entender de Habermas, afeta o espírito do tempo naquele momento histórico. (N. T.)

A crise do Estado de bem-estar social e o esgotamento das energias utópicas

I

Desde o final do século XVIII se constitui na cultura ocidental uma nova consciência do tempo.[1] Enquanto no Ocidente cristão a "nova era" [*neue Zeit*] assinalara a idade do mundo futuro, só irrompendo com o dia do Juízo Final, os "tempos modernos" [*Neuzeit*] é o nome, de agora em diante, para o próprio período, o período presente. O presente se entende cada vez mais como uma passagem para o novo; ele vive na consciência da aceleração dos acontecimentos históricos e na expectativa da alteridade do futuro. O novo começo de época, que marca a ruptura do mundo moderno com o mundo da Idade Média cristã e da Antiguidade, repete-se como que a cada momento presente que faz nascer de si o novo. O presente pereniza a ruptura com o passado como renovação contínua. O horizonte aberto ao futuro de expectativas referidas ao presente dirige também o acesso ao passado. A história é concebida desde o fim

---

[1] Eu sigo as investigações excelentes de Koselleck, *Vergangene Zukunft*.

do século XVIII como um processo mundialmente abrangente e gerador de problemas. Nele o tempo é considerado um recurso escasso para dominar os problemas que o passado nos lega, orientando-se ao futuro. Os passados exemplares, pelos quais o presente poderia se orientar irrefletidamente, se empalideceram. A modernidade não pode mais tomar de empréstimo seus critérios orientadores dos modelos oriundos de outras épocas. A modernidade se vê exclusivamente posta sobre si mesma – ela tem de extrair de si mesma sua normatividade. O presente autêntico é de agora em diante o lugar onde se entrelaçam a continuidade da tradição e a inovação.

A desvalorização do passado exemplar e a coerção para obter os princípios com teor normativo das próprias experiências, das experiências e das formas de vida modernas, explicam a nova estrutura do "espírito do tempo". O espírito do tempo torna-se o *medium* em que se movem de agora em diante o pensamento político e a confrontação política. O espírito do tempo recebe impulsos de dois movimentos de pensamento contrários, mas remetidos um ao outro e interpenetrados: o espírito do tempo se inflama na colisão entre o pensamento histórico e o utópico.[2] À primeira vista, essas duas maneiras de pensar se excluem. O *pensamento histórico*, saturado de experiências, parece ser convocado para criticar os projetos utópicos; o *pensamento utópico* efusivo parece ter a função de abrir alternativas de ação e espaço de manobra para possibilidades que saltam as continuidades históricas. Mas, de fato, a consciência moderna do tempo abriu um horizonte em que o pensamento utópico se funde com o

---

2 A seguir, cf. Rüsen, Utopie und Geschichte, p.356 et seq.

pensamento histórico. Essa imigração das energias utópicas para o interior da consciência histórica caracteriza, em todo caso, o espírito da época que marca a esfera pública política dos povos modernos desde os dias da Revolução Francesa. Contagiado pela atualidade do espírito do tempo, o pensamento político, que quer manter-se em pé diante da pressão dos problemas do presente, carrega-se de energias utópicas, mas, ao mesmo tempo, esse excesso de expectativas deve ser controlado mediante o contrapeso conservador das experiências históricas.

"Utopia" torna-se, desde o começo do século XIX, um conceito de luta política, que todos empregam contra todos. De início, leva-se a campo a reprovação contra o pensamento abstrato do Esclarecimento e sua herança liberal, depois, naturalmente, contra os socialistas e os comunistas, mas também contra os ultraconservadores – contra uns porque clamam um futuro abstrato, contra os outros porque clamam um passado abstrato. Uma vez que todos estão infectados de pensamento utópico, ninguém gostaria de ser um utópico.[3] A *Utopia*, de Thomas Morus, a *Cidade do sol*, de Campanella, a *Nova Atlântida*, de Bacon – essas utopias espaciais projetadas no Renascimento ainda podiam ser chamadas de "*romances* políticos" porque seus autores jamais deixaram dúvida alguma quanto ao caráter fictício da narrativa. Eles retraduziram as representações paradisíacas nos espaços históricos e nos "contramundos" terrenos, as expectativas escatológicas, nas possibilidades profanas de vida. As utopias clássicas da vida melhor e menos arriscada se apresentam, como Fourier observa, à maneira de um "sonho

---

[3] Hölscher, Der Begriff der Utopie als historische Kategorie, p.402 et seq.

do bom – sem os meios para realizá-lo, sem o método". Apesar dessa referência crítica à época, elas ainda não tinham comunicação com a história. Isso só se altera quando Mercier, um discípulo de Rousseau, projetou em um futuro remoto aquelas ilhas de felicidade de regiões espacialmente remotas, com seu romance sobre o futuro de Paris no ano de 2440 – e com isso reproduziu as expectativas escatológicas acerca da restauração futura do paraíso tomando o eixo *intramundano* de um progresso histórico.[4] Mas tão logo a utopia e a história se tocam dessa maneira, a figura clássica da utopia se transforma, o romance político se desembaraça de seus traços romanescos. Quem é mais sensível às energias do espírito do tempo conduzirá mais energicamente, de agora em diante, o amálgama do pensamento utópico com o histórico. Robert Owen e Saint-Simon, Fourier e Proudhon recusam o utopismo com veemência; e por seu turno são acusados de "socialistas utópicos" por Marx e Engels. Só Ernst Bloch e Karl Mannheim purificaram, em nosso século, a expressão "utopia" do ranço do utopismo, reabilitando-a como *medium* insuspeito para o projeto de possibilidades de vida alternativas, que devem estar inseridas no próprio processo histórico. Uma perspectiva utópica se inscreve na própria consciência histórica politicamente efetiva.

Em todo caso, as coisas pareciam se passar assim – até ontem. Hoje parece que as energias utópicas foram consumidas, como se tivessem se retirado do pensamento histórico. O horizonte do futuro se encolheu e alterou a fundo o espírito do tempo, assim como a política. O futuro é negativamente

---

4 Koselleck, Die Verzeitlichung der Utopie, p.1 et seq.; Trousson, Utopie, Geschichte, Fortschritt, p.15 et seq.

investido; no limiar do século XXI, delineia-se o panorama assustador da ameaça mundial a todos os interesses universais da vida: a espiral da corrida armamentista, a difusão descontrolada de armas nucleares, o empobrecimento estrutural dos países em desenvolvimento, o desemprego e os desequilíbrios sociais crescentes nos países desenvolvidos, os problemas da danificação ambiental, as tecnologias de grande alcance operadas na proximidade da catástrofe, tudo isso oferece as palavras-chave que penetraram a consciência pública através das mídias de massa. As respostas dos intelectuais não espelham menos perplexidade que as dos políticos. De modo algum se trata somente de realismo se uma perplexidade resolutamente aceita entra cada vez mais no lugar das tentativas de orientação dirigidas ao futuro. A situação pode ser objetivamente obscura. Entretanto, a obscuridade é também uma função da disposição de agir que uma sociedade atribui a si mesma. Trata-se da confiança da cultura ocidental em si mesma.

II

No entanto, há boas razões para o esgotamento das energias utópicas. As utopias clássicas *esmaltaram* as condições de uma vida humanamente digna, de uma felicidade socialmente organizada; as utopias sociais amalgamadas com o pensamento histórico, que desde o século XIX interveem nas confrontações políticas, despertam expectativas mais realistas. Elas representam a ciência, a técnica e o planejamento como instrumentos promissores e inexoráveis de um controle racional da natureza e da sociedade. É exatamente essa expectativa que foi abalada entrementes por evidências massivas. A energia nuclear, a tecnologia militar e o desbravamento do espaço, a pesquisa genética e a intervenção biotécnica no comportamento humano, o processamento de informações, a aquisição de dados e as novas mídias de comunicação são, por origem, técnicas com consequências discrepantes. E quanto mais complexos se tornam os sistemas que necessitam de controle, tanto maior se torna a probabilidade de consequências colaterais disfuncionais. Nós constatamos diariamente, pela experiência, que as forças produtivas se transformam em forças destrutivas, as capacidades de planejamento, em potenciais de transtorno. Por isso, não admira que hoje ganham influência sobretudo aquelas teorias que gostariam de mostrar que as mesmas forças de intensificação do poder das quais a modernidade outrora extraiu sua autoconsciência e suas expectativas utópicas de fato fazem a autonomia se inverter na dependência, a emancipação na repressão, a racionalidade na desrazão. Derrida tira da crítica de Heidegger à subjetividade moderna a conclusão segundo a qual só podemos escapar do moinho do logocentrismo ocidental recorrendo à provocação sem rumo. Em vez de querer dominar as contingências *no* mundo em primeiro lugar, seria melhor que nos rendêssemos às contingências misteriosamente cifradas da abertura do mundo. Foucault radicaliza a crítica de Horkheimer e Adorno à razão instrumental constituindo uma teoria do Eterno Retorno do poder. Sua mensagem sobre o ciclo de poder sempre igual, próprio de formações discursivas sempre novas, acaba sufocando a última centelha de utopia e de confiança da cultura ocidental em si mesma.

No cenário intelectual, propaga-se a suspeita de que o esgotamento das energias utópicas indica não apenas um dos estados de ânimo efêmeros e próprios do pessimismo cultural; ele tem alcance mais profundo. Ele poderia indicar uma transformação da consciência moderna do tempo de modo geral. Talvez volte a dissolver-se aquele amálgama de pensamento histórico e utópico; talvez se transformem a estrutura do espírito do tempo e o estado de agregação da política. Talvez a consciência histórica seja *des*carregada de suas energias utópicas: se no fim do século XVIII as esperanças paradisíacas imigraram para este mundo em virtude da temporalização das utopias, hoje, duzentos anos depois, as expectativas utópicas perderiam seu caráter secular e assumiriam por sua vez uma figura religiosa.

Eu considero infundada a tese do despontar da pós-modernidade. Não é a estrutura do espírito do tempo, não é o modo do conflito acerca das possibilidades futuras de vida que se alteram, não são as energias utópicas em geral que se retiram da consciência histórica. Pelo contrário, chegou ao fim uma determinada utopia, que no passado se cristalizou em torno do potencial da sociedade do trabalho.

Os clássicos da teoria social, de Marx até Max Weber, estavam de acordo em que a estrutura da sociedade burguesa é marcada pelo trabalho abstrato, por um tipo de trabalho remunerado controlado através do mercado, valorizado e organizado de modo capitalista na forma da empresa. Visto que a forma desse trabalho abstrato desdobrou uma tamanha força pregnante, penetrando todos os domínios, também as expectativas utópicas passaram a dirigir-se à esfera produtiva, em suma: a uma emancipação do trabalho em relação à determinação alheia. As utopias dos primeiros socialistas se condensaram na imagem do falanstério – de uma organização, em termos de sociedade do trabalho, formada por produtores livres e iguais.

Da própria produção corretamente instaurada deveria resultar a forma de vida comunal de trabalhadores livremente associados. A ideia de autogestão por parte dos trabalhadores inspirou ainda o movimento de protesto no final dos anos 1960.[5] Apesar de toda a crítica ao primeiro socialismo, Marx também seguiu essa utopia, formulada em termos de sociedade do trabalho, na primeira parte de *A ideologia alemã*:

> Portanto, chegou-se agora tão longe que os indivíduos têm de apropriar-se da totalidade existente das forças produtivas [...]. A apropriação dessas forças nada mais é que o desenvolvimento das capacidades individuais correspondentes aos instrumentos materiais de produção. Só nessa etapa a atividade autônoma [*Selbstbetätigung*] coincide com a vida material, o que corresponde ao desenvolvimento dos indivíduos em indivíduos totais e ao abandono de toda naturalização.

A utopia ligada à sociedade do trabalho perdeu hoje sua força de convencimento – e isso não apenas porque as forças produtivas perderam sua inocência ou porque a abolição da propriedade privada dos meios de produção não desemboca visivelmente *per se* na autogestão dos trabalhadores. Sobretudo, a utopia perdeu seu ponto de referência na realidade: a força formadora de estruturas e constituidora da sociedade própria do trabalho abstrato. Claus Offe compilou indícios convincentes da "diminuição objetiva da força de determinação dos componentes do trabalho, da produção e da remuneração para a cons-

---

5 Dessa perspectiva, Oskar Negt acabou de apresentar também um estudo digno de nota: *Lebendige Arbeit, enteignete Zeit*.

tituição da sociedade e para o desenvolvimento da sociedade em seu todo".[6]

Quem abre um dos raros escritos que hoje ainda ousam anunciar uma referência utópica já no título – eu me refiro a *Caminhos para o paraíso*, de André Gorz – encontrará a confirmação desse diagnóstico. Gorz fundamenta sua proposta de desacoplar trabalho e renda pela via de uma renda mínima garantida, despedindo-se daquela expectativa marxiana de que a atividade autônoma poderia coincidir ainda com a vida material.

Mas por que o desaparecimento da força de convencimento da utopia ligada à sociedade do trabalho iria ter importância para a esfera pública mais ampla e ajudaria a explicar um esgotamento *geral* dos impulsos utópicos? Ora, essa utopia não atraiu apenas intelectuais. Ela inspirou o movimento operário europeu e deixou seus vestígios no nosso século em três programas muito distintos, mas eficazes na história mundial. Em reação às consequências da Primeira Guerra Mundial e da crise econômica mundial, as correntes políticas correspondentes se impuseram: o comunismo soviético na Rússia; o corporativismo autoritário na Itália fascista, na Alemanha nazista e na Espanha falangista; e o reformismo social-democrata nas democracias de massa do Ocidente. Somente este projeto de Estado de bem-estar social se apropriou da herança dos movimentos burgueses de emancipação, o Estado constitucional democrático. Embora oriundo da tradição social-democrata, ele de modo algum foi seguido apenas por governos conduzidos por social-democratas. Após a Segunda Guerra Mundial, nos países ocidentais, todos os partidos governantes obtiveram

---

6 Offe, Arbeit als soziologische Schlüsselkategorie, p.20.

suas maiorias assinalando, mais ou menos declaradamente, as metas do Estado de bem-estar social. Desde meados dos anos 1970, porém, tomou-se consciência dos limites desse projeto – sem que uma clara alternativa seja reconhecível até agora. Por isso, gostaria de precisar minha tese no sentido de que a Nova Obscuridade faz parte de uma situação em que um programa em termos de Estado de bem-estar social, continuando a nutrir-se sempre da utopia da sociedade do trabalho, perde a força de abrir possibilidades futuras para uma vida coletivamente melhor e menos arriscada.

III

No entanto, o cerne utópico, a emancipação do trabalho heterônomo, adotara uma outra forma no projeto do Estado de bem-estar social. As condições de vida humanamente dignas e emancipadas já não procedem mais, imediatamente, de um revolucionamento das condições de trabalho, portanto, da transformação do trabalho heterônomo em atividade autônoma [*Selbsttätigkeit*]. Contudo, a reforma das relações de emprego mantém um valor posicional central também nesse projeto.[7] Elas permanecem o ponto de referência não apenas para medidas de humanização de um trabalho ainda heterônomo, mas, sobretudo, para as operações compensatórias que devem amortecer os riscos básicos do trabalho assalariado (acidente, doença, perda de postos de trabalho, desamparo na velhice). Disso resulta a consequência de que todos os aptos ao

---

7 Dessa perspectiva, cf. também, mais recentemente: Kern, Schumann, *Das Ende der Arbeitsteilung?*

trabalho devem se incorporar no sistema de ocupação, afinado e atenuado dessa maneira – ou seja, a meta do pleno emprego. A compensação só funciona se o papel do assalariado empregado em tempo integral torna-se a norma. Pelos ônus que continuam sempre associados a um *status* estofado do trabalho remunerado dependente, o cidadão, em seu papel de cliente das burocracias do Estado de bem-estar social, é compensado com pretensões jurídicas e, em seu papel de consumidor de bens em massa, com o poder de compra. A alavanca para a satisfação do antagonismo de classe continua a ser, portanto, a neutralização do potencial de conflito inscrito no *status* do trabalhador assalariado.

Essa meta deve ser alcançada pela via da legislação destinada ao Estado de bem-estar social e às negociações coletivas salariais entre as partes independentes. As políticas voltadas ao Estado de bem-estar social retiram sua legitimação de eleições gerais e encontram sua base social nos sindicatos autônomos e nos partidos trabalhistas. No entanto, quanto ao êxito do projeto, o que decide é somente o poder e a capacidade de ação de um aparelho estatal intervencionista. Ele deve intervir no sistema econômico com a meta de nutrir o crescimento capitalista, de aplainar as crises e de assegurar, ao mesmo tempo, a capacidade de concorrência internacional das empresas e dos postos de trabalho, a fim de que surjam acúmulos que se possam distribuir, sem desencorajar os investidores privados. Isso ilumina o *aspecto do método*: o compromisso em torno do Estado de bem-estar social e a satisfação do antagonismo de classe devem ser alcançados em virtude de o poder estatal democraticamente legitimado ser empregado para elevar e domesticar o processo de crescimento capitalista naturalizado. O *aspecto substancial* do projeto se nutre dos restos da utopia ligada à sociedade do trabalho: na medida em que o *status* do empregado é normalizado por meio dos direitos políticos de tomar parte e os direitos sociais de ter parte, a massa da população recebe a oportunidade de viver em liberdade, com justiça social e prosperidade crescente. Nisso se pressupõe que é possível assegurar uma coexistência pacífica entre a democracia e o capitalismo recorrendo-se a intervenções estatais.

Nas sociedades industriais desenvolvidas do Ocidente, essa condição precária pôde ser satisfeita em seus traços gerais, em todo caso, sob as constelações favoráveis do período do pós-guerra e da reconstrução. Mas não quero me ocupar com a mudança de constelação desde os anos 1970, nem com as circunstâncias, mas com as dificuldades intrínsecas que surgiram para o Estado de bem-estar social a partir de seus próprios êxitos.[8] Nesse aspecto, duas questões emergiram repetidas vezes. O Estado intervencionista dispõe de poder suficiente, e pode trabalhar com eficiência suficiente para domesticar o sistema econômico capitalista no sentido de seu programa? E o emprego de poder político é o método correto para alcançar a meta substancial de promover e garantir formas de vida humanamente dignas e emancipadas? Trata-se, portanto, em primeiro lugar, da questão sobre os limites da possibilidade de conciliação entre capitalismo e democracia e, em segundo lugar, da questão sobre as possibilidades de produzir novas formas de vida com meios jurídico-burocráticos.

---

8 A seguir, cf. Offe, Zu einigen Widersprüchen des modernen sozialstaates, p.323 et seq.; Keane, *Public Life and Late Capitalism*, p.10 et seq.

Ad 1) Desde o começo, o Estado nacional se revelou um quadro estreito demais para assegurar suficientemente as políticas econômicas keynesianas na parte externa, contra os imperativos do mercado mundial e contra a política de investimentos de empresas mundialmente operantes. Mas os limites do poder de intervenção e da capacidade de intervenção do Estado são mais visíveis no interior. Aqui o Estado de bem-estar social, quanto mais exitosamente impõe seus programas, tanto mais claramente se choca com a resistência dos investidores privados. Naturalmente, há várias causas para uma piora na rentabilidade das empresas, para o esvanecimento das disposições em investir e para a queda das taxas de crescimento. Mas as condições de valorização do capital tampouco permanecem intocadas pelo resultado das políticas voltadas ao Estado de bem-estar social, de fato nem – e tanto menos ainda – na percepção subjetiva das empresas. Além do mais, o aumento dos custos salariais e dos custos laterais do salário reforça a inclinação de investir na racionalização, que – em sinal de uma segunda revolução industrial – eleva a tal ponto a produtividade do trabalho e abaixa a tal ponto o tempo de trabalho socialmente necessário que cada vez mais são dispensadas as forças de trabalho, em que pese a tendência secular de redução do tempo de trabalho. Seja como for, em uma situação na qual a falta de disposição em investir, a estagnação econômica, o aumento do desemprego e a crise nos orçamentos públicos podem ser sugestivamente vinculados aos custos do Estado de bem-estar social também na percepção da esfera pública, tornam-se sensíveis as limitações estruturais sob as quais foi feito e mantido o compromisso em torno do Estado de bem-estar social. Visto que o Estado de bem-estar social tem de deixar intacto o modo de funcionar do sistema econômico, ele não tem a possibilidade de influir na atividade de investimento a não ser por meio de intervenções conformes ao sistema. Ele tampouco teria o poder para isso, já que a redistribuição de renda se restringe no essencial a uma reacomodação horizontal no interior dos grupos dos empregados dependentes e não toca na estrutura da riqueza específica de classe, em especial na distribuição da propriedade dos meios de produção. Assim, justamente o Estado de bem-estar social bem-sucedido resvala em uma situação em que tem de tomar consciência do fato de que ele mesmo não é uma "fonte de prosperidade" autônoma e não pode garantir a segurança no posto de trabalho a título de direito civil (Claus Offe).

Em uma tal situação, o Estado de bem-estar social corre ao mesmo tempo o risco de que lhe escape a sua base social. As camadas de eleitores em ascensão que tiveram os maiores benefícios imediatos com o desenvolvimento do Estado de bem-estar social podem formar, em tempos de crise, uma mentalidade de conservação do padrão de vida e se juntar à velha classe média, de modo geral às camadas com tendências "produtivistas", formando um bloco defensivo contra os grupos subprivilegiados ou excluídos. Em primeira linha, veem-se ameaçados por essa reacomodação da base eleitoral os partidos que, como os democratas nos EUA, o trabalhista inglês ou a social-democracia alemã, por décadas puderam se fiar em uma clientela firme do Estado de bem-estar social. Ao mesmo tempo, as organizações sindicais ficam sob pressão devido à situação alterada do mercado de trabalho. Seu potencial de ameaça é enfraquecido, eles perdem membros e contribuições e se veem impelidos a uma política de alianças talhada para interesses de curto prazo dos ainda empregados.

Ad 2) Mesmo se o Estado de bem-estar social, sob condições gerais mais felizes, puder adiar ou evitar inteiramente os efeitos colaterais de seu êxito, que ameaçam suas próprias condições de funcionamento, um outro problema permaneceria irresolvido. Os advogados do projeto do Estado de bem-estar social sempre se limitaram a olhar em uma única direção. No primeiro plano, encontrava-se a tarefa de disciplinar o poder econômico naturalizado e de desviar do mundo da vida dos trabalhadores dependentes os efeitos destrutivos de um crescimento econômico crítico. O poder de governo conquistado via Parlamento aparecia como um recurso tão inocente quanto imprescindível; dele o Estado intervencionista tinha de extrair forças e capacidade de ação, em contraposição ao sentido intrínseco sistêmico da economia. Que o Estado ativo não só intervém no ciclo econômico, mas também no ciclo de vida de seus cidadãos, os reformistas consideraram como algo inteiramente não problemático – a reforma das condições de vida dos empregados era, como se sabe, a meta do programa do Estado de bem-estar social. De fato, uma medida mais elevada de justiça social foi conquistada por esse caminho.

Mas justamente aqueles que reconhecem essa conquista histórica do Estado de bem-estar social e não barateiam a crítica às suas debilidades passaram a reconhecer nesse meio também o insucesso, que não pode ser atribuído a este ou aquele obstáculo, não a uma realização inconvicta do projeto, mas a uma cegueira específica desse próprio projeto. Ofusca-se todo ceticismo em relação ao *medium* do poder, talvez imprescindível, mas inocente só pretensamente. Os programas do Estado de bem-estar social consomem uma quantidade imensa desse *medium* para que consigam a força de lei, para que possam ser financiados pelos orçamentos públicos – e implementados no mundo da vida de seus beneficiários. Assim, uma rede cada vez mais densa de normas jurídicas, de burocracias estatais e paraestatais recobre o cotidiano dos clientes potenciais e factuais.

Discussões extensas sobre a juridificação e a burocratização de modo geral, sobre os efeitos contraproducentes da política social estatal em particular, sobre a profissionalização e a cientificização dos serviços sociais dirigiam a atenção para elementos que tornam evidente uma coisa: os meios jurídico-administrativos de execução dos programas do Estado de bem-estar social não representam um *medium* passivo, como que desprovido de propriedades. Pelo contrário, associa-se a eles uma práxis de isolar e tipificar, de normalizar e vigiar, cujo poder reificante e subjetivante Foucault perseguiu até chegar nas ramificações capilares mais finas da comunicação cotidiana. As deformações de um mundo da vida regulamentado, desarticulado, controlado e tutelado são certamente mais sutis que as formas palpáveis de exploração e miséria material; mas os conflitos sociais interiorizados e descarregados sobre o psíquico e o corporal não são menos destrutivos por isso. Em suma, ao projeto do Estado de bem-estar social como tal é imanente a contradição entre o objetivo e o método. Seu objetivo é a fundação de formas de vida igualitariamente estruturadas, que ao mesmo tempo deveriam liberar espaços de ação para a autorrealização individual e para a espontaneidade. Mas, visivelmente, esse objetivo não pode ser alcançado pela via direta de uma execução jurídico-administrativa de programas políticos. O *medium* poder é sobrecarregado com a produção de formas de vida.

IV

Lançando mão de dois problemas, tratei dos obstáculos que se situam no caminho do próprio Estado de bem-estar social bem-sucedido. Com isso, não quero dizer que seu desenvolvimento foi uma especialização falha. Ao contrário: as instituições do Estado de bem-estar social caracterizam, em medida não menor do que as instituições do Estado constitucional democrático, uma onda de desenvolvimento do sistema político em relação ao qual não há nenhuma alternativa reconhecível em sociedades de nosso tipo – nem no que concerne às funções que o Estado de bem-estar social preenche nem no que concerne às demandas normativamente justificadas que ele satisfaz. Sobretudo os países ainda atrasados no desenvolvimento do Estado de bem-estar social não têm nenhuma razão plausível para se desviar dessa trilha. É justamente a ausência de alternativa, talvez até mesmo a irreversibilidade dessas estruturas do compromisso sempre batalhado que nos coloca hoje diante do dilema de que o capitalismo desenvolvido não pode viver sem o Estado de bem-estar social – tanto quanto não pode viver com mais uma ampliação dele. As reações mais ou menos perplexas a esse dilema mostram que se esgotou o potencial de estímulo político da utopia ligada à sociedade do trabalho.

Seguindo Claus Offe, é possível distinguir três padrões reativos em países como a República Federal da Alemanha e os EUA.[9] O *legitimismo voltado à sociedade industrial e ao Estado de bem-estar social* da social-democracia de direita se encontra na de-

---

[9] Offe, Perspektiven auf die Zukunft des Arbeitsmarktes, p.340 et seq.

fensiva. Eu entendo essa caracterização em um sentido amplo, de sorte que pode encontrar aplicação, por exemplo, também na ala Mondale dos democratas nos EUA, ou no segundo governo de Mitterand. Os legitimistas riscam do projeto do Estado de bem-estar social exatamente os componentes que ele havia tomado de empréstimo da utopia ligada à sociedade do trabalho. Eles renunciam à meta de superar o trabalho heterônomo a ponto de o *status* de cidadão livre e com iguais direitos, estendido à esfera da produção, poder se tornar o cerne cristalizador de formas de vida autônomas. Os legitimistas são hoje os verdadeiros conservadores que gostariam de estabilizar o que foi alcançado. Eles esperam redescobrir o ponto de equilíbrio entre o desenvolvimento do Estado de bem-estar social e a modernização ligada à economia de mercado. Deve-se reparar o equilíbrio perturbado entre as orientações democráticas pelo valor de uso e a dinâmica capitalista moderada. Esse programa se fixa na conservação dos padrões de vida próprios do Estado de bem-estar social. Mas ele desconhece os potenciais de resistência que se acumulam na esteira de uma erosão burocrática progressiva dos mundos da vida liberados de contextos naturalizados e comunicativamente estruturados; ele tampouco leva a sério os deslocamentos na base social e sindical, na qual as políticas voltadas ao Estado de bem-estar social puderam se apoiar até o momento. Tendo em vista as reacomodações da estrutura eleitoral e o enfraquecimento da posição sindical, uma semelhante política é ameaçada por uma corrida desesperada contra o tempo.

De vento em popa se encontra o *neoconservadorismo*, que se orienta do mesmo modo pela sociedade industrial, mas aparece como decididamente crítico quanto ao Estado de bem-estar social. A administração de Reagan e o governo de Margaret Thatcher têm início em nome desse neoconservadorismo; o governo conservador na Alemanha se inclinou a uma linha análoga. O neoconservadorismo se caracteriza no essencial por três componentes.

Em primeiro lugar: uma política econômica orientada à oferta deve melhorar as condições de valorização do capital e recolocar em marcha o processo de acumulação. Ela aceita, na intenção apenas momentaneamente, uma quota de desempregados relativamente alta. Uma reacomodação da renda se dá, como as estatísticas nos EUA comprovam, à custa dos grupos mais pobres da população, ao passo que apenas os grandes proprietários de capital alcançam melhoras evidentes de rendimento. Vão de mãos dadas com isso as restrições evidentes aos serviços do Estado de bem-estar social. Em segundo lugar: os custos de legitimação do sistema político devem diminuir. A "inflação de reivindicações" e a "ingovernabilidade" são palavras-chave de uma política que objetiva um desacoplamento mais forte entre a administração e a formação pública da vontade. Nesse contexto, os desenvolvimentos neocorporativistas são promovidos, isto é, uma ativação do potencial de controle não estatal de grandes associações, em primeira linha, de organizações empresariais e sindicatos. O deslocamento de competências parlamentares normativamente reguladas para sistemas de ação somente funcionais torna o Estado um parceiro de negociação entre outros. O deslocamento de competências para as zonas cinzentas neocorporativas tira cada vez mais as matérias sociais de um modo de decisão obrigado pelas normas constitucionais a considerar simetricamente os interesses dos atingidos em cada caso.[10] Em terceiro lugar: a política cultural recebe, enfim, a incumbência de operar em duas frentes. Por um lado, ela deve desacreditar os intelectuais, tomando-os como uma camada basilar do modernismo, ao mesmo tempo obcecada pelo poder e improdutiva; pois os valores pós-materiais, sobretudo as necessidades expressivas de autorrealização e os juízos críticos de uma moral universalista própria do Esclarecimento, são considerados uma ameaça aos fundamentos motivacionais de uma sociedade do trabalho em funcionamento e da esfera pública despolitizada. Por outro lado, deve-se cultivar a cultura tradicional, os poderes mantenedores próprios da eticidade convencional, do patriotismo, da religião burguesa e da cultura nacional. Estes existem para compensar o mundo da vida privado em função das onerações pessoais e amortecer a pressão da sociedade concorrencial e da modernização acelerada.

A política neoconservadora tem uma certa chance de imposição quando encontra uma base naquela sociedade segmentada e bipartida que ao mesmo tempo ela incentiva. Os grupos excluídos ou marginalizados não dispõem de poder de veto, uma vez que representam uma minoria suportada, desmembrada do processo de produção. O padrão que se exerce mais e mais no quadro internacional entre as metrópoles e as periferias subdesenvolvidas parece se repetir no interior das sociedades capitalistas mais desenvolvidas: os poderes estabelecidos dependem cada vez menos, para sua própria reprodução,

---

10 Offe, Korporatismus als System nichtstaatlicher Machtsteuerung, *Geschichte und Gesellschaft*, p.234 et seq.; sobre a justificação da teoria dos sistemas para o neocorporativismo, cf. Willke, *Entzauberung des Staates*.

do trabalho e da disposição à cooperação dos empobrecidos e dos privados de direitos. Todavia, uma política não tem de poder se impor apenas, ela precisa funcionar também. Porém, uma rescisão *decidida* do compromisso em torno do Estado de bem-estar social teria de legar lacunas funcionais que só poderiam ser fechadas pela repressão ou pelo abandalhamento.

Um terceiro padrão reativo se delineia na *dissidência* dos *críticos do crescimento*, que têm uma atitude ambivalente em relação ao Estado de bem-estar social. Assim, por exemplo, nos Novos Movimentos Sociais na Alemanha se reúnem minorias das mais diversas procedências para uma "aliança antiprodutivista" – velhos e jovens, mulheres e desempregados, homossexuais e deficientes, religiosos e não religiosos. O que os unifica é a rejeição àquela visão produtivista de progresso que os legitimistas partilham com os neoconservadores. Para esses dois partidos, a chave para a modernização social a mais isenta possível de crises consiste em dosar corretamente a divisão dos ônus problemáticos entre os subsistemas Estado e economia. Uns veem as causas da crise na dinâmica própria desenfreada da economia, outros, nos freios burocráticos impostos a ela. A domesticação social do capitalismo ou a retransferência de problemas da administração planejadora para o mercado são as terapias correspondentes. Um lado vê a fonte de transtornos na força de trabalho monetarizada, o outro, na paralisia burocrática. Mas ambos os lados concordam em que os âmbitos de interação do mundo da vida carentes de proteção só podem ter um papel passivo diante dos verdadeiros motores da modernização social, o Estado e a economia. Ambos os lados estão convencidos de que o mundo da vida pode ser suficientemente desacoplado desses subsistemas e protegido contra abusos sistêmicos se o Estado e a economia se completarem simplesmente na proporção correta e se estabilizarem entre si.

Somente os dissidentes da sociedade industrial partem do fato de que o mundo da vida é ameaçado em igual medida pela mercantilização *e* pela burocratização – nenhum dos dois *media*, nem o poder nem o dinheiro, é por origem "mais inocente" que o outro. Somente os dissidentes consideram necessário também que se fortaleça a autonomia de um mundo da vida ameaçado em seus fundamentos vitais e na constituição interna comunicativa. Apenas eles exigem que a dinâmica própria dos subsistemas controlados através do poder e do dinheiro deva se quebrar ou ao menos represar por meio de formas de organização próximas da base e autogeridas. Nesse contexto, entram em jogo as concepções e as propostas de economia dual a propósito do desacoplamento entre a seguridade social e a ocupação.[11] No entanto, a desdiferenciação não deve começar somente pelo papel do profissional renumerado, mas também pelo do consumidor, do cidadão e do cliente das burocracias do Estado de bem-estar social. Os dissidentes da sociedade industrial herdam desse modo o programa do Estado de bem-estar social com os componentes ligados à democracia radical que os legitimistas abandonam. Só que, na medida em que não vão além da mera dissidência, na medida em que permanecem cativos do fundamentalismo da Grande Recusa e não oferecem mais do que programas negativos de parar o crescimento e de desdiferenciação, recaem para aquém de *um* discernimento do projeto do Estado de bem-estar social.

---

11 Schmid, *Befreiung von falscher Arbeit. Thesen zum garantierten Mindesteinkommen.*

Na fórmula da domesticação social do capitalismo se inseria, com efeito, não apenas a resignação perante o fato de que a jaula de uma economia de mercado complexa não se deixa mais romper a partir de dentro e se transformar democraticamente com as receitas simples da autogestão dos trabalhadores. Aquela fórmula contém também o discernimento segundo o qual uma influência aplicada de fora, indireta, sobre os mecanismos de autocontrole requer algo de novo, a saber, uma combinação altamente inovadora de poder e autolimitação inteligente. No entanto, inicialmente, subjazia a isso a ideia de que a sociedade poderia influenciar a si mesma sem riscos com o meio neutro do poder político-administrativo. Se agora não mais apenas o capitalismo, mas também o próprio Estado intervencionista, deve ser "socialmente domesticado", a tarefa se complica consideravelmente. Pois, nesse caso, aquela combinação de poder e autolimitação inteligente não pode mais ser confiada à capacidade estatal de planejamento.

Se o represamento e o controle indireto devem se dirigir agora também contra a dinâmica própria da administração pública, o potencial de reflexão e de controle requerido tem de ser buscado em outra parte, mais precisamente, em uma relação completamente alterada entre esferas públicas autônomas, auto-organizadas, por um lado, e os âmbitos de ação controlados através do dinheiro e do poder administrativo, por outro. Disso resulta a difícil tarefa de possibilitar a universalização democrática de campos de interesse e de uma justificação universalista de normas já *embaixo* do umbral dos aparelhos partidários, autonomizados em macro-organizações e como que emigrados para o interior do sistema político. Um pluralismo natural de subculturas defensivas que procedesse somente da recusa espontânea precisaria se desenvolver ao largo das normas da igualdade política. Surgiria então apenas uma esfera que se relacionaria com as zonas cinzentas neocorporativistas à maneira de um espelho.

V

O desenvolvimento do Estado de bem-estar social entrou em um impasse. Junto com ele, esgotaram-se as energias da utopia própria da sociedade do trabalho. As respostas dos legitimistas e dos neoconservadores se movem no *medium* de um espírito do tempo que é ainda apenas defensivo; elas expressam uma consciência histórica privada de sua dimensão utópica. Também os dissidentes da sociedade do crescimento persistem na defensiva. Sua resposta poderia se orientar para a ofensiva se o projeto do Estado de bem-estar social não fosse simplesmente sancionado ou interrompido, mas prosseguido em uma etapa reflexiva mais elevada. Tornando-se reflexivo e dirigido não só à domesticação da economia capitalista, mas também ao refreamento do próprio Estado, o projeto do Estado de bem-estar social perde, no entanto, o trabalho como seu ponto de referência central. Pois não pode se tratar mais de proteger uma ocupação em tempo integral, elevada à norma. Um semelhante projeto nem sequer poderia se esgotar na tentativa de, por meio da introdução de renda mínima garantida, romper a maldição que o mercado de trabalho lança sobre a biografia de *todos* aqueles aptos ao trabalho – e também sobre o potencial crescente e cada vez mais excluído dos que se encontram por enquanto somente na reserva. Esse passo seria revolucionário, mas não revolucionário o bastante – nem mesmo se o mundo da vida pudesse ser protegido não só contra os imperativos humanamente indignos do sistema ocupacional, mas também contra as consequências colaterais contraproducentes de uma precaução administrativa sobre a existência.

Essas barreiras inibidoras no intercâmbio entre sistema e mundo da vida só poderiam funcionar se, ao mesmo tempo, surgisse uma nova divisão de poderes. As sociedades modernas dispõem de três recursos a partir dos quais podem satisfazer sua necessidade de operações de controle: dinheiro, poder e solidariedade. Suas esferas de influência deveriam ser colocadas em um novo equilíbrio. Com isso eu quero dizer: o poder de integração social da solidariedade deveria ser capaz de afirmar-se contra os "poderes" dos outros dois recursos de controle, dinheiro e poder administrativo. Ora, os âmbitos da vida especializados em dar continuidade aos valores transmitidos e ao saber cultural, em integrar grupos e socializar crianças e adolescentes dependem da solidariedade. Porém, teria de beber da mesma fonte uma formação política da vontade que deve ter influência sobre o traçado de limites e o intercâmbio entre esses âmbitos da vida comunicativamente estruturados, por um lado, e o Estado e a economia, por outro. Aliá, isso não se situa muito longe das ideias normativas de nossos manuais de instrução cívica, segundo os quais a sociedade influi sobre si mesma e sobre seu desenvolvimento através da dominação democraticamente legitimada.

De acordo com essa versão oficial, o poder político procede da formação pública da vontade e como que flui através do aparelho estatal via legislação e administração e retorna a um público com cabeça de Janus, que se apresenta, na entrada do Estado, como público de cidadãos e, na sua saída, como um público de clientes. Mais ou menos assim veem os cidadãos e os clientes da administração pública, desde sua perspectiva, o ciclo do poder político. Do ângulo de visão do sistema político, o mesmo ciclo, purgado de todas as mesclas normativas, apresenta-se de outra maneira. Segundo essa versão não oficial, que nos é apresentada reiteradamente pela teoria dos sistemas, os cidadãos e os clientes aparecem como membros do sistema político. Com essa descrição, altera-se sobretudo o sentido do processo de legitimação. Grupos de interesse e partidos empregam um poder de organização a fim de gerar assentimento e lealdade em prol das metas de suas organizações. A administração não estrutura somente, em grande parte ela também controla o processo legislativo; por sua vez, ela tem de fechar compromissos com clientes poderosos. Partidos, corporações legislativas, burocracias precisam prestar contas à pressão não declarada de imperativos funcionais, colocando-os em uníssono com a opinião pública – a "política simbólica" é o resultado. Também o governo precisa se empenhar ao mesmo tempo pelo apoio às massas e aos investidores privados.

Caso se queira juntar essas duas descrições contrárias em uma imagem realista, oferece-se o modelo usual na ciência política de diversas arenas que se sobrepõem umas às outras. Claus Offe, por exemplo, distingue três dessas arenas. Na primeira, de maneira facilmente reconhecível, as elites políticas levam a cabo suas decisões no interior do aparelho estatal. Abaixo dela se situa uma segunda arena, em que um grande número de grupos anônimos e de atores coletivos influenciam uns aos outros, entram em coalizões, controlam o acesso aos meios de produção e comunicação e, de uma maneira já menos reconhecível com clareza, definem previamente, através do seu poder social, o espaço de ação para a tematização e a decisão de questões políticas. Sob ela se encontra, finalmente, uma terceira arena, em que os fluxos comunicativos dificilmente palpáveis determinam a forma da cultura política e, com o auxílio de definições da realidade, se rivalizam em torno do que Gramsci denominou hegemonia cultural. A ação recíproca entre as arenas não é fácil de fixar. Até agora, os processos na arena média parecem ter precedência. Por mais que falte a resposta empírica, nosso *problema prático* se deixa agora apreender, em todo caso, com mais concretude: todo projeto que quiser deslocar os pesos em favor de operações solidárias de controle tem de mobilizar a arena inferior em contraposição às duas superiores.

Nessa arena, não se disputa imediatamente sobre dinheiro ou poder, mas sobre definições. Trata-se da incolumidade e da autonomia de estilos de vida, por exemplo, da defesa de subculturas que se tornaram hábitos por meio das tradições ou da transformação da gramática de formas de vida transmitidas. Para uns, os movimentos regionalistas, para os outros, os movimentos feminista ou ecológico, fornecem os exemplos. Essas lutas permanecem latentes na maior parte, elas se movem no microdomínio das comunicações cotidianas, condensam-se somente de vez em quando em discursos públicos e em intersubjetividades de grau mais elevado. Sobre tais palcos, podem-se formar esferas públicas autônomas que também entram em comunicação umas com as outras, tão logo o potencial de auto-organização e de uso auto-organizado de meios de comunicação é utilizado. Formas de auto-organização reformam a capacidade coletiva embaixo de um umbral em que os objetivos das organizações são substituídos pelas orientações e atitudes dos membros das organizações e onde os objetivos se tornam dependentes dos interesses de conservação de organizações autonomizadas. A capacidade de ação das organizações próximas à base permanecerá sempre atrás de sua capacidade de reflexão. Isso não precisa ser obstáculo algum para vencer aquela tarefa que se desloca ao primeiro plano no caso da continuação do projeto do Estado de bem-estar social. As esferas públicas autônomas precisariam alcançar uma combinação de poder e de autolimitação inteligente que poderia tornar suficientemente sensíveis os mecanismos de autocontrole do Estado e da economia perante os resultados orientados a fins da formação democrático-radical da vontade. É de supor que isso só poderá ter sucesso se os partidos políticos abandonarem *uma* de suas funções, sem contrapartida, isto é, sem dar lugar simplesmente a um equivalente funcional: a função de *gerar* a lealdade das massas.

Essas considerações se tornam tanto mais provisórias, e mesmo pouco claras, quanto mais elas tateiam pela terra de ninguém normativa. Já as delimitações negativas são mais simples. O projeto de Estado de bem-estar social, que se tornou reflexivo, faz a despedida da utopia ligada à sociedade do trabalho. Esta se orientara pelo contraste de trabalho vivo e trabalho morto, pela ideia de atividade autônoma. No entanto, ela precisou pressupor aí as formas de vida subculturais dos trabalhadores industriais como uma fonte de solidariedade. Ela precisou pressupor que as relações cooperativas na fábrica até mesmo reforçariam a solidariedade espontaneamente incorporada da subcultura operária. Porém, nesse meio-tempo, elas foram amplamente decompostas. E é de algum modo duvidoso que sua força de fundar solidariedade no posto de trabalho possa se regenerar.

Seja como for, o que era pressuposto ou condição marginal para a utopia ligada à sociedade do trabalho se torna hoje um tema. E com esse tema se deslocam os acentos utópicos do conceito de trabalho para o da comunicação. Eu me limito a falar de "acentos", visto que, junto com a mudança de paradigma da sociedade do trabalho para a sociedade da comunicação, também o tipo de associação com a tradição utópica se altera.

Certamente, com a despedida dos conteúdos utópicos da sociedade do trabalho de modo algum se fecha, de modo geral, a dimensão utópica da consciência histórica e da confrontação política. Se o oásis utópico se resseca, propaga-se um deserto de banalidades e perplexidades. Continuo com minha tese segundo a qual a autocertificação da modernidade, hoje como ontem, é incitada por uma consciência da atualidade na qual o pensamento histórico e o utópico se fundem um no outro. Mas, junto com os conteúdos utópicos da sociedade do trabalho, desaparecem duas ilusões que enfeitiçaram a autocompreensão da modernidade. A primeira ilusão surge de uma falta de diferenciação.

Nas utopias da ordem, as dimensões da felicidade e da emancipação se confluíam com aquelas da intensificação do poder e da produção de riqueza social. Os projetos de formas de vida racionais entravam em uma simbiose ilusória com a dominação racional da natureza e com a mobilização das energias sociais. A razão instrumental desencadeada em forças produtivas e a razão funcionalista desdobrando-se em capacidades de organização e planejamento deveriam abrir caminho para a vida humanamente digna, igualitária e ao mesmo tempo libertária. Por fim, o potencial das relações de entendimento deveria proceder, sem mais, da produtividade das relações de trabalho. A persistência dessa confusão se espelha ainda na inversão crítica, quando, por exemplo, as operações de normalização de macro-organizações centralistas são jogadas no mesmo saco que as operações de universalização do universalismo moral.[12]

Ainda mais incisiva é a renúncia à ilusão de método que se vinculara aos projetos de uma totalidade concreta de possibilidades futuras de vida. O conteúdo utópico da sociedade da comunicação se reduz aos aspectos formais de uma intersubjetividade incólume. Mesmo a expressão "situação ideal de fala" conduz ao erro, na medida em que sugere uma forma concreta de vida. O que se deixa distinguir normativamente são as condições necessárias, mas universais, para uma práxis comunicativa cotidiana e para um procedimento de formação discursiva da vontade que poderiam colocar os *próprios* participantes em condição de realizar, por iniciativa *própria*, as possibilidades concretas de uma vida melhor e menos arriscada, segundo as necessidades e os discernimentos *próprios*.[13] A crítica à utopia, que de Hegel até nossos dias, passando por Carl Schmitt, pichou nas paredes o mau agouro [*Menetekel*] do jacobinismo, denuncia com injustiça a irmanação supostamente inevitável da utopia com o terror. No entanto, é utopista a confusão de uma infraestrutura comunicativa altamente desenvolvida de formas de vida *possíveis* com uma totalidade determinada, apresentando-se no singular, da vida bem-sucedida.

---

12 Cf. a respeito Lyotard, *Das postmoderne Wissen*; de maneira crítica, Honneth, Der Affekt gegen das Allgemeine, *Merkur*, p.893 et seq.
13 Apel, Ist die Ethik der idealen Kommunikationsgemeinschaft eine Utopie?, p.325 et seq.

6
Esclarecimentos

Para um autor, é sempre irritante ver como na esfera política, e mesmo na científica e na literária, pensamentos de alguma maneira diferenciados são não apenas recebidos seletivamente e mutilados tendenciosamente, como também são invertidos no simples contrário com bastante frequência. No entanto, ainda mais irritante é a experiência de que cada tentativa de uma diferenciação de papéis e gêneros de textos acaba incorrendo no vazio. Na Alemanha, só se pode ser manifestamente político, cientista ou publicista – ou justamente um filósofo com atitudes cifradas, que quer ser tudo isso de uma vez só. Por isso, sou grato pelas oportunidades de arrumar as coisas. As conversas com A. Honneth, E. Knödler-Bunte e A. Widmann ocorreram no verão de 1981, em Berlim e Starnberg. Elas se destinavam a servir também de elucidação para a *Teoria da ação comunicativa*, publicada naquele momento. Uma outra oportunidade se apresentou com a retomada de minha atividade de ensino em Frankfurt, em abril de 1983. As questões por escrito da *New Left Review* foram respondidas por mim em novembro de 1984. As questões foram levantadas por Perry Anderson e Peter Dews. O prosseguimento da entrevista, conduzido *face to face*, eu o deixo de lado por razões de extensão.

Dialética da racionalização

Sobre a tradição da teoria crítica

Honneth: Eu vou tentar iniciar com uma sinopse sucinta sobre os temas que queremos abordar ao longo da discussão. Em um primeiro momento, pretendemos detalhar sua posição no interior da Teoria Crítica, a fim de tocar, em segundo lugar, nos déficits dela, tal como eles se apresentam em sua opinião. Em um terceiro momento, mais sistemático, trata-se de abordar os elementos fundamentais de sua própria teoria, tal como se apresentam agora em seu novo livro. Quando se tem o extenso manuscrito diante dos olhos, isso fica certamente muito difícil e complicado. Então, interessa-nos a aplicação dessa teoria aos problemas políticos e aos conflitos do presente. E bem no fim nos propomos falar a respeito de questões como ciência como vocação, a academização do marxismo e da teoria social, os problemas concernentes ao modo de produção da Teoria Crítica. Como um marxismo integrado ao sistema científico pode se proteger contra o perigo da perda de experiência e da ciência que satisfaz com ela própria? Ou, para dizer com poucas palavras, como a ciência crítica se deixa conduzir hoje racionalmente?

Habermas: Isso tudo não é muito claro para mim mesmo.

Honneth: De um ponto de vista jornalístico, o senhor é considerado o representante mais jovem da Teoria Crítica. O senhor se apropriou dessa tipificação?

Habermas: Eu sempre me senti superestimado nesse aspecto. Afinal, foram os "velhos" que haviam produzido a Teoria Crítica, nos anos 1930. Para mim, Lukács foi o caminho até o jovem Marx. Adorno desempenhou certamente um papel, digamos, eletrizante. Foi com ele que pela primeira vez tive a experiência de que é possível proceder com Marx de uma maneira não apenas histórica.

Knödler-Bunte: Mas não se tratava de uma leitura antes de tudo filosófica de Marx?

Habermas: Para mim, naquela época, nos anos 1950, nem o Marx historicizado nem a teoria do capitalismo tinham importância, mas o Marx dos *Manuscritos econômico-filosóficos*, dos *Grundrisse*. Marx como teórico da reificação.

Como teórico da economia, eu só levei a sério Marx quando li, em 1958, de Sweezy, a *Teoria do desenvolvimento capitalista*. Adorno dizia sempre (e isso é claramente um modo filosófico típico de proceder com os textos): a literatura secundária é irrelevante; ele chamava Marx e Freud de clássicos. Ele me abriu os olhos também para o fato de que é preciso esgotar, em primeiro lugar, o texto primário, mais precisamente, é preciso esgotá-lo de um ponto de vista sistemático, antes de entrar na história da recepção. Isso era novo para mim quando cheguei a Frankfurt, em 1956. Isso também me levou a ver Marx não mais da perspectiva "antropológica". Mas, seguramente, Marx nunca foi para mim, primariamente, um teórico da economia. Ele foi, é claro, também um teórico da política, que tinha retomado as tradições das revoluções burguesas e de suas assimilações teóricas, tanto na forma jacobina como também na forma de Thomas Paine. Contudo, só é possível estar assim no interior de tradições quando elas são também transformadas e criticadas. Isso é uma trivialidade hermenêutica: só permanecem vivas as tradições que alteram a si mesmas nas situações alteradas. Isso concerne também à minha relação com o círculo de Frankfurt mais antigo. Eu sou mais jovem do que os "velhos" em mais do que uma geração inteira, se posso dizer isso assim, e venho de um outro contexto de experiências. Por exemplo, sou o primeiro que não é judeu, alguém que no período nazista cresceu na Alemanha, que vivenciou a derrota do fascismo também de maneira completamente diferente. Só por essas razões, uma atribuição sem hiatos à Teoria Crítica não é possível. Fora isso, o passado intelectual do Instituto de Pesquisa Social, quando lá me tornei assistente de Adorno, em 1956, não era propriamente presente.

Honneth: Quais eram então para o senhor as tradições vivas, quando a Teoria Crítica dos anos 1930 era quase desconhecida?

Habermas: Aquilo a que reagi de início – filosófica e literariamente – são as tradições de esquerda dos anos 1920. Por exemplo, eu li Lukács muito cedo durante meus estudos, embora na época isso não estivesse *in pattern*. O ponto de virada foi a crítica jovem-hegeliana, como interpretada na época por Löwith, ainda de um modo próprio da história das ideias, mas extraordinariamente iluminadora. Era estimulante o olhar da crítica jovem-hegeliana àquilo que nós todos vivemos aqui, àquilo que se desenrolou entre Kant e Hegel, incluindo Hölderlin. Retrospectivamente, tenho a impressão muitas vezes de que um estudante que trabalhara exaustivamente de Kant até Hegel, incluindo Schelling, com um interesse sistemático e que depois avançara até Marx por meio de Lukács podia *reinventar*, por assim dizer, um pouco da Teoria Crítica dos anos 1930. Eu não gostaria que se entendesse isso como arrogância. Quando me confrontei com Adorno no final dos anos 1950 e não apenas li o que ele escreveu, mas também o ouvi falar sobre Durkheim, Hegel, Freud nos seminários, então não era tão difícil imaginar a procedência de seus pensamentos, mesmo que não se conhecesse a *Zeitschrift für Sozialforschung* [Revista de pesquisa social]. Quando esse continente submerso reemergiu mais tarde – na verdade só nos anos 1960, graças à revolta estudantil –, quando nós, assistentes no Instituto, também tomamos consciência dele pela primeira vez corretamente, não tive a impressão de que algo inteiramente novo se acrescentava.

Widmann: Quando o senhor chegou a Frankfurt, não se instalou no Instituto de Pesquisa Social e consultou o material antigo?

Habermas: Ele não existia.

Knödler-Bunte: Havia a *Zeitschrift*, na qual se encontravam os antigos ensaios...

Habermas: Ela não existia. Horkheimer tinha um grande medo de que fôssemos até a caixa, no porão do Instituto, onde se encontrava uma coleção completa da *Zeitschrift*. Contudo, se tivéssemos tido uma forte necessidade, poderíamos ter lido isso tudo, pois a *Zeitschrift* era acessível com Carlo Schmid no Instituto.

Knödler-Bunte: Como o senhor chegou a Frankfurt propriamente, e o que o encontrou lá?

Habermas: Quando cheguei a Frankfurt, me chamou a atenção que Horkheimer e Adorno se referissem pouco à filosofia contemporânea que eu conhecera em Bonn. Eu também nunca acreditei que Adorno tivesse lido Heidegger intensivamente. Por muito tempo, não sabia se ele lera mais que algumas frases. Essa seletividade – não havia Jaspers, a fenomenologia –, isso era um pouco exótico. Só nos anos 1970, quando li postumamente a aula inaugural de Adorno e o ensaio sobre a história natural, tornou-se claro para mim tudo o que Adorno tinha na cabeça quando era um homem novo. De um ponto de vista subjetivo, eu me sentira como alguém que acolhe as tradições filosóficas e científicas com um pouco mais de desenvoltura, em comparação com a seleção muito estreita de textos "admitidos", quase formando dogmas. Por causa do meu, digamos lá, acesso mais sistemático, eu fui percebido primeiramente como um elemento estranho por colegas de mesma idade no seminário de filosofia. Acrescia-se que se tornava claro para mim que os anos 1920, nos quais vivera minha época de estudante em termos teóricos, eram justamente os anos 1920. Isso funcionou como um impulso para receber a sociologia americana, por exemplo. A filosofia analítica veio mais tarde. A "ciência burguesa", uma categoria dessa espécie nunca existiu para mim. Nas ciências estabelecidas, havia precisamente coisas úteis e pouco úteis. Para mim, em princípio, era capaz de conexão tudo o que tivesse um elemento cognitivista, um elemento estruturalista ou hermenêutico, tudo o que permitia decifrar os objetos por dentro.

Honneth: Em que residia então sua afinidade com a Teoria Crítica, incluindo o plano pré-teórico?

Habermas: Eu havia lido Lukács, como mencionado, e visto com um interesse informado pelos jovens hegelianos o limiar entre Kant e o idealismo "objetivo". A par disso, vinham meus interesses pela política da ordem do dia, cada vez mais fortes. Eu havia lido *História e consciência de classe* ao mesmo tempo com fascínio e com o lamento de que essas coisas pertencessem a um contexto do passado. Depois li a *Dialética do Esclarecimento* e as primeiras coisas de Adorno publicadas depois da guerra. Isso me deu coragem para ler Marx de um ponto de vista sistemático, e não apenas histórico. Teoria Crítica, uma Escola de Frankfurt, isso não havia na época. A leitura de Adorno me deu coragem para retomar sistematicamente o que Lukács e Korsch apresentaram em termos históricos: a teoria da reificação como uma teoria da racionalização, falando com o conceito de Max Weber.

Na época, meu problema já era pensar a respeito de uma teoria da modernidade, uma teoria das patologias da modernidade, sob o ponto de vista da realização, da realização deformadora da razão na história.

Assim, a *Dialética do Esclarecimento* se tornou naturalmente uma chave. Quando depois conheci Adorno e vi o quão vertiginosamente ele falava de repente sobre o fetichismo da mercadoria... aplicava esse conceito aos fenômenos culturais e ao cotidiano, isso foi a princípio um choque. Mas depois pensei: é uma tentativa de fazer parecer que Marx e Freud – sobre os quais Adorno fala tão ortodoxamente – *fossem contemporâneos*.

Knödler-Bunte: Onde o senhor via então os déficits da Teoria Crítica?

Habermas: Para mim, as coisas não se passavam assim na época. Para mim, não havia nenhuma Teoria Crítica, nenhuma doutrina coesa de alguma maneira. Adorno escrevia ensaios de crítica cultural e de resto fazia seminários sobre Hegel. Ele atualizava um certo pano de fundo marxista, e era isso.

Só as pessoas jovens e inteligentes no final dos anos 1960 redescobriram a primeira Teoria Crítica, elas me fizeram tomar consciência com mais clareza de que a teoria social precisava ter um caráter sistemático antigamente.

O que para mim, retrospectivamente, aparece como debilidades da Teoria Crítica pode ser colocado sob as rubricas "fundamentos normativos", "conceito de verdade e relação com as ciências" e "subestimação das tradições ligadas ao Estado democrático de direito". Com a questão sobre os fundamentos, não se é querido naturalmente em todos os círculos ligados a Adorno. Nos anos 1930, o antigo círculo de Frankfurt se valia ainda explicitamente de um conceito de razão, desdobrando-o em termos de filosofia da história, mais precisamente, pela via de uma apropriação da filosofia burguesa ao modo da crítica da ideologia. Isso vemos no livro de Horkheimer sobre os começos da filosofia burguesa da história e, sobretudo, nos muitos ensaios da *Zeitschrift*, inclusive os 37 ensaios de Marcuse e Horkheimer em que ambos estão convencidos de que os ideais burgueses – tanto na arte como na filosofia –, embora com determinadas restrições, são atuais como potencial. Eles podem recorrer a isso porque, como teóricos sociais marxistas, eles se fiavam ainda de certo modo na ideia de que, se já não há em absoluto o proletariado em sua forma lukacsiana, então os grupos políticos, no horizonte do movimento operário europeu, seriam impelidos, com o desdobramento das forças produtivas, a liberar o potencial racional da sociedade burguesa e, com isso, a realizá-lo historicamente. Eu chamo isso de conceito de razão "próprio da filosofia da história".

Os frankfurtianos começaram a duvidar dele no curso dos anos 1930, e os resultados são a *Dialética do Esclarecimento* e o *Eclipse da razão*. O significado filosófico de Adorno, eu o vejo agora no fato de que ele foi o único que desenvolveu e soletrou de ponta a ponta, sem reservas, as aporias dessa construção teórica da *Dialética do Esclarecimento* que declara o todo como o não verdadeiro. Nesse sentido da insistência crítica, ele foi um dos pensadores mais sistemáticos e consequentes que eu conheço. Contudo, é possível tirar do resultado diversas consequências: ou se continua a mover-se no exercício iluminador de uma filosofia negativa para discernir e suportar o discernimento de que, se há uma centelha de razão, ela só existe ainda na arte esotérica; ou se dá um passo atrás e se diz que Adorno mostrou que é preciso remontar novamente para aquém da dialética do Esclarecimento, visto que não se pode viver como cientista com as aporias de uma filosofia que nega a si mesma. Caso se leve a sério a *Dialética negativa* e a *Teoria estética* de Adorno, e se queira distanciar deste cenário beckettiano mesmo que apenas um passo, então é preciso se tornar algo como um pós-estruturalista. Esse passo Adorno não deu. Isso ele teria visto como uma traição à herança da razão da Teoria Crítica. Eu creio que a Teoria Crítica em sua forma mais consequente não pode mais se referir a uma forma qualquer de análise empírica ou apenas de análise discursiva de condições sociais. Isso tem a ver com o segundo ponto crítico, com um conceito de verdade recolhido de Hegel, que os antigos frankfurtianos jamais abandonaram e que é incompatível com o falibilismo do trabalho científico.

Para mim, tornou-se muito relevante o terceiro ponto: no plano da teoria política, os antigos frankfurtianos não levaram muito a sério a democracia burguesa. Estes são os três déficits mais importantes da Teoria Crítica, tal como eu a vejo hoje.

Déficits da Teoria Crítica

Honneth: Creio que agora é o momento de passar dessa enumeração dos déficits sistemáticos da tradição da Teoria Crítica para os meios construtivos que o senhor elegeu nesses três campos para suplantar os déficits mencionados. Nesse caso, a questão consistiria em saber de que modo o senhor reparou os déficits normativos da Teoria Crítica, de que modo o senhor transformou o conceito de verdade e de que modo o senhor avaliou diferentemente as conquistas da democracia burguesa. Que meios havia para se sair melhor nesses três planos?

Habermas: Bom, agora só posso dar algumas elucidações programáticas. Eu devo à recepção tanto da variante hermenêutica como da variante analítica da teoria da linguagem (pode-se dizer também: de uma leitura de Humboldt esclarecida por meio da filosofia analítica) a intuição central que explicitei em minha *Teoria da ação comunicativa*. É a intuição segundo a qual se inscreve na comunicação linguística um *telos* de entendimento mútuo. Lançando mão desse fio condutor, chega-se a um conceito de racionalidade comunicativa que – dito de passagem – também coloca no fundamento os poucos proferimentos afirmativos de Adorno a respeito de uma vida não falsa. Quando Adorno, na *Minima moralia*, diz de fato, em um certo momento, aquilo a que se refere enfim não só com o relacionamento mimético com a natureza, mas também com o relacionamento mimético dos seres humanos entre si, ele cita a "proximidade distante" de Eichendorff. Se é assim, ele retorna a categorias da intersubjetividade das quais de hábito mantém distância de um ponto de vista filosófico.

Bem, até aqui se trata da tentativa de certificar-se, com os meios da pragmática – isto é, com os meios de uma análise das propriedades universais da ação orientada ao entendimento – de um conceito de razão. Naturalmente, isso não pode ser senão um primeiro passo. O próximo passo deve tornar aplicável o conceito de racionalidade comunicativa às relações sociais, aos contextos institucionalizados de interação. Nesse ponto, para não entrar na cilada de um fundamentalismo, de um transcendentalismo linguístico, é preciso fazer uma reserva. Marx fundamentou, na "Introdução à crítica da economia política", de 1857, em que sentido a categoria do trabalho é um conceito universal, aplicável a todas as sociedades. Pois ele mostra aí como, na medida em que o modo de produção capitalista se impôs, foram preenchidas pela primeira vez, objetivamente, as condições sob as quais ele, Marx, teve a possibilidade de conquistar acesso ao discernimento do caráter universal da categoria "trabalho".

Em termos de método, da mesma maneira, seria preciso tornar claro, também para uma semelhante teoria da comunicação, como o desenvolvimento até o capitalismo tardio preencheu objetivamente as condições sob as quais podemos reconhecer que nas estruturas do entendimento linguístico se encontram universais, os quais geram inclusive os critérios de uma crítica que já não deve mais ser fundamentada na filosofia da história.

Honneth: Um conceito de entendimento comunicativo, próprio da teoria da linguagem, seria, portanto, o meio categorial para reparar o déficit normativo da Teoria Crítica?

Habermas: Sim. Agora, sobre o segundo ponto, creio que os frankfurtianos se aferraram a um conceito de teoria, a um conceito de verdade que se apoia no conceito enfático de razão da tradição filosófica. É o mesmo conceito que, na formulação "razão instrumental", retorna de modo irônico. Com efeito, a "razão" não deve recobrir justamente apenas as intenções de verdade, no sentido estrito em que falamos da verdade de enunciados. Pelo contrário, a razão deve mostrar em sua unidade os momentos racionais que foram decompostos em todas as três críticas kantianas: a unidade da razão teórica com o discernimento prático-moral e com a faculdade de julgar estética.

Quando se faz ciência, e quando se faz filosofia nesse quadro, é preciso lidar, no entanto, só com pretensões de verdade. Por conta disso surge um embaraço. De um lado, a conceitualização da teoria enfática deve estar talhada para "verdades" das quais os momentos morais e estético-expressivos ainda não estão apartados; de outro lado, também uma teoria crítica da sociedade precisa proceder cientificamente; ela só pode fazer enunciados que se vinculam a uma pretensão de verdade proposicional. Trata-se agora de uma outra formulação do mal-estar que os cientistas sociais hegelianizantes sempre sentiram em face dos procedimentos empíricos. Ora, caso não tomemos o caminho de Adorno rumo à *Dialética negativa*, um caminho de recusa das ciências sociais; caso nos envolvamos com linguagens teóricas especializadas em questões de verdade no sentido mais estrito; então é preciso ver como, no interior da formação de teorias nas ciências sociais e, mais ainda, no interior da formação de teorias na filosofia, é possível fazer valer os âmbitos de experiência tanto do estético-expressivo como do prático-moral sem redefinições empíricas, sem ameaçar os pressupostos das descrições teóricas. Esse é o problema das *abordagens teóricas não positivistas nas ciências sociais*.

As abordagens hermenêuticas asseguram a conexão com o âmbito de experiência da linguagem comunicativa cotidiana, definida diretamente por uma não diferenciação entre questões de verdade, questões de justiça e questões de gosto (caso os senhores queiram separá-las de modo tão kantiano). Um outro exemplo é a teoria freudiana. Ela se deixa inspirar por um conceito de "consciência" ou de "eu" – lembremos conceitos como "controle pulsional consciente", "forças do eu" etc. – que não podem ser explicitados sem ao mesmo tempo entrar nos elementos prático-morais do conceito kantiano de autonomia (ou também do hegeliano), e muito seguramente sem recorrer aos elementos estético-expressivos de um "isso" que veio a ser "eu" ["*Ich*"-*gewordenes* "*Es*"].

Assim como as abordagens de pesquisa não objetivistas no interior das ciências humanas fazem valer os pontos de vista da crítica moral e estética sem ameaçar o primado das questões de verdade, há também contramovimentos nos próprios âmbitos da moral e da estética. Certamente, as éticas cognitivistas separam os problemas da vida boa, de maneira que do bom não reste senão o justo. Mas a discussão sobre a ética da responsabilidade e da convicção e a consideração mais forte de motivos hedonistas voltam a colocar em jogo depois os pontos de vista do cálculo de consequências e da interpretação de necessidades, os quais se situam no âmbito de validade do cognitivo e do expressivo. Também a arte que se tornou autônoma insiste em uma demarcação cada vez mais pura de experiências estéticas fundamentais. Mas hoje a arte pós-vanguardista se caracteriza afinal pela simultaneidade notável de orientações realistas e políticas com os prosseguimentos autênticos da modernidade clássica, a qual preparara o sentido intrínseco do estético. Ou seja, com a arte realista e engajada no nível da riqueza formal que a vanguarda liberou, os momentos do cognitivo e do prático-moral voltam a ganhar validade.

Tudo se passa como se, em tais movimentos contrários às unilateralizações radicais, os momentos diferenciados da razão quisessem remeter de novo a uma unidade. Uma unidade, contudo, que só pode ser reconquistada aquém das culturas de especialistas, em uma práxis cotidiana não deformada.

O terceiro déficit (a teoria da democracia) tem a ver com assuntos ligados à lógica do desenvolvimento. Uma vez que sou da opinião que se pode mostrar que as características formais do sistema jurídico e constitucional burguês, de suas instituições políticas de modo geral, indicam uma conceitualização no pensamento e na interpretação prático-moral que pode ser vista como superior, se comparada ao que estava embutido, por assim dizer, nas categorias morais das instituições jurídicas e também das instituições políticas das sociedades tradicionais.

Knödler-Bunte: Superiores em quê?

Habermas: Superiores no que concerne à capacidade de responder moralmente às questões práticas. Quando se lê Marx corretamente, pode-se ver que, nas instituições do Estado burguês, incorporam-se ideias que fazem parte da herança que merece ser conservada em uma sociedade socialista.

Pode-se dizer naturalmente que o horizonte no qual a Teoria Crítica mais antiga percebeu sua história de época se encontrava tão obscurecido que não era mais identificável nenhum elemento do que poderia ser reclamado como razão, como conteúdo utópico no sentido de Bloch.

Knödler-Bunte: Por outro lado, como se sabe, a crítica da razão instrumental se depara com uma situação de recepção aguda notável; com "expectativas de final dos tempos", medos de catástrofes, presentes em muitíssimos movimentos, ao passo que a construção proposta pelo senhor conta com uma forma de integridade da sociedade civil, pelo menos na medida em que ela deve ser capaz de constituir determinadas formas e mecanismos estruturais marcados pela racionalidade. Bem concretamente e sem ser filosófico: creio que existem mecanismos de autonomização institucional, simplesmente devido a uma determinada grandeza, devido a uma centralização, devido ao desacoplamento ou ao ofuscamento das possibilidades de reacoplamento, que colocam em marcha uma espécie de maquinaria descontrolada, com riscos inteiramente novos, o que E. P. Thompson designa como "exterminismo", como lógica de autoextinção.

Habermas: Sim, faz uma diferença se o senhor *de modo geral* vê uma racionalidade comunicativa inserida na práxis cotidiana ou no mundo da vida, e ainda em modos de vida tradicionalmente incorporados, ou se o senhor abandona de antemão, ou deixa difusamente no pano de fundo, o critério com que o senhor poderia criticar afinal as tendências de autonomização. Parece-me que, da perspectiva da *Dialética do Esclarecimento*, o autodesmentido da razão estava a tal ponto amadurecido que Horkheimer e Adorno – aliás, também Pollock, com sua teoria do capitalismo de Estado – viram as instituições políticas completamente esvaziadas de todos os vestígios da razão; todas as instituições sociais e também a práxis cotidiana. Para eles, a razão se tornara utópica no sentido literal, havia perdido qualquer lugar; e isso colocou em cena depois toda a problemática da *Dialética negativa*.

No momento, quero apenas lembrar uma vez mais que se deve explicitar a conceitualização que permite criticar as particularidades, sem que se entre em embaraços quando se é interrogado depois sobre quais pontos de vista, com a ajuda de quais critérios, sob qual luz essa crítica se efetua propriamente. É nesse embaraço que entra a Teoria Crítica mais antiga, ainda que Adorno a tenha tornado fecunda sistematicamente mais tarde na qualidade de embaraço, na medida em que pretendia ainda salvar o particular como o ferido, o intangível como a vítima que tem de escapar de todo acesso discursivo, identificante, do pensamento. Adorno se colocou essa questão, só que de uma maneira que depois não faz parecer ter muito sentido na realidade analisar efetivamente os fenômenos sociais para os quais o senhor aponta concretamente, por exemplo, a dinâmica própria do armamentismo, do crescimento econômico, da burocratização etc.

Honneth: É claro que na tradição marxista não é uma proposta incomum valorizar primeiramente como conquista as instituições da democracia burguesa com o termo "democracia formal". Sem dúvida, a perspectiva adorniana é antes de tudo uma perspectiva estranha na teoria marxista, já que ela, sob a pressão do fascismo, faz desvanecer as diferenças entre sistemas políticos distintos.

Habermas: Sim, seria possível reproduzir isso em uma escala (são meios auxiliares tão positivistas): de um lado, há os teóricos da continuidade, da Segunda Internacional; o progresso recebe aí algo de evolucionário, em um sentido que eu não o defenderia; de outro lado, encontram-se justamente Benjamin, Bloch, alguns anarquistas, os teóricos da descontinuidade total.

Embora eu tenha algo contra a virtude aristotélica da moderação e do caminho do meio, em uma questão como esta sinto-

-me impelido ao centro. Em todo caso, é preciso considerar como uma questão empírica saber em que situações históricas podem e devem ser observadas continuidades mais fortes com formações sociais declinantes, e em que situações quase tudo deveria ser negado, caso se queira dar um passo, por menor que seja, em direção à emancipação.

Dialética da racionalização: motivos do novo livro

Honneth: Talvez se possa colocar agora a questão global de como esses motivos se inserem em seu livro, anunciado para o outono deste ano; ou seja, como os fios teóricos diversos nos quais o senhor tem trabalhado durante os últimos dez anos se juntam no projeto de uma teoria da ação comunicativa...

Knödler-Bunte: Adorno costumava dizer sempre em tais contextos: agora o senhor diga isso com suas próprias palavras.

Habermas: No essencial, há quatro motivos centrais que alojei nesse monstro. O primeiro motivo é a tentativa de uma *teoria da racionalidade*. Isso é muito difícil, ainda mais hoje, quando, obviamente sob o signo de um Nietzsche renovado de modo questionável, o relativismo tomou vantagem em todas as variantes possíveis. Eu abordo esse problema talvez de um modo um pouco direto demais, mas de qualquer forma em confronto com contra-argumentos importantes. Por exemplo, eu me reporto aos debates sobre racionalidade na Inglaterra, ocorridos no começo dos anos 1970 entre alguns filósofos analíticos e antropólogos. Na época, um lado quis tornar forte a tese segundo a qual toda cultura, toda forma de vida, todo jogo de linguagem seria uma totalidade fechada em si mesma, constituindo critérios de racionalidade próprios e incomparáveis. Em conexão com essa discussão, tentei tornar mais plausível minha abordagem para todos aqueles para os quais uma teoria da racionalidade comunicativa seria, antes de tudo, uma exigência assustadora, para aqueles que não colocam na boca uma palavra tão áspera como racionalidade sem ruborizar. Nesse ponto, estou consciente de que uma época em que aquela tragédia que Lukács descreveu como "destruição da razão" se torna reprise comediante em nossos folhetins liberais não é particularmente favorável a um cometimento dessa espécie.

O segundo motivo, não inteiramente tão extemporâneo, eu o desenvolvo na forma de uma *teoria da ação comunicativa*, que se tornou fecunda para uma série de problemas antes de tudo teóricos, como a teoria da argumentação. Mas, sobretudo, gostaria de mostrar que um tal começo pela ação orientada ao entendimento é útil para fins de teoria social. Só durante a escrita se tornou claro para mim – e por isso eu joguei fora minhas primeiras versões – que as discussões anglo-saxãs sobre teoria da ação, da linguagem e do significado se autonomizaram como *l'art pour l'art*. Afinal, retêm-se representações magníficas, costuradas conceitualmente de maneira pedante, sobre o que é a interação social, mas não se sabe mais para quê. Isso me levou a apoiar-me mais fortemente na história da teoria, por exemplo, na teoria de George Herbert Mead sobre a interação simbolicamente mediada, para mostrar que nessa tradição pragmatista já se inscrevia aquele conceito de racionalidade. Além disso, retomei Durkheim, mais precisamente, li Durkheim, o que não é tão usual, sob os pontos de vista da teoria da evolução. Eu decifrei a perspectiva do desenvolvimento da solidariedade mecânica para a orgânica com o auxílio do conceito de racionalidade comunicativa. Por fim, remontei a Max Weber, a fim de tratar um tema substancial. Pois não queria mostrar apenas em princípio como a teoria da ação comunicativa pode vir a ser fecunda para a teoria social.

Tratava-se para mim de um terceiro motivo, ou seja, da *dialética da racionalização social*. É claro, este já era o tema central da *Dialética do Esclarecimento*. Eu queria mostrar que, com os conceitos da teoria da comunicação, é possível desenvolver uma *teoria da modernidade* que possua a seletividade analítica necessária para os fenômenos de patologia social, ou seja, para o que na tradição marxiana foi concebido como reificação. Para esse fim, eu *desenvolvi* — talvez seja um quarto motivo — *um conceito de sociedade que reúne teoria dos sistemas e teoria da ação*. Visto que a teoria social hegeliano-marxista desdobrada em categorias de totalidade se decompôs em seus elementos, quer dizer, por um lado em teorias da ação, por outro em teorias de sistemas, a tarefa atual consiste em reunir esses dois paradigmas de uma maneira não trivial, ou seja, não de maneira meramente eclética e aditiva. Assim, pode-se conferir à crítica da razão instrumental, que não pode mais ser levada adiante com os meios da Teoria Crítica mais antiga, a forma mais adequada de uma crítica da razão funcionalista.

Honneth: Por que uma teoria da racionalização? Também se poderiam pensar outras abordagens para uma teoria crítica da sociedade, por exemplo, uma teoria da capitalização, uma teoria de um grau determinado de divisão do trabalho. Por que o senhor se reporta justamente ao motivo da "racionalidade"? Por que a "racionalidade" se torna conceito-chave de uma teoria crítica da sociedade?

A Nova Obscuridade

Habermas: Eu poderia facilitar as coisas para mim na resposta e dizer: afinal, o conceito de razão instrumental já era a chave com que Horkheimer e Adorno reformularam o tema da reificação. Mas talvez eu deva lembrar primeiramente o pano de fundo, por assim dizer, em termos de psicologia da investigação. Que eu me tenha sentado finalmente nos fins de 1977 e começado a coisa para valer é algo que tem a ver com o seguinte (depois eu volto ainda ao "tema da racionalidade"). A situação política interna, que após o sequestro de Hanns-Martin Schleyer em 1977 se agravou em um estado de tensão semelhante ao de um *pogrom*, impeliu-me a sair da torre de marfim teórica e, digamos lá, a tomar partido no conflito político da ordem do dia.

Na época, eu levei a sério pela primeira vez as ideologias neoconservadoras que emergiram mais ou menos desde 1973, não me limitei a dar de ombros com a vivência de *déjà vu*, e passei a considerar a entrada em cena desses liberais tardios militantes, que entre nós se reportavam a Gehlen e C. Schmitt, como o signo de uma situação climática geral. Tentei tornar claro para mim o conceito de modernidade implicado nessas considerações, e de uma despedida da modernidade, de uma despedida da democracia radical e do Esclarecimento, das ideias que afinal sustentaram a República Federal da Alemanha. Isso era um lado. O outro lado era que acreditei entender um pouco melhor o significado do novo potencial de protesto, dos novos movimentos, com os quais não tinha originalmente nenhuma relação. Se tomarem em conjunto os dois fenômenos políticos, talvez os senhores entenderão que se formou na época, em minha cabeça, o esquema de interpretação que indicou a direção talvez não do livro todo, mas daquilo que desenvolvo ali na consideração final.

Isso é algo que eu talvez deveria explicar um pouco melhor. Ambos os lados, os neoconservadores e os críticos do crescimento, um mais articuladamente, o outro com frequência apenas difusamente, desenvolveram interpretações contrárias sobre essa situação em que entraram as sociedades ocidentais, com Reagan e a "Lady" de um lado, Mitterrand de outro – e Schmidt no centro – três décadas depois do último apuro. Ambas as interpretações, ideologias e esquemas interpretativos, seja lá como os senhores queiram chamar isso, assimilaram as consequências colaterais sociais desagradáveis de uma estabilização de nossas condições internas, aliás, consideravelmente bem-sucedida; uma estabilização alcançada com base no compromisso em torno do Estado de bem-estar social, social-democrata no sentido mais amplo, como diz Dahrendorf.

Honneth: O que o senhor quer dizer com isso?

Habermas: Apenas como rubrica: a democracia de massas ligada ao Estado de bem-estar social e o intervencionismo estatal formam um sistema que preserva de alguma maneira a dinâmica capitalista e então, com compensações conformes ao sistema (dinheiro, tempo livre de trabalho etc.) oriundas dos incrementos, paralisa os conflitos de classe tradicionais, sem tocar na grandeza dos investimentos privados, na estrutura da riqueza capitalista, e assim por diante. Essa máquina, no momento, não funciona mais da maneira correta; não *em termos econômicos* e não *em termos psicossociais*.

Em termos econômicos: uns tentam com o neo-neo-keynesianismo reforçado e os outros com Friedmann e os monetaristas, e o que resulta daí inicialmente é um deslocamento de problemas não resolvidos do mercado para o Estado, do Estado para o mercado, e de novo do mercado para o Estado. Nesse jogo de soma zero, os participantes de alguma maneira não compreenderam que os polos "Estado" e "sociedade", quando vistos da perspectiva histórica da modernização capitalista, são apenas dois lados da mesma moeda: a saber, sistemas de ação diferenciados pelos *media* de controle valor de troca e poder administrativo. Eles se condensaram em um complexo monetário-administrativo, autonomizaram-se em relação ao mundo da vida comunicativamente estruturado (com esfera privada e esfera pública) e se tornaram *supercomplexos* a olhos vistos. Com o crescimento econômico, em todo caso, ambos, Estado e economia, se tornam obrigatoriamente mais complexos (isso é o que os neoconservadores não veem). Têm a ver com isso, então, os conflitos que hoje possuem antes de tudo um conteúdo psicossocial: a defesa das formas de vida ameaçadas pela colonização interna. São acrescidos ainda os perigos militares drásticos, apenas momentaneamente afastados, de uma labilidade nunca dominada entre as superpotências com toda a loucura do armamentismo.

Quer dizer, a isso reagem agora as interpretações contrárias que há cinco, seis anos assumiram contornos mais nítidos. O que me interessa imediatamente é que ambos se voltam contra a herança do racionalismo ocidental (como diz Weber). Um lado faz isso em nome de um pós-modernismo rígido, que porta traços visivelmente voltados para trás, não importando que se recorra, como os neoconservadores norte-americanos, ao romantismo social do *pioneering capitalism*, ou que se mobilize, como nossos neoconservadores nativos, o Contraesclarecimento. O outro lado faz isso, na maior parte, com a proclamação de afetos antimodernistas. Eu só temo que entre essas duas síndromes que hoje se encontram em concorrência possa vir por água abaixo o que constitui, em minha opinião, a substância, digna de ser conservada, das tradições e inspirações genuinamente ocidentais.

Os neoconservadores gostariam de ater-se a qualquer preço praticamente, em todo caso de maneira consideravelmente raivosa, ao padrão capitalista de racionalização social. Eles dão prioridade ao crescimento da economia em detrimento do Estado de bem-estar social. Para os efeitos negativos dessa política sobre os âmbitos de vida socialmente integrados, sobre a família, a escola, a esfera pública política etc., deve ser instalado, ao mesmo tempo, um amortecedor, mais precisamente, um retorno à cultura pequeno-burguesa [*biedermeierlich*], às tradições desenraizadas, mas retoricamente ressuscitadas. Nunca a expressão de Luhmann quanto ao planejamento da ideologia foi tão verdadeira como hoje. Mas a retransferência dos problemas, que desde o século XIX foram deslocados do mercado para o Estado com boas razões e agora de novo para o mercado, ela dificilmente pode trazer a solução. Os problemas sobreviverão ao seu deslocamento de lá para cá entre os *media* dinheiro e poder. E como os estofos da tradição, dos quais as sociedades capitalistas se nutriram ao logo de séculos – e elas os consumiram sem poder regenerá-los –, como o tradicionalismo iria ser renovado justamente por uma consciência historicamente esclarecida é algo que não é claro para mim. Desdenhou-se aí da única reserva da qual podemos beber, a modernidade cultural.

Mas, nesse aspecto, existe infelizmente uma convergência digna de nota com a crítica do crescimento aguçada em termos antimodernistas. A desdiferenciação exigida é tanto menos uma solução quando não se distingue com clareza entre o represamento do complexo monetário-administrativo-militar e a redução da diferenciação estrutural de formas de vida. Os mundos da vida modernos são diferenciados e deveriam também permanecer diferenciados a ponto de não levarem ao diabo a reflexividade das tradições, a individualização dos sujeitos socializados e os fundamentos universalistas do direito e da moral. Espero que não se abra aí uma divisão de trabalho irônica: entre os neoconservadores apologéticos que tricotam um gibão para a sua razão funcionalista festejada e os jovens conservadores que vinculam cada vez mais sua sensibilidade para os altos riscos contemporâneos, que vinculam a defesa importante e corajosa de formas de vida ameaçadas e a exploração de novas formas de vida a uma espécie de recusa pós-estruturalista da razão.

Para voltar ao ponto de partida: o motivo verdadeiro que tive em 1977, quando comecei a escrever o livro, foi tornar claro para mim mesmo como se pode reformular a crítica da reificação, a crítica da racionalização, de modo a oferecer, por um lado, explicações teóricas para a fragilização do compromisso em torno do Estado de bem-estar social e para os potenciais de crítica ao crescimento dos novos movimentos sociais, sem abandonar, por outro lado, o projeto da modernidade, sem recair na pós-modernidade ou na antimodernidade, sem ser "rígido" ao modo neoconservador ou "selvagem" ao modo jovem-conservador.

Honneth: Portanto, os potenciais neopopulistas se fiam, em sua opinião, em um mal-entendido a respeito de si mesmos, na medida em que seguem a crítica à modernidade feita nos termos do pós-estruturalismo ou da filosofia da vida.

Habermas: É isso que penso; contudo, os senhores não podem ter agora a impressão de que se trata de um livro imediatamente político. É uma tentativa muito teórica de descobrir primeiramente em que medida é possível entender melhor as intenções políticas desses movimentos críticos do crescimento, quando se os separa de uma crítica à modernidade pura e simples. De início, isso é naturalmente um problema teórico, e se os senhores o lerem, notarão que ele se tornou um livro desesperadamente acadêmico.

Eu queria retomar o problema sistemático, a questão sobre os fundamentos normativos. Não seria possível – *pace* Adorno – explicitar um conceito de razão comunicativa que possa manter-se em pé contra o negativismo de Adorno, mais precisamente, que possa manter-se em pé de tal modo que conserve o que Adorno acreditou poder tornar visível de maneira sugestiva, indireta, somente pela via de autonegações contínuas e consequentes?

Adorno seguramente não teria concordado com isso. Isso tudo teria sido afirmativo demais para ele. Mas quando se está envolvido, como eu, na atividade científica, então é preciso se desligar de posições que, claramente, já estão com um pé no pós-estruturalismo; é preciso tentar tornar clara uma abordagem teórica que permita apoiar-se em abordagens científicas produtivas, a fim de recuperar a pretensão da Teoria Crítica mais antiga e dar satisfação a ela.

O que resulta daí poderia parecer como um retorno a posições a que visou outrora a Teoria Crítica nos anos 1930. "Retorno" naturalmente com muitas aspas, pois quero efetuar esse retorno sem comprar a filosofia da história que constitui o pano de fundo da Teoria Crítica. Esta foi uma resposta um pouco prolixa à sua pergunta sucinta: por que teoria crítica da sociedade como teoria da racionalidade?

Honneth: A respeito disso, duas questões ainda: o que significa racionalidade comunicativa, e como a estrutura da sociedade presente pode ser interpretada com esse conceito?

Habermas: Como disse, eu tento elaborar o conteúdo normativo da ideia de entendimento inscrita em linguagens, em comunicações. Isso leva a um conceito complexo que não significa somente que nós entendemos o significado dos atos de fala, mas significa também que são suscitados entendimentos entre os participantes de comunicações a respeito de normas, inclusive sobre vivências (a que cada um tem um acesso privilegiado e que só pela via de uma autoexposição expressiva perante os olhos de um público podem ser exteriorizadas, de modo que podem ser atribuídas a alguém como vivências próprias). Com isso, alude-se às três dimensões que estão envolvidas no conceito de racionalidade comunicativa: a relação do sujeito cognoscente com um mundo de eventos ou fatos, a relação do sujeito prático com um mundo de socialidade, na medida em que ele age e enreda-se em interações com os outros, e, por fim, a relação do sujeito apaixonado e sofredor, no sentido de Feuerbach, com a própria natureza interna, com sua subjetividade e com a subjetividade dos demais. Essas são as três dimensões que entram no campo de visão quando se analisam os processos de comunicações desde a perspectiva dos participantes. Mas disso faz parte então o mundo da vida, aquilo que os participantes da comunicação têm sempre às costas e pelo qual resolvem seus problemas de entendimento. Os membros das coletividades sociais partilham normalmente um mundo da vida. Este é dado na comunicação (mas também nos processos de conhecimento) sempre em uma forma peculiarmente pré-reflexiva constituída por suposições de fundo, por habilidades de fundo ou relações de fundo. O mundo da vida é a coisa digna de nota que se decompõe e desaparece perante nossos olhos tão logo queiramos trazê-lo *diante de nós* por partes. O mundo da vida funciona, no que concerne aos processos de comunicação, como recurso para aquilo que entra em proferimentos explícitos; mas, no instante em que esse saber de fundo entra em proferimentos comunicativos, em que se torna um saber explícito e, com isso, criticável, ele acaba perdendo justamente o caráter de certeza, o caráter de pano de fundo e de irretrocedibilidade que as estruturas do mundo da vida sempre possuem para seus membros.

Widmann: Nessa abordagem, deveria lhe interessar certamente a vida alternativa. Aqui, sem dúvida, é justamente o mundo da vida que deve ser criticado. Das discussões sobre os relacionamentos até as questões sobre tolerâncias distintas com o lixo, tenta-se discutir de maneira racional precisamente sobre as questões que de hábito permanecem afastadas de toda crítica.

Knödler-Bunte: E essas experiências não mostram que pela crítica e pela discussão racional o mundo da vida não precisa ser destruído, mas que podem formar também novos mundos da vida?

Habermas: Bem, seguramente não quero dizer que as tentativas de desenvolver estilos de vida alternativos desembocam na destruição de formas de vida. Só penso que é possível designar de mundo da vida apenas o recurso que não é tematizado, não é criticado diretamente. No momento em que um de seus elementos é escolhido e criticado, tornando-se acessível à discussão, esse elemento não faz mais parte do mundo da vida. Contudo, também considero impossível criar novas formas de vida ao falar e falar sobre as coisas. Mas, nesses estilos de vida alternativos, um elemento parece se distinguir com evidência dos estilos mais fortemente tradicionais: o horizonte ampliado que pode ser tematizado.

Isso é de novo muito característico do que eu, talvez com uma expressão um pouco dura, denomino a "racionalização do mundo da vida".

Considero isso inteiramente positivo.

De uma coisa os senhores não podem se esquecer, no entanto: a cada elemento alterado ou apenas aceito conscientemente, mesmo de um mundo da vida por assim dizer espreitado, experimentado e comprovado, contrapõe-se a massa enorme de todos os elementos que, mesmo mediante representações alternativas mais radicais, sequer passaram pelo limiar da tematização. O mundo da vida é para nós a tal ponto não problemático que não podemos de modo algum ter consciência de qualquer parte dele a partir de fragmentos livres, a bel-prazer. Que determinados elementos do mundo da vida se tornem problemáticos para nós é um processo objetivo, depende dos problemas que se impõem a nós de fora, objetivamente, porque algo se tornou problemático às nossas costas.

Knödler-Bunte: O senhor supõe também, como Agnes Heller, uma ontologia das estruturas do mundo cotidiano que todo ser humano possui?

Habermas: Para mim, Agnes Heller é um pouco antropológica demais. Sem dúvida, creio também que há estruturas universais do mundo da vida. Mas somente como uma infraestrutura elas estão envolvidas em formas de vida históricas, as quais só podem aparecer no plural e, além disso, se transformam na dimensão evolucionária.

Mais uma coisa, porém, sobre o problema da tematização do mundo da vida. A exigência do movimento estudantil de "escrutinizar" as regulamentações formais e as instituições consideradas até então evidentes por si mesmas não pode ser, a meu ver, simplesmente transposta para contextos informais do mundo da vida em geral.

Widmann: Mas *Autoridade e família* foi a base teórica do movimento por um jardim de infância alternativo... [*Kinderladenbewegung*]

Habermas: Sem tomar conhecimento do que era possível aprender então nos seminários de Oevermann e nos meus a respeito da situação de vida radicalmente alterada em comparação com os anos 1920 e 1930. Mas deixemos isso de lado; não quero bancar o professor aqui.

Honneth: Até agora se trata do conceito de racionalidade comunicativa. A que o senhor se refere com o conceito de racionalização? Ele se destina agora, se eu o vejo corretamente, a colocar na análise um ponto de vista dinâmico?

Habermas: Primeiramente, eu parti de Max Weber, na perspectiva da história da teoria. O que ele denomina processos de racionalização social – no essencial a institucionalização da ação racional com respeito a fins, sobretudo nos sistemas da economia e da administração – pode-se tornar claro como o processo de uma corporificação institucional de complexos de racionalidade. O próprio Weber os analisara em um outro plano, no plano cultural nomeadamente. Sobretudo na sociologia da religião. A racionalização social significa então que uma sociedade amplia suas instituições de base de maneira que faz uso de estruturas de racionalidade que estão culturalmente à disposição, por assim dizer.

O sistema econômico capitalista só pôde surgir, segundo a concepção de Weber, porque houve uma camada de empresários recrutados de seitas puritanas que trouxeram consigo os pressupostos éticos e motivacionais de uma conduta de vida racional e metódica; por outro lado, o modo de produção capitalista não poderia ter se imposto e estabilizado se não tivessem se institucionalizado relações jurídicas talhadas para sujeitos do direito privado que perseguem seus próprios fins respectivos de maneira estratégica e racional com respeito a fins. As estruturas cognitivas de um pensamento próprio da ética da convicção, guiado por princípios, subjazem ao sistema jurídico moderno, são corporificadas por essas instituições tanto quanto "se ancoram" nos motivos das camadas portadoras do capitalismo.

Honneth: Até aqui, Weber. Mas um conceito de ação comunicativa não deveria criar também uma outra base para o conceito de racionalização?

Habermas: Colocado em uma fórmula, minha crítica a Weber tem o seguinte teor: ele não vê a seletividade do padrão de racionalização capitalista. Ele não vê que no desenvolvimento capitalista são reprimidos os elementos que ele próprio analisou sob o tópico da "ética da fraternidade". Mas aqui se encontram, também para ele, os potenciais prático-morais que nos movimentos religiosos radicais, por exemplo, entre os batistas, entram em ação nas tentativas de criar formas institucionais que não foram simplesmente só funcionais para o sistema econômico capitalista que acabava de surgir. Exatamente esses potenciais não entraram no padrão institucional dominante da modernidade capitalista. Justamente as visões éticas que insistem em formas comunicativas de organização ficam de fora.

Em conexão com Mead e Durkheim, procuro desenvolver uma perspectiva evolucionária para a fluidificação reflexiva do saber da imagem de mundo, para a individualização progressiva e para o surgimento de sistemas morais e jurídicos universalistas, dada a liberação e o desencadeamento simultâneos da ação comunicativa de contextos institucionalmente congelados. Além disso, distingo nitidamente entre os mundos da vida mais ou menos diferenciados ou "racionalizados", reproduzidos mediante a ação comunicativa e, por outro lado, sistemas de ação formalmente organizados que funcionam através de *media* de controle.

Hoje, os imperativos, tanto do sistema econômico quanto do administrativo, interferem em âmbitos que não podem ser mais cedidos pelo mundo da vida, por assim dizer. Para simplificar de maneira inteiramente grosseira: até agora os processos destrutivos que adornaram a via da modernização capitalista começaram, o mais das vezes, de tal modo que surgiram novas instituições que transferiram as matérias sociais do território soberano do mundo da vida para os domínios de problemas controlados por *media* e organizados formal e juridicamente. Isso ia bem enquanto se tratava de funções da reprodução material que não têm de ser organizadas incondicionalmente de maneira comunicativa. Nesse meio-tempo, porém, as coisas parecem transcorrer de tal modo que os imperativos sistêmicos passam a interferir nos âmbitos de ação dos quais é possível mostrar que, mensurados pela natureza de suas tarefas, não podem solucioná-las, caso sejam retirados dos âmbitos de ação comunicativamente estruturados. Trata-se aí de tarefas da reprodução cultural, da integração social e da socialização. As linhas de frente entre o mundo da vida e o sistema recebem

A Nova Obscuridade

com isso uma atualidade totalmente nova. Hoje os imperativos da economia e da administração, mediados pelos *media* dinheiro e poder, penetram em âmbitos que se quebram de alguma maneira se são desacoplados da ação orientada ao entendimento e adaptados àquelas interações controladas por *media*. São processos que não se ajustam mais ao esquema da análise de classes, mas se pode mostrar que há um nexo funcional entre os conflitos que aparecem nos âmbitos nucleares do mundo da vida e as necessidades funcionais da modernização capitalista. Mostrei isso pelos exemplos do direito social, escolar e de família, um pouco também pelo novo movimento de protesto.

Honneth: Nós agora já passamos para um complexo de questões mais amplo: como os meios de uma teoria da ação comunicativa são utilizados para descrever a constituição atual da sociedade? Talvez devamos primeiramente colocar questões de esclarecimentos.

Eu gostaria de ter uma resposta à questão de saber se não é útil, em vez de partir de sistemas de instituições e de sua lógica, começar com os atores coletivos, ou seja, com os grupos sociais e suas organizações.

Habermas: Do ponto de vista do método, minha proposta tem a vantagem de poder herdar tanto o estruturalismo como a teoria dos sistemas. Sem dúvida, é possível considerar se essas duas tradições de pesquisa não têm boas razões para sair do plano da teoria da ação. Eu creio que há tais razões. Caso se queira analisar, por exemplo, as crises de controle da economia, é preciso colocar em jogo um instrumentário da teoria dos sistemas. Para isso não há certamente nenhuma alternativa, depois que a dialética objetiva e os conceitos de totalidade da teoria hegeliana não são mais capazes de inspirar confiança, ou seja, depois que se quebrou o que na época era ainda mantido junto: a teoria do sistema e a teoria da ação.

Widmann: O senhor disse, bem, há aí um arsenal avançado de instrumentos, de meios conceituais, que se pode empregar. Mas o que é descoberto por sua abordagem nos âmbitos da realidade? Que ganho de conhecimento o senhor promete com ela?

Habermas: Um ganho de conhecimento consiste em que é possível introduzir, com uma teoria da comunicação, os conteúdos normativos da convivência humana de uma maneira insuspeita, sem ter de contrabandeá-los pela via de uma filosofia da história.

Quando se tem uma teoria da comunicação, não se é obrigado a proceder apenas em termos de teoria da ação, a falar apenas de atores e seus destinos, atos e sofrimentos, mas é possível também falar das propriedades dos mundos da vida em que os atores, as coletividades ou sujeitos individuais se movem. Por exemplo, é possível perseguir os processos de desenraizamento de subcamadas plebeias de um mundo tradicional que provêm ainda da época do início da industrialização. Em quais ideias se reconheceram, então, aqueles que opuseram séculos de resistência à modernização capitalista? Até o fundo do século XIX, não eram exatamente tanto as ideias dos movimentos burgueses de emancipação, e menos ainda as ideias de um socialismo cristalino. Aquelas revoltas e movimentos recorrem, no mais das vezes, ao potencial de ideias tradicionais, a ideias religiosas, ao direito natural religiosamente ancorado etc. Eu não me refiro apenas às guerras campesinas, mas também isso penetra profundamente nos movimentos dos artesãos do século XIX. Como impulso, encontram-se atrás deles as experiências de injustiça imediatamente provocadas, também as carências de espontaneidade e expressividade; mas tais sentimentos não ganham uma efetividade historicamente bem-sucedida, na medida em que não se pode expressá-los publicamente. É preciso existir um folhetim, é preciso existir alguém que exprima aquilo em que se reconhece. Por exemplo, agora as barreiras que um mundo da vida tradicional impõe aos movimentos políticos, ou as estruturas que objetivamente apontam para além desses mundos da vida, não são apreensíveis por meio da hermenêutica das intenções e dos motivos dos atores em particular. Não basta perguntar o que os atores tiveram em suas cabeças, quais foram seus motivos, sobre o que eles falaram, embora todas essas questões tenham voltado à moda sob o signo de uma historiografia do mundo cotidiano. Isso é muito útil, mas permanece, tomado por si mesmo, um pouco não conceitual, como Adorno teria dito com mais *pathos*.

Por isso, uma análise estrutural dos mundos da vida procedendo em termos de teoria da comunicação é vantajosa, caso não se queira simplesmente ajuntar ao material, de fora, campos de interesses econômicos, lutas por poder etc. Do contrário, nadamos de lá para cá em um mar de contingências históricas. Assim como na arte entra em ação uma espécie de gramática na organização completa e no desdobramento de um estilo, também as diferenciações do mundo da vida podem ser descritas por dentro, sem chegar aos níveis da ação. Qual é o significado, por exemplo, de um sistema institucional estável, que mantém encapsulados em si, ainda em pré-formação, os padrões de ação, começar a diferenciar-se e separar-se, em primeiro lugar, das imagens de mundo interpretativas, que podem assumir então funções legitimadoras, e isso significa funções ilusivas, e, em segundo lugar, a desfazer-se das redes de interação deixadas ao critério da autodefinição dos atores em particular?

Honneth: Convence-me que esse traço "estruturalista" protege a análise social de uma apreensão não conceitual dos processos sociais. Eu só vejo uma falha quando uma semelhante análise não se deixa mais retraduzir no campo das confrontações sociais entre coletividades e atores. Quando se desdobram dessa maneira as diversas dimensões de racionalidade na modernidade, seria preciso questionar, porém, quais caminhos de racionalização são impulsionados por determinados atores coletivos, como o saber acumulado é monopolizado, por exemplo, pelas elites detentoras do poder, e como, por meio disso, a própria estrutura é constituída em camadas sociais. Nesse caso, a realidade social não se desdobraria em confrontações sociais em torno de monopólios de racionalidade?

Habermas: O senhor esboça um programa contra o qual não tenho reservas, no que estamos de acordo que se carece ainda de um enorme impulso a favor dele.

Knödler-Bunte: Mas é preciso reunir realmente tudo em uma teoria tal como o senhor a reivindica? Por que não se pode aceitar que há tipos diferentes de teorias, com forças e fraquezas específicas, cujas capacidades de enunciado concorrem entre si e que também deixam espaço àquilo para o qual não há ainda modos de abordagem metodológica clara? É crível, de modo geral, *uma* teoria social que se fundamente na teoria da evolução, apresente conexões da história universal e queira operar análises concretas de situações e objetos?

Habermas: É possível dar-se por satisfeito com uma historiografia honesta que traga na testa suas relatividades próprias, hermenêuticas. Mas isso basta? Agradaria ter uma análise da situação que permita conceber, caso se tenha sorte, algo mais do que uma historiografia que procede de maneira generalizadora permite conceber. Uma análise que torne claro para nós por que temos aqui na Alemanha uma cultura política tão deformada ao tornar presentes para nós as linhas da tradição: o império, o guilhermismo, os nazistas, a revolução burguesa que entrou em ação apenas pela metade e assim por diante. Por outro lado, tem-se a teoria da linguagem, a teoria moral, a teoria do conhecimento, e de alguma maneira tudo isso penderia no ar sem nos informar se a teoria social não poderia desenvolver, como uma espécie de lente ustória, uma força de focalização, dirigindo um projetor de luz clara sobre nosso presente.

Knödler-Bunte: Mas esse projetor de luz clara não poderia vir também de um olhar benjaminiano, que associa os contextos disparatados uns com os outros de modo que, no particular, ele nos esclarece algo sobre nós por meio de choques?

Habermas: Caso se proceda assim de antemão, renuncia-se à atitude de um cientista, declara-se a favor de uma consideração estética da história. Eu gostaria de explicitar mais uma vez meu próprio modo de proceder. Naturalmente, sinto um pouco de frio na espinha em relação à abordagem da teoria da evolução. Nesse ponto, assusta por um lado a Segunda Internacional e, por outro, o Luhmann, e, em terceiro lugar, talvez até mesmo o fantasma de uma filosofia da história naturalizada. Isso precisa ser evitado. Mas vejo também o que se pode obter de uma teoria, de uma que procura elaborar a lógica do desenvolvimento. Tão logo se queira trabalhar, com peças de artilharia tão pesadas, um fragmento sério de nossa história social ou cultural, uma perspectiva evolucionista é perigosa, se ela não for abrandada, como se tem de fazê-lo em minha opinião. No que concerne às hipóteses evolucionistas, limito-me a alguns pontos de vista de interpretação sobre a infraestrutura universal, diferenciada em termos de estruturalismo genético, dos mundos da vida *possíveis*.

Eu não implementei ainda nenhuma análise histórica que trabalhe com esse instrumentário da teoria da evolução, mas poderia imaginar que com ele se poderiam obter novas dimensões para um terreno tão bem investigado como as guerras campesinas. É preciso tentá-lo, afinal. Isso se liga ao presente de uma maneira um pouco mais simples, aí nos deixamos guiar de todo modo por situações cotidianas; todos somos sociólogos *arm-chair*, que se valem da bênção matutina realista de Hegel, isto é, da leitura de jornais.

Honneth: Mas, da maneira pela qual o senhor estabelece sua conceitualização de sistema e mundo da vida, a análise do presente se limita a perceber os atritos do sistema social somente horizontalmente, isto é, como atrito entre mundos da vida e sistemas parciais sistematicamente integrados. Em contraposição a isso, as dimensões de uma análise vertical aparecem muito sucintamente – não necessariamente, pois eu poderia imaginar muito bem que seria possível reelaborar com suas categorias a teoria marxiana das classes, que se encontra mais aberta à realidade social do que nos jornais.

Habermas: Provavelmente seria preciso estabelecer uma combinação de teoria de classes e análise de subculturas para poder explicar os deslocamentos atuais das situações de conflito e das formas de consciência, mas isso eu não fiz em meu novo livro. E, enquanto isso não acontece, não se tem o pudim pelo qual se poderia examinar a coisa.

Teorias da crise e movimentos sociais

Widmann: Em certo sentido, já existe essa combinação de teoria das classes e análise de subculturas. Ou ao menos rudimentos para tanto. No movimento ecológico, no plano da teoria, dificilmente se discute tanto algo como a relação entre a teoria da crise clássica, marxista, e as novas crises de complexidade, como elas se atracam aos mecanismos de autonomização dos aparatos técnicos e militares.

Habermas: Acho mais elegante e plausível dar ao capitalismo o que é do capitalismo, isto é, o que ele de fato realizou graças a seu grau de diferenciação e de suas operações de controle. Demos um golpe em nosso coração marxista: o capitalismo foi inteiramente bem-sucedido, pelo menos no âmbito da reprodução material, e continua a ser. No entanto, de início, ele abusou extremamente das formas de vida tradicionais. E porque hoje os imperativos inseridos na dinâmica do crescimento capitalista só podem ainda ser cumpridos por um crescimento visivelmente elevado do, digamos lá, complexo burocrático-monetário, observamos, sentimos e sofremos agora um *overspill*, uma usurpação do sistema em âmbitos que não são mais os da reprodução material. Mas esses âmbitos da tradição cultural, da integração social mediante valores e normas, da educação, da socialização de gerações posteriores são, se o dissesse em termos ontológicos, dependentes, segundo sua natureza, de que sejam mantidos coesos pelo *medium* da ação comunicativa. Se nesses âmbitos penetram então os *media* de controle dinheiro e poder, por exemplo, pela via de uma redefinição consumista das relações, de uma burocratização das relações de vida, então são atropeladas não somente as tradições, são atacados também os fundamentos de um mundo da vida já racionalizado; encontra-se em jogo a reprodução simbólica do mundo da vida. Em uma palavra: as crises surgidas nos âmbitos da reprodução material são aplacadas à custa de uma patologização do mundo da vida. Eu desenvolvi essa tese em meu livro e creio que alguns problemas podem ser resolvidos com isso.

Honneth: Para mim se impõem questões que se ligam mais uma vez à distinção de diversos subsistemas, mas gostaria de começar com questões empiricamente orientadas. Isso que o senhor disse por último não é um olhar centrado demais na Alemanha Ocidental? Caso transponhamos as fronteiras a Oeste, encontramos conflitos que são muito mais ameaçadores para a existência e que dificilmente se explicam com auxílio de uma teoria da crise baseada em sistema e mundo da vida. Eu penso em conflitos muito tradicionais que resultam hoje, sobretudo, de um desemprego estrutural provocado pela acumulação capitalista, de uma onda enorme de racionalização que vem ao encontro de nós e sobre cujos efeitos podemos meramente especular.

Habermas: Mas onde se sedimentam esses conflitos, enquanto se mantém a rede social?

Widmann: Quando o presidente da associação sueca de bancos públicos diz que as nações industriais ocidentais perderão nos próximos quinze anos um quarto de seus postos de trabalho, tanto no âmbito industrial como também no de serviços, então não vejo nenhuma rede social que pode sustentar isso. Não creio em um automatismo da crise, mas vejo problemas enormes virem ao encontro de nós que não têm nada a ver com um conflito entre sistema e mundo da vida.

Habermas: Segundo as possibilidades de crise que resultam da análise elaborada por mim, há a seguinte alternativa: ou se pode satisfazer a condição necessária para o compromisso em torno do Estado de bem-estar social, um crescimento econômico contínuo, embora refreado. Nesse caso, recebemos problemas que coloco sob o título de uma colonização do mundo da vida, de uma erosão, de um esvaziamento dos âmbitos de ação comunicativamente estruturados. Ou a dinâmica de crescimento não pode ser mantida, e nesse caso se apresentam as variantes dos conflitos tradicionais, sejam elas quais forem.

Widmann: Então são discerníveis as condições sob as quais os conflitos inteiramente tradicionais podem voltar a irromper? O que o senhor acabou de dizer é, portanto, uma teoria do caso especial?

Habermas: Bem, em primeiro lugar, não creio na "lei" da queda da taxa de lucro...

Widmann: Era esse o caso especial.

Habermas: Mas seria absurdo querer excluir que possamos ter crises econômicas. No momento, obtemos uma abundância de material ilustrativo para a tese de meu amigo James O'Connor a respeito da crise fiscal.

Knödler-Bunte: Nosso problema era, dito de maneira superficial: em face de novas zonas de conflito, não há a necessidade de reconstruir a antiga teoria de classes à luz das novas experiências, sem diluir os conceitos de classe e luta de classes até torná-los irreconhecíveis? Não precisamos de novas abordagens teóricas que nos expliquem o entrelaçamento entre zonas tradicionais de conflito e novos potenciais de resistência? Contudo, as suposições sobre sistema e mundo da vida propostas pela teoria da crise estão suspensas no ar, se com elas não é possível reinterpretar os problemas mais antigos de repressão específica de classe, de desigualdades nas chances culturais de vida e de realizações de vida. Creio que uma teoria dos movimentos sociais, quer dizer, uma teoria da revolução e uma teoria da luta de classes inteiramente clássicas precisam ser muito mais historicizadas, quer dizer, precisam ser desacopladas também, pela primeira vez, das determinações econômico-políticas ou de considerações histórico-universais. O que conhecemos como movimento operário surgiu em uma fase determinada do desenvolvimento capitalista-industrial, com muitas não simultaneidades e contradições internas. O movimento operário atingiu o maior radicalismo ali onde experimentou de maneira particularmente dramática a situação de transição na qual se encontrava, na Alemanha, durante a segunda metade do século XIX e o primeiro quarto do século XX. Grandes parcelas da classe trabalhadora não podiam mais retornar à produção agrária ou à pequena oficina artesanal, mas ao mesmo tempo não encontraram condições que lhes permitissem uma integração à cultura burguesa. Portanto, também essa disposição fundamental pode ser reconstruída com o modelo de sistema e mundo da vida, só que, diferentemente de hoje, os mundos da vida dos trabalhadores estavam ainda organizados de maneira muito mais tradicional em padrões exegéticos coletivos, que mais tarde, sob a pressão de uma diferenciação interna tanto da cultura burguesa quanto da proletária, acabou sendo erodida mais amplamente, até chegar à privatização dos mundos da vida hoje. Isso tudo é esboçado agora de modo muito global, mas não vejo a ruptura nítida entre as linhas de conflito tradicionais do movimento operário e os movimentos sociais de hoje.

Habermas: Pode ser que a radicalização tenha ocorrido devido a uma afluência de conflitos culturais. O senhor mesmo diz: o mundo da social-democracia de 1890 ou 1910 não é comparável ao de hoje. Este foi ainda um partido político assegurador da identidade. De modo algum ele possuía uma função estabilizadora comparável à social-democracia de hoje. A antiga social-democracia era de fato um "inimigo do *Reich*".

Honneth: Justamente porque hoje não há mais o movimento operário em sua figura tradicional, devemos começar pelos problemas que de modo algum já estavam presentes na época da República de Weimar. Eu penso simplesmente que os potenciais de conflito e de protesto dos quais o senhor fala, com o conceito de "movimentos neopopulistas", precisam ser considerados sob um outro olhar. Seria possível dizer que são potenciais de protesto para os quais há publicidade suficiente hoje na imprensa, só que é um *iceberg* que se eleva acima do vasto campo de problemas e situações de conflito específicos de classe ainda existentes, os quais não encontram mais uma linguagem adequada, e isso porque não há mais aquele movimento operário que, claramente, também fez a mediação das formas de expressão cultural.

Habermas: Mas não seria simplesmente lógico que os grupos que hoje representam o *medium* de ressonância e de articulação em favor da base específica de classe que se tornou questionável reagissem a problemas específicos de classe, sejam eles quais forem.

Honneth: A primeira tese seria: há situações de conflito e potenciais de protesto que são ou foram privados de linguagem, por razões históricas diversas e por razões descritíveis de reprodução cultural. Esses problemas, que se acumulam ali e têm a ver com situações de vida específicas de classe...

Habermas: Mas por que afinal os problemas específicos de classe de trabalhadores privados de linguagem encontram sua linguagem precisamente nas queixas dos filhos e das filhas das camadas burguesas?

Honneth: Não, não, isso é um mal-entendido sobre minha tese. Eu simplesmente suponho que, ao lado dessas formações de protestos explícitos, naturalmente também promovidos pela imprensa, há um outro bloco de conflitos, por assim dizer tradicional, que não possui uma forma de expressão cultural em seu sentido. Sua tese sobre o empobrecimento cultural deveria ser levada a sério, por essa razão, em um outro sentido. Admito que, para denominar tais formas de conflito, não é possível confiar certamente no que o senhor chamou antes de empiria. Ou seja, não se pode confiar em questionários que depois qualquer...

Habermas: Eu me pergunto apenas se isso não é francamente um olhar a-histórico. As coisas não se passariam de tal modo que o senhor descobre esses ônus porque faz parte de um potencial de protesto totalmente diferente? De tal modo que o senhor, tendo como pano de fundo uma socialização totalmente diferente, sente como uma conjuração os imperativos que se tornaram hoje de fato perceptíveis, que invadem de fora mundos da vida altamente diferenciados, imperativos consumistas, administrativos, burocráticos..., que o senhor *empreste*, por assim dizer, seus olhos a alguém que não tem esses olhos?

Honneth: Sim, é sempre difícil se defender contra um argumento assim, segundo o qual projetamos, por assim dizer, nossas próprias sensibilidades sobre grupos e camadas sociais que possivelmente não são concernidos por elas. Creio que é possível se defender disso ao demonstrar hipoteticamente o tipo de conflitos ou o tipo de experiências de privação que desempenham ali um papel e ao poder mostrar, ao mesmo tempo, que essas experiências não têm nada a ver primeiramente com as próprias sensibilidades e sentimentos. O cerne do que eu suporia ali seria um potencial de protesto reprimido e culturalmente silenciado nas dimensões da honra social e do reconhecimento social – sem dúvida, são conceitos arcaicos, mas eles são capazes de demarcar uma experiência duradoura no não reconhecimento [*Aberkennung*] da honra social que temos agora efetivamente. Isso não é, eu creio, uma projeção. Haveria indícios históricos disso, eu penso, os quais uma nova historiografia do movimento operário teria de investigar. Justamente esse motivo da "luta por reconhecimento social" foi talvez um impulso central, por mais latente que seja.

Knödler-Bunte: Eu diria que o quadro psíquico para a sensibilização, para a experiência de desapropriação cultural tem, por assim dizer, o ponto de rotura em parcelas da camada média; mas isso não diz absolutamente nada ainda sobre a gênese e a validade desses conflitos, mas se volta, sem dúvida, contra a tese de uma paralisação da luta de classes, em que a classe trabalhadora é pensada como culturalmente integrada. O proletariado inteiro foi, afinal, integrado no sistema por meio da, digamos, interiorização das normas do trabalho social, ou as coisas não se passariam de tal modo que, de fato, grandes parcelas do proletariado, a maioria da população trabalhadora, de modo algum tomaram parte nesse sistema – a cultura burguesa como estruturação completa do sujeito – e, com isso, não partilharam de modo algum as concepções normativas da ideologia burguesa, sua autocompreensão e imagens de mundo, e isso nem que fosse um pouco de fora, estando sempre com a consciência de que o sistema funciona, em questões inteiramente fundamentais, independentemente de seus próprios desejos e das necessidades da práxis de vida? E o que eu viso com isso seria a questão de saber se o movimento alternativo não prosseguiu um pouco mais, de maneira não específica de classe, essa experiência, no sentido de que ele, no interior do sistema dominante, não pode conseguir nenhum reconhecimento cultural, nenhuma organização satisfatória de sua vida.

Habermas: Bem, os senhores conhecem o cenário melhor do que eu. Na época, em todo caso, era mais simples considerar o movimento estudantil como a força catalisadora que desencadearia a verdadeira luta de classes. Talvez se deva ver agora que o cenário alternativo se constrói primeiramente a partir das sensibilidades dos que se permitem experimentar as coisas como privações que um trabalhador ou um empregado social-democrata da geração intermediária não sentiria tanto.

Honneth: Minha questão visa saber se a dimensão das relações sociais de classe pode se definir partindo do conceito de mundo da vida social da maneira como o senhor o faz propriamente. Penso aí não somente na dimensão da situação de vida específica de classe e de determinadas constelações de problemas, por assim dizer biograficamente centrais, empiricamente legíveis nas chances de mobilidade social, nas possibilidades identitárias, nos riscos à vida, nos danos à saúde. Penso também na dimensão da reprodução cultural – um conceito que é claramente muito central também em seu projeto –, quer dizer, por exemplo, em um sistema de possibilidades de expressão cultural e de direitos sociais de definição, escalonado de maneira específica dos estratos sociais. O que Gramsci mantém no conceito de hegemonia cultural na qualidade de estratificação de formas de expressão de uma classe social, em virtude de uma rede, culturalmente sancionada, de formas de expressão dominantes, pode ser desligado simplesmente do conceito de reprodução cultural? Dito sucintamente: o que se poderia aprender com a guinada culturalista no interior do marxismo em favor do conceito de mundo da vida social? Isso pode ser excluído?

Habermas: Não, isso seguramente não. Mas já Lukács empregou a reificação como um conceito para as deformações da consciência. Na Teoria Crítica, isso é obviamente mais acentuado na crítica da cultura de massa.

Widmann: Eu me inclino mais à visão segundo a qual seu projeto é, de certa maneira, uma teoria geral de acordo com qual a teoria da luta de classes descreve um agravamento particular, em um determinado recorte temporal. A teoria das classes seria, portanto, o caso especial de uma oposição de sistema e mundo da vida que atravessa a história inteira.

Habermas: O senhor considera que inclusive as lutas clássicas entre camponeses, proletariado e burguesia espelham reações defensivas à penetração capitalista no mundo da vida, às destruições infligidas pela modernização capitalista. Eu creio nisso sem hesitar. Nesse quadro, falta para mim apenas a transformação do próprio mundo da vida. Marx não pôde distinguir suficientemente entre mundos da vida tradicionais, assolados pelos processos de modernização, e uma diferenciação estrutural de formas de vida, hoje ameaçadas em sua infraestrutura comunicativa. Na sequência da modernização capitalista, ocorrem destruições que acarretam o declínio de formas de vida tradicionais. Em contrapartida, onde surgem sociedades modernas, esse colapso é sempre inevitável, certamente. Isso não deve significar que se devesse incentivá-lo de modo intencional ou aceitá-lo moralmente.

Knödler-Bunte: Com isso estou de acordo. A questão é somente: a destruição de mundos da vida por parte de imperativos de um sistema capitalista sempre pode ser construída de maneira concretamente histórica com base no material histórico, ou há aí algo como uma sequência lógica de passos de diferenciação de mundos da vida? Nesse ponto, sou muito cético.

Habermas: Bom, há, no entanto, estruturas comunicativas que todos os mundos da vida têm em comum. São elementos muito formais, como a relação de estruturas da personalidade com as instituições sociais e os contextos de tradição. A dimensão da lógica do desenvolvimento consiste somente na maneira como esses elementos se diferenciam e como transcorre a diferenciação por meio de processos de individualização, de abstração e de universalização de normas e da flexibilização da tradição cultural. Isso é o que Durkheim ou Mead descreveram. Com isso, certamente, não se diz que esses processos são irreversíveis, mas apenas que ocorrem justamente *se* uma forma qualquer de modernização principia.

Ciência e práxis de vida

Knödler-Bunte: Confesso que tenho minhas dificuldades com a estrutura de sua teoria e com a postura que suponho se encontrar atrás dela, e substancialmente menos com o seu programa formulado e com a sua autocompreensão política e teórica. Mas quais imagens libidinosas têm uma teoria tão abstrata, que se encontra sob uma pressão de sintetização inacreditável? Onde se situam, no trabalho intelectual vinculado a ela, os momentos de felicidade, as satisfações sem as quais certamente não se pode conceber um tamanho esforço? Em sua autoexplicação emerge reiteradamente a expressão "capaz de conexão": o próprio trabalho intelectual tem de deixar-se conectar aos *standards* e às pretensões que o sistema científico representa. Mas em que se fundamenta então que, para o senhor, esse sistema científico seja ininterruptamente tão central, como ponto de referência quase exclusivo? O outro ponto de referência, e historicamente alternativo, a saber, a organização proletária, se desfez por si mesmo nesse meio-tempo, mas há realmente apenas essas duas alternativas? O sistema científico e o movimento operário organizado têm em comum que eles institucionalmente se autonomizaram, e os indivíduos acabaram se desacoplando justamente das experiências de que carecem como desafios intelectuais. Como resultado vem ainda, quando se trata do cientista funcionarizado e do funcionário político, no melhor dos casos, uma espécie de *ethos* do trabalho artesanal, se já não é abalado pela produtividade e pelo zelo, isto é, pelos reconhecimentos de curta duração que o sistema proporciona e que mantêm a coisa em marcha. Posturas radicais e inovações científicas pressupõem transformações da práxis de vida, uma reestruturação das importâncias segundo as quais se organiza sua vida. Uma teoria da sociedade exposta dessa maneira pode também fundamentar que essa confiança na capacidade de funcionamento do sistema científico se justifica pela coisa mesma.

Habermas: São duas questões agora. Uma mira os impulsos e os motivos de meu trabalho, a outra, uma certa, digamos, fé na ciência.

No que concerne à primeira questão, eu tenho um motivo intelectual e uma intuição fundamental. Esta remonta de resto a tradições religiosas, por exemplo, à mística protestante ou à mística judaica, também a Schelling. O pensamento que constitui o motivo é a reconciliação da modernidade em conflito consigo mesma, ou seja, a ideia de que, sem o abandono das diferenciações que tornaram possível a modernidade tanto no âmbito cultural como no social e no econômico, se encontram formas de convívio em que a autonomia e a dependência entram realmente em uma relação satisfatória; a ideia de que se pode andar ereto em uma coletividade que não tem em si o caráter questionável de comunidades substanciais voltadas para trás. Essa intuição provém do âmbito do relacionamento com os outros; ela visa a experiências de uma intersubjetividade incólume, mais frágil do que tudo o que até agora a história promoveu a partir de si mesma nas estruturas da comunicação – uma rede de relações intersubjetivas tecida de maneira cada vez mais densa, cada vez mais fina, que possibilita, contudo, uma relação entre liberdade e dependência, imaginável somente em modelos interativos. Onde quer que emerjam essas ideias, seja em Adorno, quando ele cita Eichendorff, no Schelling das *Idades do mundo*, no jovem Hegel, em Jakob Böhme, são sempre ideias de interação feliz. Reciprocidades e distância, distanciamento e proximidade bem-sucedida, não frustrada, vulnerabilidades e cuidado complementar – todas essas imagens de proteção, exposição e compaixão, de entrega e resistência, elevam-se de um horizonte de experiências do convívio amistoso, para dizê-lo com Brecht. *Esse* caráter amistoso não exclui de modo algum o conflito; aquilo a que se refere são as formas humanas em que se pode sobreviver aos conflitos.

Knödler-Bunte: Minhas questões visavam antes ao que subjaz a essa autocompreensão explícita como impulso, como estrutura da experiência com a realidade. Gostaria de ilustrar isso com dois extremos. Eu posso ter o sentimento basilar de que, tomado a fundo, o mundo, tal como ele é agora, encontra-se em ordem e por causa disso posso proceder com os diversos âmbitos da realidade de maneira experimentadora e aventureira. A multiplicidade caótica não me incomoda em absoluto porque posso me relacionar com isso em uma distância afetivamente segura, e essa postura eu suponho no gesto brechtiano que, com efeito, foi de certa maneira um artista da vida em uma versão radicalizada. A outra estrutura fundamental seria experimentar o caos como ameaçador e procurar estruturá-lo por isso, mediante ordenamentos conceituais, para obter de modo geral um chão sob os pés. Esse tipo corresponderia antes ao do agrimensor, que precisa primeiro criar as estruturas antes de mover-se.

Habermas: Bem, eu não tenho essa confiança originária em um entorno, mas tampouco a atitude daquele que tem de colocar uma ordem satisfatória no caos. De modo geral, não tenho uma relação não ambivalente com nada, em todo caso, somente em momentos muito raros. Por conta disso, minha relação ingênua com as relações sociais tampouco é propriamente ingênua, mas profundamente ambivalente. Isso tem a ver com experiências muito pessoais, sobre as quais não quero falar, mas também com momentos críticos — por exemplo, com a coincidência de grandes eventos e a puberdade em 1945. Sou ambivalente também porque tenho a impressão de que há algo de profundamente falso na sociedade racional em que cresci e vivo agora. Por outro lado, retive também algo diferente daquela experiência em 1945 e depois que as coisas ficaram um pouco melhores. As coisas realmente ficaram um pouco melhores. Também nisso é preciso se apoiar; e para isso eu procuro então uma pré-história, que seria liquidada fácil demais com o termo "Esclarecimento".

Agora, a respeito da questão sobre a confiança no sistema científico. Não estou seguro ainda hoje, para mim mesmo, se posso acomodar, por assim dizer, no sistema científico o que realmente quero e o que guia intuitivamente meu trabalho em seus elementos essenciais. Quando se cresce como nós nesse círculo, tenta-se certamente fazer algo de algum modo na vida em que se pode depositar sua intuição fundamental e elucidá-la. No meu caso, isso agora atravessa o *medium* do pensamento científico ou a filosofia. Quando alguém se orienta pelas questões de verdade e aí não compreende mal a si mesmo, então não pode, como Heidegger e Adorno tentam em comum, querer produzir verdades ao largo das ciências e depositá-las em um discernimento mais elevado qualquer, em uma rememoração do ser ou em uma consideração pela natureza afligida. Minha convicção profunda é que isso não nos é permitido, caso nos entreguemos ao pensamento.

Widmann: Por que não?

Habermas: Quando se quer viver e escrever com evidências últimas, não se deve tentar o que se poderia realizar em uma cátedra ou em um instituto de pesquisa. Isso me lembra uma experiência que fiz anteriormente na cátedra e no seminário. Quando noto que os estudantes permanecem completamente intocados, de um ponto de vista emocional, por aquilo que faço, por aquilo que fazemos em comum, fico insatisfeito porque sei que faz parte de todo aprendizado também a formação de motivos mais profundos. Se noto, por outro lado, que os estudantes não saem mais de seus sentimentos, que começa a se preparar uma relação simbiótica, então isso me deixa extremamente nervoso. Quero resgatar e manter viva a sensibilidade para o caráter isolável das questões da verdade, o senso para o discursivo, se quiserem, em uma situação que força objetivamente que não se misturem questões de verdade com questões de justiça ou de gosto. Isso é dito de maneira rudemente kantiana; mas me habituei nos últimos anos a esse jargão neokantiano, e me vejo ajudado, não importa onde, a dizer isso de maneira tão trivial. Nunca ousei dizê-lo assim – "essa departamentalização burocrática dos momentos da razão", teria dito Adorno. Mas essa é justamente a assinatura e o estimulador da modernidade. Como passar por aí é talvez o problema.

No que intenciono – é claro que nunca se sabe o que se faz realmente –, vou ao encontro de Max Weber até a metade do caminho, ao tentar manter separadas as diversas esferas. De início, essas coisas de publicismo político, depois o filosofar "correto" (o que eu, dito de forma paradoxal, só consigo prosseguir com interrupções, embora minhas intenções aí entrem em ação ininterruptamente!). Além disso, o trabalho científico no sentido mais estrito, enfim a práxis de ensino e, se os tempos estão de acordo, uma práxis política que vá além do publicismo. Eu mantenho separadas essas formas distintas de trabalho, mas não digo que é uma divisão de trabalho em que uma coisa não teria nada a ver com a outra, ou em que se trata de uma adição de papéis distintos. Pelo contrário, gostaria de desempenhar cada um desses papéis de modo que os demais permaneçam visíveis ao mesmo tempo. O que me aborrece horrivelmente, o que me atinge, são as agressões de pessoas que não veem em mim essas diferenciações de papéis, respeitam-nas ainda menos e misturam tudo com tudo. Isso eu vivenciei de novo nas últimas semanas. Não falo dos artigos difamatórios rotinizados, dos produtos podres publicados sob a editoria do ministro da cultura bávaro no *Rheinischer Merkur*; eu me refiro ao oportunismo puro e simples do meio assim chamado "liberal".

Gostaria de manter em pé uma certa diferenciação, mais precisamente, se isso não soa elevado demais, por razões morais, ou talvez também por medo, quem sabe? Há precisamente na sociedade atual determinados critérios pelos quais se separam os espíritos responsáveis e os irresponsáveis. Como professor e como cientista, com a autoridade daquele que investiga questões de verdade, digo que não se deve dizer coisas que atingem outras pessoas sem que ao menos se tenha tentado exauri-las em uma instância como a pesquisa institucionalizada.

Widmann: Os motivos não se situam com muito mais força no senhor mesmo? Quer dizer, os motivos de que senhor não queira ser pego aferrando-se a algo contra toda razão?

Habermas: Em minhas convicções, há também um cerne dogmático. Eu preferiria largar a ciência do que deixar esmorecer esse cerne – pois se trata de intuições que não adquiri pela ciência, que de modo geral nenhum ser humano adquire pela ciência, mas sim porque cresce em um entorno com seres humanos com os quais se deve confrontar e nos quais deve se reencontrar.

Widmann: Por que o senhor considera o lugar geográfico da universidade o lugar onde a argumentação racional e os modos de proceder analíticos e plenos de sentido são garantidos?

Habermas: Só penso assim quando me aborreço com pessoas que falam permanentemente de "ciência burguesa", como se tivessem um discernimento global. Teorias não se deixam mais classificar segundo esse critério em todo caso. Mas isso é apenas uma explicação genética. Com isso não se disse ainda por que justamente nesse lugar da universidade... Mas, afinal, há um outro lugar?

Widmann: O senhor se reporta sempre a doutrinas dominantes ou a bons *outsiders*...

Habermas: Talvez o senhor queira dizer com isso: o senhor não é, no fundo, um cachorro covarde, que se protege com as autoridades e com o que acaba de entrar *en vogue*? É certo que, nos anos 1960, 1970, e isso aborrece a corja empirista, tive um grande interesse em que se colocassem em discussão, de modo geral, determinadas abordagens teóricas, que deveriam na verdade assimilar outras, como Wittgenstein, Piaget, Chomsky, Kohlberg etc. A diferença é só que me atenho ao que aprendi daí, mesmo que a moda científica tenha passado. Se aprendi algo de alguém, permaneço de certo modo fiel a ele nesse assunto. Eu não corro atrás das modas da atividade científica. Não sei se isso responde à sua pergunta.

Widmann: O senhor mesmo tem a sensação de que precisa desses arrimos, desse falar com a boca dos outros, dessa enorme capacidade de recepção para articular a si mesmo?

Habermas: Creio que me aproprio das bocas alheias, de um ponto de vista hermenêutico, de forma brutal. Mesmo quando cito muito e assumo outras terminologias, sei exatamente que meu uso às vezes tem pouco a ver com o que os autores visaram.

Mas qual é o contentamento notável que se tem aí? Embora eu transpire com meu trabalho, consuma também para isso muito de história de vida, alegra-me quando vem a impressão de que você viu algo que pode assimilar argumentativamente, indo mais longe. Então isso me satisfaz porque penso que este é o único caminho. São certamente pequenas alegrias. O pensador como forma de vida, como visão, como autoexposição expressiva, isso não funciona mais. Não sou nenhum produtor de visões de mundo; de fato, gostaria de produzir algumas pequenas verdades, não uma grande verdade.

Se encontrei uma flor ou uma erva interessante, observo como ela combina com outras, se pode haver aí um ramo, um padrão. É um trabalho de quebra-cabeças construtivo. Eu me aproprio de outras teorias; por que não? Deve-se tomar as outras em suas forças e ver então como se pode lidar com elas de maneira mais ampla. Uma coisa deve apoiar uma outra, pois as verdades teóricas só existem de fato na forma de plausibilidades. Eu me despedi, pelo menos para mim mesmo, da pretensão filosófica enfática de verdade. Esse conceito elitista de verdade dos antigos é um último fragmento de mito, e os senhores sabem que não quero voltar até lá, como o espírito do tempo hoje.

Knödler-Bunte: Sua práxis intelectual contém experiências de felicidade e situações satisfatórias?

Habermas: Há cabeças mais analíticas e cabeças mais sintéticas: eu pertenço seguramente mais à parte sintética. Por consequência disso, também minhas satisfações residem antes de tudo em uma síntese argumentativa. Anteriormente, satisfazia-me também fabricar textos. Esse elemento da "bela língua", como Grass disse uma vez a respeito de Adorno, retrocede cada vez mais. Nesse meio-tempo, aceito cada vez mais o discurso cru, para desenvolver algo, mesmo se daí não surge nenhum texto. Os senhores veem isso em meu novo livro. Naturalmente tem aí ainda a ambição de que há um texto, com introdução, exposição, considerações intermediárias e assim por diante, mas a construção das problematizações é agora mais importante.

Eu sinto os problemas com os quais me ocupo diretamente, quase fisicamente; assim, fico feliz quando me parece que consegui algo. Muito raramente fico eufórico... Eu preciso ter papel, papel vazio diante de mim, papel escrito, livros em torno de mim, mas não sou um trabalhador com um fichário. É preciso entregar-se ao trabalho, e então os problemas começam a se mover na escrita. Esse ter problemas é algo de biográfico. Ele perturba a vida, e então fico contente quando tenho uma solução e posso continuar a escrever.

Knödler-Bunte: Qual é a próxima montanha que o senhor precisa galgar agora?

Habermas: Colinas, só pequenas colinas. Vou talvez a Frankfurt, para a universidade, e não sei quanto tempo minhas obrigações me deixam por lá. Planejo uma série de preleções sobre teorias da modernidade. Isso seguramente me diverte. Com os colegas de outras disciplinas, gostaria de praticar o que eu sempre exijo, a cooperação da filosofia com as ciências particulares. Com o material empírico, é preciso mostrar que se pode levar a razão à ciência. O outro objetivo seria escrever, de minha perspectiva hoje, mais uma vez algo como a *Mudança estrutural da esfera pública*. Há muita névoa hoje, em toda parte. Eu não desisto da esperança de que essa névoa possa se dissipar. Seria bom que se pudesse contribuir com algo mais para isso.

Observações no começo de uma preleção

Permitam-me, antes de abordar o tema da preleção, algumas observações. Eu gostaria de dizer algo sobre as razões que me levaram a retornar a Frankfurt. A circunstância cômica de não ser suportável ir para uma outra universidade, nem sequer na posição periférica de um professor honorário, não explica ainda, é claro, por que prefiro retomar minha atividade de ensino nesta universidade.

É mais simples começar com as negativas: eu não tenho o propósito de continuar a tradição de uma escola. Isso não deve significar que eu possa estar nessa cátedra sem me lembrar da figura e da história de recepção de Adorno. Considero urgentemente necessário libertar o pensamento e a obra de Adorno dos escombros da polêmica política que uma imprensa presa a clichês, e não só ela, espalhou a respeito desse homem genial durante os últimos quinze anos. Nesse contexto, eu me alegro em poder anunciar uma conferência internacional dedicada a Adorno, a ser realizada em 9 e 10 de setembro, por ocasião de seu aniversário de 80 anos, nos espaços desta universidade. Com isso, no entanto, sinalizo apenas uma atitude e um empenho leais, no que me sinto ligado a outros colegas frankfurtianos. Essa atitude não deveria ser confundida com a falsa ambição de continuar dogmaticamente uma causa, que em seus impulsos filosóficos pertence a outro tempo. Aquele pensamento que se atribui retrospectivamente à Escola de Frankfurt reagiu às experiências históricas com o fascismo e com o stalinismo, reagiu, sobretudo, ao holocausto inapreensível. Uma tradição de pensamento só permanece viva porque suas intenções essenciais se comprovam à luz de novas experiências; isso não acontece sem o abandono de conteúdos teóricos ultrapassados. É assim que se procede com tradições em geral, e mais ainda com uma teoria que reflete sobre seu próprio contexto de surgimento. Como se sabe, Horkheimer distinguiu a "teoria crítica" da "teoria tradicional", entre outras coisas, porque ela se concebe como elemento dos processos históricos e sociais que ao mesmo tempo gostaria de explicar. Adorno falou de um "cerne temporal da verdade". Por isso, a exploração e o revisionismo sem escrúpulos são o comportamento mais adequado – mais adequado do que a despedida abstrata ou a mera conservação.

Uma das razões pelas quais ensino com gosto e repetidas vezes nas universidades norte-americanas é a de que lá ninguém sabe de antemão e nem me imputa o que eu devo dizer. Hoje, em questões essenciais, não me vejo menos perplexo do que outros colegas, na medida em que o confessam para si mesmos. Se há para mim uma razão do retorno, é o sentimento e a expectativa de que, *nesse* lugar, a esfera pública limitada da atividade acadêmica de ensino não perdure apenas no nome, mas seja ininterrupta em sua vitalidade. Tenho a esperança de que a esfera pública do diálogo acadêmico e da disputa acadêmica seja praticada com a abertura e a liberalidade, com o engajamento e a imparcialidade burgueses, se permitem o termo, e que ela seja preenchida com o espírito que é digno das melhores tradições de uma cidade como Frankfurt. Nesse ponto, não é preciso escavar muito fundo historicamente, não é preciso pensar na história da cidade livre do *Reich*, mas apenas nos primórdios dessa universidade, sem dúvida relativamente jovem.

Nossa universidade, como sabem, procedeu, no começo do século, de uma escola superior de comércio, de uma fundação de cidadãos frankfurtianos, sobretudo de comerciantes e banqueiros judeus – a rua Merton, que terminava outrora no portal do edifício principal, lembra isso. Esse começo explica também por que, no primeiro estatuto da universidade, é expressamente registrado que não se permite discriminar ninguém por causa de sua raça e de sua fé. Visto que isso de modo algum era evidente nas universidades alemãs da época, antes da Primeira Guerra Mundial – basta pensar na carreira acadêmica de Georg Simmel –, Frankfurt pôde atrair eruditos como Oppenheimer, Heller, Sinzheimer, Grünberg, Mannheim, Tillich, Buber, Scheler, Horkheimer e muitos outros. Eles conferiram à universidade nos anos 1920 um brilho intelectual incomparável, um nível acadêmico não mais alcançado. O reverso dessa constelação única é o fato de que Frankfurt, em 1933, foi a universidade alemã com a parcela mais alta de professores de ensino superior forçados a emigrar. Esse tipo de professor marcou uma mentalidade de influência contínua; ela continuou a destacar a Universidade de Frankfurt também nos anos 1950 e 1960. Eu me refiro àquele traço de intelectualidade e urbanidade que protegeu essa universidade daquela atmosfera um tanto grotesca, provinciana, um tanto engelhada, comprometida com a solidão e a isenção. Estou certo de que se preservou algo desse clima, no qual a erudição e a pesquisa se comunicam com o espírito do tempo. As preleções sobre poética, por exemplo, que remontam a iniciativas privadas, espelham ainda o espírito dos fundadores.

Ao manifestar essa expectativa, talvez as senhoras e os senhores entendam um pouco melhor por que eu gostaria de começar com uma série de preleções sobre o discurso filosófico da modernidade. Eu quero tratar da questão de saber se a modernidade deve ser considerada hoje um programa resolvido, ou, antes, um projeto ainda inacabado.

Nas disciplinas das ciências do espírito e da sociedade, vivenciamos hoje, se não me engano, uma polarização singular de modos de pensar. Depois que as continuidades alemãs percorreram os anos 1930 até entrar nos anos 1950 de maneira ininterrupta, muitas disciplinas da antiga Faculdade de Filosofia nos anos 1950 e 1960 se viram sob a pressão de renovar mais ou menos radicalmente as tradições recalcadas do Esclarecimento – limito-me a lembrar da recepção da filosofia analítica e dos métodos de pesquisa social desenvolvidos na América do Norte, como na psicologia, ou da renovação do marxismo ocidental e da pesquisa psicanalítica prosseguida nos países anglo-saxões. Hoje se delineiam, por sua vez, em reação a essa onda de Esclarecimento atrasada, mas profunda, duas tendências, cujo peso é difícil de avaliar – a retomada liberal-conservadora das tradições científicas alemãs, um pouco empurradas para a margem, permitam-me dizê-lo, provincianas; e uma reanimação dos motivos nietzschianos da crítica da razão. Em todo caso, hoje, nas diversas disciplinas, voltam a colidir mais uma vez orientações (para não dizer convicções) contrapostas, alimentadas por suposições de fundo filosóficas. Espero que uma recordação histórica do discurso filosófico que a modernidade conduziu consigo mesma desde o final do século XVIII possa contribuir para iluminar essa situação difusa. Nesse contexto, limito-me aos discursos nos quais o processo de autoentendimento não se autonomizou ainda de maneira narcisista, tornando-se parasitário.

É possível, no entanto, que se forme uma falsa impressão quando retomo esse tema, vinculando ao indício encorajador de uma mentalidade que se abre em relação ao espírito do tempo. Permitam-me, por isso, uma palavra a mais a respeito da relação entre autoentendimento, política e ciência. Não creio que o postulado de Max Weber da neutralidade axiológica possa se manter em pé no sentido estrito da teoria da ciência. Mas, evidentemente, é até mesmo trivial essa exigência no sentido institucional. Os papéis do pesquisador e do professor acadêmico são diferenciados do dia a dia com boas razões; eles devem permanecer distintos do papel do cidadão ou do publicista imediatamente engajado em termos políticos. A cátedra e o auditório não são o lugar da disputa de opiniões políticas; são o lugar da discussão científica, na qual todo argumento, seja de que lado for, é ponderado com o mesmo cuidado. Essa posição eu já defendi em épocas em que se carecia de maiores esforços para conseguir que ela fosse respeitada.

Uma entrevista para a New Left Review

A

New Left Review: O senhor pode nos relatar algo a respeito da sequência temporal das principais influências intelectuais de sua obra? O senhor é considerado por muitos um herdeiro da Escola de Frankfurt que conferiu a essa tradição uma *linguistic turn*, que a conduziu a um afastamento da filosofia da consciência e a uma aproximação com a filosofia da linguagem. Essa visão é correta, ou seu estudo sobre o pragmatismo americano de Dewey e Peirce remonta mais longe do que seu encontro com a obra de Adorno e Horkheimer? Em que época o senhor começou a enfrentar a obra de Wittgenstein e de Austin? No âmbito das ciências sociais, seu interesse por Weber ou Parsons seguiu uma orientação anterior, primariamente marxista, ou ambos os interesses coexistiram desde o começo? Em que época ocorre sua leitura da tradição fenomenológica de Schütz ou da psicologia genética de Piaget e Kohlberg?

Habermas: Entre 1949 e 1954 – excluindo um semestre de verão em Zurique –, eu estudei em Göttingen e em Bonn.

No que concerne às minhas especialidades, existia ali uma continuidade quase ininterrupta de assuntos e de pessoas ao longo da época nazista, remontando até a República de Weimar. Depois da guerra, as universidades alemãs de modo algum se abriram imediatamente às influências de fora. Assim, cresci, em termos acadêmicos, em um contexto alemão provinciano, no mundo da filosofia alemã durante a fase final do neokantismo, da Escola Histórica Alemã, da fenomenologia e também da antropologia filosófica. A influência sistemática mais forte proveio do primeiro Heidegger. Nós estudantes conhecíamos Sartre e o existencialismo francês, talvez ainda algumas obras da antropologia cultural norte-americana. Contudo, durante o trabalho na minha dissertação sobre Schelling, eu li o jovem Marx. *De Hegel a Nietzsche*, de Löwith, incitou-me à leitura dos jovens hegelianos; também o Lukács de *História e consciência de classe* provocou uma forte impressão em mim. Em todo caso, essa primeira irrupção de uma "leitura de esquerda" teve por consequência que acabei completando posteriormente minha dissertação – fortemente determinada por Heidegger – com uma introdução que relacionava o idealismo tardio e Marx.

Imediatamente depois dos meus estudos, ocupei-me com a sociologia da indústria. Recebi, então, uma bolsa para um trabalho sobre o conceito de ideologia; com isso, penetrei um pouco mais fundo no marxismo hegeliano e na sociologia da ciência; li também *Prismas*, de Adorno, e a *Dialética do Esclarecimento*. Assim, em Frankfurt, a partir de 1956, somaram-se Bloch e Benjamin, alguns artigos da *Zeitschrift für Sozialforschung*, os livros de Marcuse e uma discussão, conduzida de maneira vivaz na época, sobre o assim chamado Marx filosófico e antropológico. Um pouco mais tarde, abordei com seriedade o

Capital; li nesse contexto também Dobb, Sweezy e Baran. Do mesmo modo, a sociologia eu só aprendi nesses primeiros anos em Frankfurt; lia sobretudo assuntos empíricos a respeito de comunicação de massa, socialização política, psicologia política. Só então entrei em contato com Durkheim, Weber e, muito cautelosamente, com Parsons. Mais importante do que isso foram as preleções sobre Freud em 1956; desde o momento em que ouvi a elite internacional, de Alexander e Binswanger até Erikson e Spitz, considero a psicanálise um assunto sério, apesar das predições em contrário.

Durante esses anos como assistente de Adorno, entre 1956 e 1959, constituiu-se aquilo que encontrou sua sedimentação na investigação empírica sobre *Student und Politik* [Estudante e política] e em meus primeiros dois livros (*Mudança estrutural da esfera pública* e *Teoria e práxis*) – a tentativa de continuar o marxismo hegeliano e weberiano dos anos 1920 com outros meios. Isso tudo se manteve no contexto de uma tradição muito alemã, de todo modo, enraizada na Alemanha, mesmo que na época eu vivesse com o sentimento de ter sido introduzido, dado o contato com Adorno e Horkheimer, mais tarde com Abendroth e Mitscherlich, em um horizonte de experiências diferente, decisivamente ampliado, ou seja, com o sentimento de ter sido libertado de uma estreiteza provinciana e também de um mundo ingenuamente idealista.

Em Heidelberg, a partir de 1961, *Verdade e método*, de Gadamer, ajudou-me então a reencontrar o caminho para a filosofia acadêmica. A hermenêutica me interessava, de um lado, em conexão com questões sobre a lógica das ciências sociais e, de outro, em comparação com a última filosofia de Wittgenstein. Pois, nessa época, se dá meu primeiro estudo mais intensivo da filosofia da linguagem e da teoria analítica da ciência. Estimulado por meu amigo Apel, também estudei na época Peirce e, além dele, Mead e Dewey. Desde o começo, compreendi o pragmatismo norte-americano como a terceira resposta produtiva a Hegel – ao lado de Marx e Kierkegaard –, por assim dizer, como o ramo democrático-radical do jovem-hegelianismo. Desde então me apoio nessa variante norte-americana da filosofia da práxis, quando se trata de compensar as fraquezas do marxismo ligadas à teoria democrática. Aliás, essa inclinação fundamentou minha amizade posterior com Dick Bernstein. Quando retornei, em 1964, a Frankfurt, para ocupar a cátedra de Horkheimer, finquei o pé de todo modo nas discussões anglo-saxãs, a ponto de distanciar-me de um conceito de teoria extenuado, marcado filosoficamente por Hegel.

Em meados dos anos 1960, Cicourel e a etnometodologia me reconduziram a Schütz. Na época, entendi a fenomenologia social como uma protossociologia (implementada na forma de análises do mundo da vida). Essa ideia se vinculava a estímulos do outro lado: fascinavam-me tanto o programa de Chomsky de uma teoria universal da gramática como também a teoria dos atos de fala de Austin, sistematizada por Searle. Isso tudo impulsionou a ideia de uma pragmática universal, com a qual queria enfrentar sobretudo a situação lamentável representada pelo fato de que os fundamentos normativos da teoria crítica da sociedade eram completamente inexplicados. Após a despedida da ortodoxia ligada à filosofia da história, eu não queria recair nem no socialismo ético nem no cientificismo, e menos ainda em ambos ao mesmo tempo. Isso explica por que mal li Althusser. Na segunda metade dos anos 1960, graças à cooperação com assistentes diligentes como Offe e Oevermann, familiarizei-me com o trabalho realizado em diversos terrenos da sociologia, sobretudo na pesquisa sobre socialização e família, por um lado, e na sociologia política, de outro. Aí eu travei um conhecimento melhor também de Parsons. Piaget e Kohlberg eu já lia então, mas o estruturalismo genético só fez escola no meu pensamento ao assumir o nosso instituto em Starnberg, isto é, depois de 1971. Só então comecei também com um estudo mais intensivo de Weber.

Os senhores estão vendo que, desde o início e constantemente, meus interesses teóricos são determinados por aqueles problemas que surgiram, no âmbito da filosofia e da teoria social, do movimento de pensamento que vai de Kant até Marx. Minhas intenções e as convicções fundamentais foram marcadas em meados dos anos 1950 pelo marxismo ocidental, pela confrontação com Lukács, Korsch e Bloch, com Sartre e Merleau-Ponty, e naturalmente com Horkheimer, Adorno e Marcuse. Tudo aquilo de que me aproprio costuma receber seu valor posicional unicamente na conexão com o projeto de uma teoria social renovada nessa linha de tradição.

NLR: Nos 25 anos desde a aparição de *Mudança estrutural da esfera pública*, o senhor criou uma obra extremamente extensa, em constante aumento de complexidade e alcance, cuja direção revela uma continuidade impressionante. Porém, manifestamente, no mesmo espaço de tempo determinados acentos ou convicções passaram por transformações no seu pensamento. Qual é para o senhor a alteração mais significativa?

Habermas: Meus livros publicados no começo dos anos 1960 expressam, é claro, a convicção implícita de que as coisas que eu tinha em mente podiam se acomodar mais ou menos no quadro teórico tradicional, no que me sentia particularmente próximo da variante existencialista da Teoria Crítica, isto é, da variante marcusiana. Aliás, o próprio Herbert, com quem fiz amizade nos anos 1960, percebia isto desse modo. Eu me lembro ainda do dia quando me dedicou um exemplar de *O homem unidimensional*, com uma citação lisonjeira de Benjamin: "a esperança dos desesperançados". O estudo da filosofia analítica, também a querela do positivismo, acabou reforçando, no entanto, minha dúvida se os conceitos de totalidade, verdade e teoria de procedência hegeliana não representariam uma hipoteca pesada demais para uma teoria social que deveria satisfazer afinal, também pretensões empíricas. Todavia, na época, em Heidelberg e depois de novo em Frankfurt, eu era da opinião de que esse problema era de natureza epistemológica. Queria dar conta de uma clarificação metodológica do *status* de uma teoria social duplamente reflexiva (isto é, em relação ao contexto de surgimento e ao contexto de aplicação). O resultado foi *Conhecimento e interesse*, um livro que surgiu entre 1964 e 1968. Os traços fundamentais do argumento desenvolvido ali, eu os considero corretos tanto antes quanto agora. Mas hoje não creio mais na teoria do conhecimento como *via regia*. A teoria crítica da sociedade não precisa se comprovar metodologicamente em primeira linha; ela carece de uma fundamentação substancial, que a conduza para fora dos impasses da conceitualização ligada à filosofia da consciência e, sem abandonar aí as intenções do marxismo ocidental, suplante o paradigma da produção. O resultado é a *Teoria da ação comunicativa*. Em introdução brilhante a um volume especial que a revista *Praxis International* acabou de dedicar a meus trabalhos, Dick Bernstein desenvolve os diversos problemas que me obrigaram de maneira imanente a mais uma mudança de posição, de "conhecimento e interesse" para "sociedade e racionalidade comunicativa".

NLR: Qual é o seu juízo a respeito da constelação intelectual contemporânea no Ocidente? O senhor defendeu em "Por que ainda a filosofia" a perspectiva de que a intensidade e a originalidade da filosofia alemã teriam se transferido para os EUA, ao passo que a Europa teria recaído em uma "suicização confortável". O senhor manteria em pé esse juízo? Formulado em termos mais gerais: a maior parte de suas tomadas de posição dos últimos anos se refere a uma comparação entre Alemanha e Estados Unidos, como recentemente sua crítica às formas diferentes de neoconservadorismo nos dois países. Aí são decisivas as razões biográficas ou, no fundo disso, reside sua convicção do predomínio e da importância dessas duas culturas no fim do século XX para o Ocidente inteiro? É correta a suposição de que, por exemplo, a França e a Inglaterra – que em *Mudança estrutural da esfera pública* tinham um significado central para seu tratamento da cultura burguesa nos séculos XVIII e XIX – perderam em seus trabalhos subsequentes seu valor posicional destacado?

Habermas: Essa orientação pelos desenvolvimentos nos EUA tem seguramente razões triviais – é claramente típica da geração do pós-guerra de sociólogos e filósofos alemães, de modo geral. Isso tem naturalmente também a política de poder como pano de fundo. A República Federal da Alemanha tornou-se a tal ponto o 52º Estado norte-americano que só nos falta o direito de voto. Nunca antes essa dependência total mostrou-se tão sem disfarce como no outono passado, quando da outorga do estacionamento de mísseis. Apesar disso, tenho de fato preferências por uma cultura política que, como a norte-americana, provém do século XVIII. Admiro a abertura intelectual e a disposição para discutir, essa mescla de desenvoltura e engajamento com a qual me deparo mais nos estudantes norte-americanos do que aqui na Europa. Para um alemão da minha idade e com minha postura intelectual, soma-se a isso que, nas universidades norte-americanas, podemos seguir com bastante clareza as pegadas de emigrantes alemães que adquiriram uma grande reputação. Também o Instituto de Pesquisa Social, no qual trabalhei, regressou afinal dos EUA. E os membros não regressados – Marcuse, Löwenthal, Kirchheimer, Neumann e outros – colaboraram entre cá e lá, na densa rede de relações acadêmicas e pessoais. Hoje, essa rede se estende até mesmo a uma terceira geração de cientistas mais jovens.

Quando falamos dos mais jovens, não se pode ignorar que, na Alemanha, há mais ou menos dez anos, a influência intelectual dos franceses cresce constantemente. Em questões de teoria social, os estímulos mais espirituosos provêm de Paris – de pessoas como Bourdieu, Castoriadis, Foucault, A. Gorz, Touraine etc.

No que concerne enfim à Inglaterra – os senhores mesmos disseram, e é claro – que a filosofia analítica me marcou fortemente. Apesar disso, não gostaria de negar uma certa diferença de clima entre a Inglaterra e o continente. Entre o espírito do empirismo, dominante hoje tanto quanto ontem, e o idealismo alemão não existem afinidades eletivas profundas. No metabolismo filosófico, falta um fermento que poderia fazer a mediação entre as duas mentalidades, como o pragmatismo na América do Norte. Acho palpável essa estranheza nas convicções filosóficas fundamentais. Por exemplo, vejo uma certa incompreensão nos escritos que colegas importantes como Quentin Skinner ou W. G. Runciman, mesmo meu amigo Steven Lukes, dedicam a meus assuntos. Entre eles, a ontologia empirista tornou-se uma segunda natureza. Naturalmente, há também exemplos contrários disso, por exemplo, Tony Giddens.

NLR: Na *Teoria da ação comunicativa*, o senhor defendeu a tese segundo a qual Horkheimer e Adorno só podem opor à racionalidade totalizada com respeito a fins as forças miméticas irracionais da arte e do amor, "a fúria impotente da natureza revoltada".[1] Embora essas observações críticas sobre uma tendência determinada da Teoria Crítica clássica sejam corretas, é questionável, no entanto, se são atribuíveis sem mais a Adorno, que sempre foi consciente do perigo de um apelo a uma natureza desprovida de mediações. Seria possível que seus esforços em se distanciar do negativismo infatigável e em reabilitar as concepções construtivas e apoiadas na cooperação, características da Teoria Crítica dos anos 1930, tenham o levado a exageros polêmicos, nos quais o senhor subestimou a medida em que Adorno se comprometeu profundamente com os ideais da autonomia e do Esclarecimento?

Habermas: Concordo com os senhores: a crítica da razão de Adorno e Horkheimer não se obscurece em parte alguma a ponto de revogar o que a grande tradição filosófica, em particular o Esclarecimento, pretendeu um dia com o conceito de razão, por mais que tenha sido em vão. Ambos radicalizam, como Nietzsche, a crítica da razão até chegar à autorreferencialidade, isto é, até o ponto em que a crítica decompõe também seus próprios fundamentos. Mas Adorno se distingue

---

[1] *Theorie des kommunikativen Handelns*, v.2, p.451.

dos seguidores de Nietzsche, de Heidegger, por um lado, e de Foucault, por outro, justamente no fato de que ele não quer mais escapulir dos paradoxos dessa crítica da razão que se tornou como que sem sujeito – ele quer persistir na contradição performativa de uma dialética negativa que dirige os meios incontornáveis do pensamento identificante e objetificante contra ele próprio. No exercício do persistir, ele crê permanecer fiel o máximo possível à intenção de uma razão desaparecida, não instrumental. A razão desaparecida, pertencente ao pretérito mais-que-perfeito, encontra um eco unicamente nas forças de uma *mimesis* desprovida de palavra. Esse elemento mimético deve se deixar rodear pela dialética negativa, mas não – bem heideggerianamente – se abrir. O mimético permite pressentir, por certo, aquilo pelo qual assumiu o papel de guardador de lugar, mas ele não dá a conhecer nenhuma estrutura que se possa caracterizar racionalmente. Nesse sentido, Adorno não pode se referir a nenhuma estrutura heterogênea à razão instrumental na qual a violência da racionalidade com respeito a fins totalizada iria se chocar. Na passagem que os senhores mencionam, estou fixando essa estrutura resistente, a saber, aquela racionalidade imanente à práxis comunicativa cotidiana que faz valer o sentido intrínseco de formas de vida em contraposição às injunções funcionais do sistema de ação econômico e administrativo autonomizado.

NLR: Em relação à invocação adorniana da reconciliação, justifica-se a reprovação de que ela emprega em segredo o conceito de intersubjetividade, ao qual ele renuncia como categoria filosófica? E o que ele denomina "amor às coisas" pode ser reformulado simplesmente com os conceitos da comunicação distorcida? Consideremos, por exemplo, a seguinte passagem da *Teoria estética*, em que Adorno busca projetar uma relação recíproca entre natureza e tecnologia humana, sem supor que a natureza possa ser vista legitimamente como sujeito: "O desencadeamento das forças produtivas poderia, após a abolição da carência, transcorrer em uma dimensão diferente do que unicamente na intensificação quantitativa da produção. Rudimentos para isso se mostram onde construções funcionais se adaptam às formas e às linhas da paisagem; certamente, de imediato, onde os materiais dos quais foram construídos os artefatos provêm de seu entorno e se ajustam a ele, como muitos burgos e castelos. O que se chama paisagem cultural vale como esquema dessa possibilidade. A racionalidade que recorre a esses motivos poderia ajudar a fechar as feridas da racionalidade".[2] Em consideração a tais passagens, não se impõe a suposição de que a exploração da relação sujeito-objeto por Adorno e teoria da comunicação do senhor não se excluem, mas antes se completam?

Habermas: Com o devido respeito, eu considero um pouco inocente demais essa proposta de entender a *Teoria estética* de Adorno e minha teoria da comunicação de modo que elas meramente se completem. Por outro lado, tampouco uma pode simplesmente substituir a outra, mesmo porque eu raramente me manifesto sobre as questões da estética.

Albrecht Wellmer, que entende mais disso por formação, em um excelente tratado sobre "Wahrheit, Schein und Versöhnung" [Verdade, aparência e reconciliação],[3] explicou de que modo a utopia estética de Adorno como que "capota", tão logo

---

2 Ästhetische Theorie. In: *Gesammelte Schriften*, v.7, p.75-76.
3 Wellmer, Wahrheit, Schein und Versöhnung, p.138 et seq.

se desprende da conexão da *Dialética do Esclarecimento* com a filosofia da história. Pois, com isso, os discernimentos estéticos de Adorno se tornariam independentes da tese metafísica de que a humanidade apenas se enreda cada vez mais fundo na reificação com cada passo a mais de subjetivação. Faz parte desse elemento negativo, então, aquela perspectiva, prolongada até o positivo, de uma reconciliação da produtividade humana com a natureza, da qual os senhores lembraram com sua citação. Adorno apela ao "amor às coisas" não sem ironia e, no entanto, seriamente. Esse amor é a contraimagem utópica do desespero pelo fato de que a subjetividade "trabalha em seu próprio extermínio, por força de sua própria lógica".[4] Uma teoria da comunicação que rompe com a conceitualização da filosofia do sujeito tira o chão dessa "lógica", desse nexo interno aparentemente indissolúvel entre emancipação e subjugação. Pois ela descobre o momento mimético já na práxis cotidiana do entendimento linguístico, não só na arte. Permitam-me dizer isso com as palavras de Wellmer: "A uma filosofia que [como a adorniana] entende a função do conceito a partir da polaridade de sujeito e objeto, isso tem de permanecer oculto; ela não pode reconhecer, atrás das funções objetivantes da linguagem, as operações comunicativas como condições de sua própria possibilidade. Por isso, ela só pode entender a *mimesis* como o outro da racionalidade [...] Para reconhecer a unidade prévia do momento mimético e do racional no fundamento da linguagem, é preciso uma mudança filosófica de paradigma [...] Em contrapartida, se a intersubjetividade do entendimento, a ação comunicativa, é constitutiva da esfera do espírito tanto quanto

---

4 Adorno, Ästhetische Theorie, p.235.

a objetivação da realidade nos contextos da ação instrumental, então a perspectiva utópica que Adorno procura elucidar por meio do conceito de uma síntese sem forma, ligado à filosofia da consciência, como que migra para a esfera da própria razão discursiva: a intersubjetividade incólume, a junção sem coerção do múltiplo, que possibilitaria a proximidade e a distância, a identidade e diversidade dos indivíduos ao mesmo tempo, assinalam uma projeção utópica, cujos elementos a razão discursiva obtém das condições de sua linguisticidade".[5]

NLR: Em vários ensaios de data mais recente, o senhor emitiu juízos ásperos sobre o pós-estruturalismo, de acordo com os quais os pós-estruturalistas franceses devem ser vistos como "jovens conservadores". O senhor disse: "Com a atitude modernista, eles fundamentam um antimodernismo irreconciliável".[6] O senhor poderia fundamentar essa avaliação com mais detalhes e nisso, se necessário, apontar as diferenças entre os diversos pensadores pós-estruturalistas? E como explicar a discrepância entre sua condenação do pós--estruturalismo e sua recepção relativamente amistosa da obra de Richard Rorty, que não apenas demonstra paralelos com temas pós-estruturalistas como também, em alguns casos, é influenciada por eles?

Habermas: Como os senhores verão com base nas lições sobre o discurso filosófico da modernidade, a serem publicadas em breve, "condenação" não é o termo correto para minha atitude em relação ao pós-estruturalismo. Sem dúvida, existem muitas semelhanças entre a dialética negativa e o procedimento da des-

---

5 Wellmer, *Wahrheit, Schein und Versöhnung*, p.150.
6 *Kleine Politische Schriften I-IV*, p.463.

construção de um lado, entre a crítica da razão instrumental e a análise das formações de discurso e de poder, de outro lado. O elemento subversivo e pueril de uma crítica da razão consciente de sua autorreferencialidade paradoxal e o esgotamento de um potencial de experiência que só foi aberto pela vanguarda estética, ambos caracterizam um gesto nietzschiano do pensamento e da exposição que fundamenta a afinidade espiritual de Adorno com Derrida, por um lado, e com Foucault, por outro. O que o separa de ambos, tanto quanto do próprio Nietzsche, e isso me parece politicamente decisivo, é bem simplesmente isso: Adorno não sai do *contra*discurso imanente à modernidade desde o início, mas permanece fiel em sua insistência desesperada no procedimento da negação determinada da ideia de que, contra as feridas do Esclarecimento, não há nenhum remédio a não ser o do próprio Esclarecimento radicalizado. Adorno não se engana, como Nietzsche e seus discípulos, sobre a origem genuinamente moderna da experiência estética, em cujo nome a modernidade é submetida a uma rejeição niveladora, não dialética.

No que concerne então a Richard Rorty, não me contraponho menos criticamente à sua posição; mas ele entra menos na questão do "anti-humanismo", cujas pegadas na Alemanha conduzem a figuras politicamente inequívocas como Heidegger e Gehlen. Rorty retém da herança pragmatista, que em muitos aspectos, mas não em todos, reclama para si sem razão, ao menos uma intuição que nos liga a ambos: a convicção de que um convívio humano depende de formas vulneráveis de comunicações prenhes de inovação, recíprocas, igualitárias e sem coerção. Essa intuição é ainda mais estranha a Derrida e a Foucault do que a Adorno, que, como se sabe, permaneceu também um romântico; e isso não só como compositor.

NLR: Atualmente, o pós-estruturalismo, uma vez que seu estilo de pensamento penetra cada vez mais na Alemanha, ganha uma relevância visível. Em sua opinião, quais são as razões desse êxito, e o que o senhor pensa do repatriamento da filosofia de Nietzsche e Heidegger na forma pós-estruturalista?

Habermas: A influência dos pós-estruturalistas sobre as universidades alemãs tem a ver seguramente também com a situação do mercado de trabalho acadêmico. O horizonte de expectativas dos intelectuais mais jovens se obscureceu de tal modo que acabou se propagando um estado de ânimo negativista que, em parte, se converte em uma disposição à ressurreição apocalíptica. A realidade social faz o resto – ela não é exatamente mesquinha com a produção de riscos sempre novos, que se dão a conhecer também a uma consideração mais tranquila, sem mistérios, como consequências colaterais da ação racional com respeito a fins, isto é, como riscos autoimputáveis. Por isso, as teorias que concebem o todo como o não verdadeiro e oferecem como única afirmação a da falta de saídas não somente atingem os estados de ânimos críticos da civilização; elas possuem também um conteúdo de realidade em aumento. Como se vai reagir realmente ao último espetáculo eleitoral norte-americano, no qual todos os níveis de realidade se emaranharam uns com os outros triunfalmente, no qual um presidente apresenta diante dos olhos do público enlevado que ele, apesar de todas as reiterações de *leadership* e de *he-man-ship*, age tão somente como ator-presidente e em seguida é confirmado pelo povo no cargo? A isso só é possível responder com os gracejos cínicos do desconstrutivista.

Um pouco diferentemente se situam as coisas em Heidegger, que, como se sabe, continua sempre a despertar um horror sagrado na Alemanha. O recente retorno do "desnazificado" feliz se nutre naturalmente da recepção a-histórica na França e na América do Norte, onde entrou em cena depois da guerra, como a fênix saída das cinzas, na figura do autor de *Carta sobre o humanismo*.

NLR: Colocar em questão o pensamento sistemático na filosofia é a característica de muitas orientações intelectuais do século XX. É comum a pensadores tão distintos como Wittgenstein, Merleau-Ponty e Adorno o ceticismo em relação à possibilidade de uma filosofia como um cânon ordenado de verdades. Como o senhor defenderia a necessidade e a possibilidade da filosofia sistemática contra essas objeções profundamente arraigadas?

Habermas: Desde a morte de Hegel, sistemas filosóficos não podem mais ter boa consciência. Seja quem for que no século XX afirmou e praticou a morte, a superação ou a despedida da filosofia, não fez mais do que executar com atraso um decreto que já a primeira geração de discípulos de Hegel emitiu. Desde então o pensamento filosófico tenta passar para um outro *medium* – nesse aspecto nós permanecemos contemporâneos dos jovens hegelianos –, apesar de todas as ambições pós-modernas. *After Philosophy* – o título de uma coletânea de ensaios planejada por Tom McCarthy – assinala uma situação que para mim tornou-se tão evidente que considero bastante supérfluos os grandes gestos dos antissistemáticos. Faz uma renúncia ao pensamento sistemático todo trabalho filosófico que se enfia, sem pretensões fundamentalistas e com consciência falibilista, na rede ramificada das ciências humanas e sociais, a fim de contribuir com algo de útil em toda parte onde se trata de fundamentos presuntivamente universais do conhecimento, da fala e da ação.

NLR: O aumento constante de relevância de argumentos e modos de proceder da filosofia analítica é uma das modificações mais visíveis no interior de sua obra. O senhor poderia elucidar as razões desse desenvolvimento? Em que se distinguem os meios que a filosofia analítica põe à disposição daqueles de outras tradições importantes, incluindo as alemãs?

Habermas: Em geral, o modelo da filosofia analítica exerceu uma força saudável sobre a filosofia alemã do pós-guerra simplesmente porque colocou exigências mais elevadas no nível da explicação. No mais das vezes, aprendi com Wittgenstein, Austin e Searle; como os senhores sabem, encontro aqui instrumentos para investigar os pressupostos pragmáticos universais do emprego de proposições em proferimentos.

NLR: Ao longo da década passada, o aparecimento de novos trabalhos substanciais de filosofia política (Rawls, Nozick, Dworkin, Walzer) e o extenso debate que se seguiu a eles formaram o desenvolvimento mais importante no interior da filosofia de língua inglesa. Que significado o senhor atribui a esse desenvolvimento? E, em vista do fato de que os temas desses pensadores são em muitos aspectos idênticos aos seus, o senhor consideraria oportuno interferir nesse debate de um modo mais direto do que até agora?

Habermas: Eu poderia ter mencionado há pouco, além da teoria dos atos de fala, também a filosofia moral, em todo caso, a linha pela qual (de Baier e Singer até Rawls) deveria ser recuperada de certa maneira, em termos de análise da linguagem, a substância da ética kantiana. Eu mesmo fundamentei com mais detalhes nesse meio-tempo a abordagem de uma ética do discurso, favorecida por Apel e por mim.[7] É a tentativa de reconstruir a ética kantiana com os meios dados pela teoria da comunicação. Os estímulos que eu assimilei então provêm, sobretudo, de Rawls e de Kohlberg. Quando, no ano passado, por um motivo atual, coloquei em marcha uma discussão sobre desobediência civil, os trabalhos de Rawls e Dworkin foram os pontos de contato mais importantes. Se os senhores tiveram a impressão de que eu não me engajo suficientemente nessa frente, isso pode ter a ver com uma compreensão mais restritiva da dimensão da ética filosófica.

O filósofo deve explicar, segundo minha concepção, o *moral point of view* e fundamentar, se possível, a pretensão de universalidade dessa explicação, isto é, mostrar por que não se espelham aí apenas as intuições morais do masculino mediano, de classe média, de uma sociedade ocidental moderna. Tudo mais é assunto de discurso moral entre os participantes. Na medida em que o filósofo quer justificar determinados princípios de justiça e determinadas instituições fundamentais no quadro de uma teoria normativa da moral e da política, ele deve considerar isso uma proposta para o discurso conduzido entre os cidadãos. Com outras palavras: o filósofo moral tem de deixar ao critério dos participantes as questões substanciais que vão além de uma crítica fundamental ao ceticismo e ao relativismo axiológico – ou recortar de antemão a pretensão de conhecimento da teoria normativa conforme o papel de um participante. Com isso, também obtemos um espaço mais amplo para a contribuição das teorias sociais em termos de diagnóstico de época. Para a construção dessas teorias, no

---

[7] Habermas, *Moralbewußtsein und kommunikatives Handeln*.

entanto, considerações éticas são muitas vezes de grande utilidade metodológica. Eu discuti isso nos *Legitimationsproblemen* [Problemas de legitimação do capitalismo tardio], lançando mão do problema de como distinguir interesses universais de interesses particulares.

NLR: Em seus trabalhos mais recentes, considerações de estilo parecem entrar em segundo plano em comparação com um modo de expressão mais funcional, uma modificação que por certo tem a ver com o significado crescente da filosofia analítica em sua obra. Em sua opinião – tomando em consideração suas observações, em "Por que ainda a filosofia?", sobre o fim da "grande tradição", sobre a transformação da filosofia em um subdomínio da "pesquisa" e a sobrevivência do estilo do pensar filosófico ligado "à erudição individual e à representação pessoal" –, a ocupação com questões de estilo na obra do filósofo contemporâneo é um desvio ou uma regressão? Uma posição filosófica pode sempre se revestir de um enunciado direto?

Habermas: Os gêneros de texto se alteram sempre com a finalidade, dependendo se, por exemplo, vou à esfera pública política com o tema da interdição profissional* ou da desobediência civil, ou se profiro um discurso laudatório dedicado a Gadamer, se polemizo contra Gehlen, se escrevo um necrológio para Scholem, ou se me esforço, enfim, para fundamentar um princípio moral ou classificar atos de fala. Junto com essas

---

* *Berufsverbot*: Habermas se refere aos decretos que, nos anos 1970, restringiram o direito de liberdade profissional, proibindo a contratação em serviço público de pessoas com convicções e ligações consideradas "extremistas". (N. T.)

finalidades, variam os componentes retóricos. Certamente, sabemos, no mais tardar desde Mary Hesse, que mesmo a linguagem das ciências é impregnada de metáforas; isso vale tanto mais para a linguagem da filosofia, que, é claro, não se esgota em seu papel de guardadora de lugar para teorias científicas com forte pretensão universalista. Do caráter retórico inevitável de *toda* linguagem, mesmo da filosófica, não se pode, no entanto, como Derrida, extrair a conclusão de que então tudo seria uma coisa só, de que desmoronam as categorias do cotidiano e da literatura, da ciência e da ficção, da poesia e da filosofia. Para Derrida, todos os gatos são pardos na noite da "escritura". Essa consequência eu não gostaria de extrair. O uso da linguagem na práxis cotidiana se encontra sob limitações diferentes daquelas do uso da linguagem na teoria e na arte, o qual é especializado na solução de problemas ou na abertura inovadora do mundo.

NLR: Como o senhor resumiria sua teoria atual da verdade? Supondo que todo acesso adequado ao problema da verdade abrangesse tanto uma teoria da evidência como uma teoria da argumentação, seria possível dizer então que sua obra até agora tem dedicado mais atenção à teoria mencionada por último do que à primeira? O senhor manteria em pé, no momento presente, a distinção categorial – como realizou no posfácio a *Conhecimento e interesse* – entre "objetividade" fundada na experiência e pretensão de validade da "verdade" discursivamente resgatável?

Habermas: O cerne da teoria discursiva da verdade pode ser formulado com o auxílio de três conceitos fundamentais: *condições de validade* (que são preenchidas se um proferimento é válido), *pretensões de validade* (que os falantes levantam com seus proferimentos em favor de sua validade) e o *resgate* de uma pretensão de validade (no quadro de um discurso que é suficientemente aproximado das condições de uma situação ideal de fala, de modo que um consenso alcançado entre os participantes pode ser suscitado unicamente por meio da coerção do melhor argumento e nesse sentido é "racionalmente motivado"). O pensamento intuitivo fundamental é simples. Pretensões de validade se transformam em tema somente em casos não triviais, mas exatamente nesses casos não estão disponíveis regras de verificação para decidir diretamente se determinadas condições de validade são preenchidas ou não. Se pretensões de verdade ou justiça de modo geral são problematizadas com tenacidade, faltam deduções lógicas ou evidências concludentes que pudessem *forçar* uma decisão pró ou contra. Pelo contrário, é preciso nesse caso um jogo de argumentação, em que as razões racionalmente motivadoras adotem a posição dos argumentos *knock-down* [demolidores] ausentes. Caso se siga esse pensamento, vê-se que na tentativa de explicar o que significa um proferimento ser válido se apresenta a seguinte dificuldade. Um proferimento é válido se suas condições de validade são preenchidas. Mas, como suposto, o preenchimento ou não preenchimento das condições de validade só pode ser constatado com o auxílio do resgate argumentativo de uma *pretensão* de validade correspondente. Por isso, o sentido do preenchimento de condições de validade precisa ser elucidado lançando-se mão do procedimento para o resgate de pretensões de validade correspondentes. A teoria discursiva da verdade empreende uma semelhante tentativa de elucidação, ao explicar, nos termos da pressuposição pragmática universal para a geração discursiva de um acordo racionalmente motivado, o que significa resgatar uma pretensão de validade. Essa teoria da verdade só realiza uma explicação do significado, ela não oferece um critério; ao mesmo tempo, no entanto, ela mina a distinção clara entre significado e critério.

NLR: Em que medida o conceito de situação ideal de fala como princípio regulativo da verdade não é circular? Se a verdade é definida como aquele consenso que seria produzido pelos falantes em uma situação ideal de fala, como a própria existência de uma tal situação pode ser verdadeiramente constatada alguma vez? Em outras palavras: essa ideia não sucumbe à mesma crítica que Hegel apresentou contra a teoria do conhecimento de Kant – e a que o senhor apresentou em relação à teoria do conhecimento de Hegel em *Conhecimento e interesse* –, a saber, o *"a priori* do conhecimento antes do conhecimento"? Eventualmente se pode reformular uma tal crítica da seguinte maneira: de que modo uma situação de fala pode ser ideal, a não ser na relação de direitos iguais e de sinceridade dos falantes entre si? Mas, mesmo no caso ideal, essas condições poderiam levar apenas à concordância e não à verdade, isto é, abstraindo-se a evidência, a favor da qual as possibilidades jamais podem ser ideais, uma vez que dependem em determinada medida de técnicas que se alteram historicamente. Mesmo a *communitas* democrática e igualitária mais imaculada na Grécia clássica não poderia ter descoberto as leis da termodinâmica em razão da ausência da óptica moderna. Isso não forma um dos limites da teoria da verdade como consenso?

Habermas: A teoria discursiva da verdade pretende reconstruir apenas um saber intuitivo do sentido de pretensões de validade universais, do qual cada falante competente dispõe. "Situação ideal de fala" é uma expressão um pouco concretista demais para a grande quantidade de pressupostos universais e inevitáveis da comunicação que cada sujeito capaz de falar e agir sempre tem de fazer, caso queira participar seriamente de uma argumentação. Na resposta à sua questão anterior, eu quis lembrar como esse saber intuitivo de pressupostos da argumentação se associa com a pré-compreensão da verdade proposicional e da verdade moral ou correção, isto é, da validade veritativa e deôntica. Sabe-se pela filosofia e pela história da ciência que essas ideias são operacionalizadas de modo muito diverso; o que conta em cada caso como uma boa razão, como prova, como explicação ou confirmação, depende visivelmente das convicções de fundo historicamente cambiantes, também, como os senhores dizem, das técnicas correspondentes de dominação da natureza e de observação da natureza, em suma: de paradigmas cambiantes. A dependência das teorias em relação aos paradigmas pode se harmonizar mais com uma teoria discursiva da verdade do que com uma teoria realista. A teoria do discurso só é incompatível com um *relativismo* feyerabendiano de paradigmas, visto que parte da premissa de que as interpretações, dependentes de paradigmas, sobre as ideias de verdade e de correção *remetem*, apesar de tudo, a um núcleo universal de significados.

NLR: Qual é, a seu ver, a relação entre pretensões de verdade filosóficas e científicas? As pretensões de verdade filosóficas são pretensões cognitivas, e um consenso racional garantiria, em última instância, a verdade da própria teoria da verdade como consenso?

Habermas: Essa é uma questão interessante que me ocupa desde algum tempo, sem que eu tenha à mão uma resposta conclusiva nesse meio-tempo.

NLR: Qual é atualmente sua atitude em relação à psicanálise? Em *Conhecimento e interesse*, o senhor denominou a psicanálise como paradigma de uma ciência crítica, que serve a interesses emancipatórios. Ao mesmo tempo, o senhor constata que a metapsicologia de Freud seria um mal-entendido a respeito de seu próprio projeto; dos enunciados derivados da teoria das pulsões, "nem um único [...] jamais foi testado experimentalmente". Em que medida essa crítica se deixa aplicar ao cerne da própria teoria psicanalítica? Mas, mesmo que se deixasse de lado essa debilidade visível da psicanálise, discutida em grande medida, essa teoria não encerraria problemas especiais para uma teoria da verdade como consenso, na medida em que a interação entre analista e analisando se funda na confiança, ou seja, ela não é aplicável a outras pessoas? O abismo entre a situação "clínica" de fala e a situação "ideal" de fala não contém, para sua concepção original, a tentação de recorrer a uma justificação no fundo pragmática da teoria freudiana, cujo critério de verdade representa uma alteração no comportamento do paciente: a "continuação do processo de formação" em uma direção indeterminável e por um tempo indeterminável. Tem-se a impressão de que essa justificação corresponderia a um instrumentalismo à maneira de Dewey, como o que o senhor repele no posfácio de *Conhecimento e interesse*. Mas, mesmo sob uma tal perspectiva, a taxa de êxito não seria muito alta. Em resumo, como discutido em uma literatura extensa, não há mais dúvidas sobre a cientificidade de muitas afirmações freudianas do que o senhor supõe por volta dos fins dos anos 1960?

Habermas: Meu amigo Mitscherlich resumiu uma vez suas experiências como médico psicanalista assim: a terapia alcança "frequentemente não mais do que a transformação da doença em sofrimento, mas em um sofrimento que eleva o nível do *homo sapiens*, visto que não aniquila sua liberdade". Com essa frase, gostaria de expressar meu ceticismo em relação aos critérios das assim chamadas estatísticas de êxito.

Todavia, as coisas hoje parecem se dar de tal modo que a pesquisa psicanalítica não apenas na Alemanha, mas também internacionalmente, entrou em paralisia, e as pessoas jovens e inteligentes se encaminham mais para outras disciplinas. Mas até que ponto isso é definitivo? Muitas disciplinas sobreviveram a fases de estagnação semelhantes. Hoje o vento bate também contra o rosto da sociologia. Eu mesmo não me ocupei mais com a metapsicologia de Freud desde os fins dos anos 1960. Mas as tentativas, empreendidas por diversos lados, de reunir Freud e Piaget, eu as considero interessantes e fecundas. De resto, hoje como ontem, parece-me plausível minha interpretação de Freud em termos de teoria da comunicação. Eu não posso aceitar inteiramente sua objeção. Eu jamais entendi o discurso terapêutico, por causa das assimetrias inseridas nele entre médico e paciente, como discurso ou argumentação em sentido estrito. Todavia, é inerente a ele, por assim dizer, o *telos* da remoção daquelas assimetrias. Por essa razão, também o paciente adquire no fim, ao menos no caso ideal, uma liberdade de dizer sim e não que o imuniza contra a imposição sugestiva de interpretações funcionais, "úteis à vida" em sentido superficial. É claro, deve se tratar da continuação, possibilitada *pelo discernimento reflexivo*, de um processo de formação interrompido, neuroticamente inibido.

NLR: A *Teoria da ação comunicativa* contém uma reconstrução e uma crítica fascinantes da análise de Weber da "racionalização" como processo histórico-mundial. Nesse livro, o senhor desaprova Weber por ter abandonado seu ponto de partida – o surgimento da racionalidade substancial que vai de par com as grandes religiões mundiais – em sua concentração exclusiva sobre a racionalidade formal como matriz necessária do capitalismo moderno – e o senhor aponta também as lacunas significativas em sua teoria regional da origem do capitalismo –, sua negligência do surgimento da ciência moderna e, de modo geral, dos seus portadores sociais durante o Renascimento. São explicações convincentes. Não é tão claro, porém, se o senhor concorda com a própria peça central de sua tese sobre o significado da ética protestante, de acordo com a qual ela foi a força propulsora de um mundo da vida racionalizado e, com isso, o motor do capitalismo incipiente. Muitos historiadores receberam bem criticamente a afirmação de Weber sobre a importância do calvinismo; mencionemos somente a exposição crítica dos fatos evidentes em *Religion and Economic Action* [Religião e ação econômica], de Kurt Samuelson, ou os ensaios de Trevor-Roper sobre Erasmo. O senhor é da opinião de que esses questionamentos não atingem seu tratamento de Weber?

Habermas: De fato, negligenciei a vasta discussão sobre a questão de saber se e em que medida a análise de Weber sobre o capitalismo é afinal correta ou não. Em primeira linha, isso teve razões pragmáticas; daí teria surgido, se não mais um livro, ao menos um outro capítulo. Também por essas razões – para me exonerar – projetei a *Teoria da ação comunicativa* como um entrelaçamento de história da teoria e investigação sistemática. No caso de Weber, isso oferecia a vantagem de ilustrar uma ideia favorita: Weber vê com grande acuidade a estreiteza do particularismo da graça calvinista e os traços repressivos das formas de vida marcadas por ele; mas Weber se recusa a entender essa ética protestante como esgotamento *unilateral* de um potencial inscrito na ética da fraternidade universalista. De fato, espelha-se aí somente o padrão seletivo da racionalização capitalista em geral.

Mas esses interesses ligados à exposição não podem naturalmente sair do controle; do contrário, vira-se um cínico em questões de verdade. Até onde conheço a literatura, creio que a tese de Weber tem de ser ampliada e revisada, tendo em vista *outras* camadas de portadores do capitalismo incipiente. Mas duvido de que a revisão iria atingir o nexo geral entre a ética da convicção, a ascese intramundana e o comportamento econômico.

NLR: Uma pergunta mais geral: em sua opinião, qual é a posição da história como disciplina especializada no interior das ciências sociais, e que contribuição pode realizar para elas? O senhor, em *Para a reconstrução do materialismo histórico*, levantou a tese segundo a qual a "história como tal não é capaz de teoria", uma vez que é necessariamente uma narrativa retrospectiva, ao passo que "enunciados teóricos permitem a derivação de predições condicionais sobre *eventos a ocorrer no futuro*". A essa falta de capacidade de constituir teorias e de força de enunciação o senhor contrapõe, nesse aspecto, as capacidades da sociologia e da teoria da evolução. Essa distinção parecer ter íntima afinidade com a dicotomia neokantiana entre ciências ideográficas e nomotéticas. Mas ela se justifica? Não é fácil discernir por que historiadores como Taylor ou Hobsbawm não estariam em condições de fazer predições que devem ser, no mínimo, tão confiáveis – para formulá-lo com cautela – quanto as dos sociólogos, por exemplo, Bell ou Dahrendorf, que o senhor cita como fiáveis diagnosticadores de época. Por exemplo, alertas sobre o perigo crescente de uma guerra nuclear, quando proferidos com a autoridade de Edward P. Thompson, não possuem um peso especial? Os efeitos de uma separação nítida entre "história" e "teoria" no próprio materialismo histórico não são necessariamente paradoxais, no sentido de que sua reconstrução como teoria tem por consequência necessária sua limitação drástica como história, como acontece na forma evolucionária do materialismo histórico em "Kommunikation und die Evolution der Gesellschaft" [Comunicação e a evolução da sociedade]? À primeira vista, parece mais plausível a ideia de que os historiadores marxistas (e outros) contribuem mais para a empreitada de uma reconstrução do materialismo histórico do que psicólogos de crianças. Não se poderia aduzir, contra o senhor mesmo, o livro *Mudança estrutural da esfera pública* como um exemplo memorável de um trabalho que é ao mesmo tempo e inseparavelmente tanto histórico como teórico e que possui nos dois terrenos grande força de diagnóstico?

Habermas: A capacidade de prognóstico de teorias sociais foi e continua a ser muito reduzida; e isso dificilmente pode ser de outro modo, dado o alto grau de abstração em que são formulados esses enunciados sobre estados de coisas muito complexos. Tampouco duvido que um historiador inteligente e politicamente astuto, com suas intuições repletas de experiência, pode julgar muitas vezes com segurança surpreendente tendências evolutivas da história contemporânea. Por razões metodológicas, eu insisto nas diferenças – não nas diferenças de qualidade – entre teoria da ciência social e historiografia. Quando se introduz na história, sem mediações, pontos de vista a respeito da evolução social, é fácil recair em figuras de pensamento próprias da filosofia da história, de modo geral, no perigo de um pensamento ligado à teleologia da história, ao qual justamente os marxistas sucumbiram com bastante frequência. As considerações às quais os senhores se referem pertenciam ao contexto da crítica ao objetivismo histórico e às suas consequências funestas para a práxis política dos assim chamados partidos de vanguarda. Em caso algum me volto contra a necessidade de uma pesquisa histórica teoricamente instruída. Sobretudo porque teorias de inspiração marxista se comprovam, em última instância, apenas pelo fato de que contribuem com algo para a explicação de decursos históricos concretos. Eu mesmo sinto como desagradável que meu interesse há duas décadas (excluo pequenos escritos políticos) tenha se aplicado exclusivamente a problemas que se pode designar, em sentido mais amplo, como aqueles relativos à construção teórica. A crítica que Tom Bottomore dirigiu a mim nesse aspecto, eu não posso senão aceitá-la.

NLR: Quais são as razões metodológicas para a homologia postulada pelo senhor entre o amadurecimento do indivíduo e a evolução social? Na *Teoria da ação comunicativa*, o senhor constata que em *todas as* sociedades a maior parte dos adultos alcança os níveis mais elevados de competência moral e cognitiva, tal como descritos por Piaget e Kohlberg. Em que – se este é o caso – os graus de maturidade distinguidos pelo senhor podem contribuir para explicar as grandes diferenças *entre* essas sociedades, se elas são ordenadas com base em uma escala de racionalização de suas visões de mundo?

Habermas: Investigações empíricas depõem inteiramente contra a ideia de que todos os membros adultos, mesmo apenas em sociedades ocidentais modernas, tenham adquirido as capacidades para o pensamento formal e operacional (no sentido de Piaget) ou para juízos pós-convencionais (no sentido da teoria do desenvolvimento moral de Kohlberg). Eu afirmo tão somente (por exemplo, tendo em vista sociedades tribais) que indivíduos podem constituir estruturas de consciência que se situam em grau mais elevado do que aquelas já corporificadas nas instituições de suas sociedades. São primariamente os sujeitos que aprendem, enquanto sociedades em seu todo só podem efetuar passos de aprendizagem em sentido figurado. Novas formas de integração social e novas forças produtivas são tributárias da institucionalização e da utilização de formas de saber individualmente adquiridas, mas capazes de transmissão e enfim coletivamente acessíveis. O processo de implementação social se efetua, todavia, apenas na conexão com as lutas políticas e com os movimentos sociais, com o papel pioneiro de grupos marginais inovadores, e assim por diante. Portanto, eu parto da suposição trivial de que sujeitos capazes de fala e ação não podem não aprender, e apoio nisso a suposição de que os processos de aprendizagem ontogenéticos assumem funções pioneiras. Essa tese é contestada, aliás, por Klaus Eder em sua tese de livre-docência sobre o desenvolvimento do direito constitucional alemão desde o final do século XVIII. Ele atribui os impulsos inovadores imediatamente a processos de aprendizagem *sociais*, no quadro de novas formas de associação, isto é, a novas experiências de um trato igualitário, em primeiro lugar nas ligas maçônicas, nas sociedades secretas e nas associações de leitores, mais tarde nas ligas de artesãos do socialismo incipiente.

NLR: Uma teoria da emancipação pode passar sem o conceito de progresso? Na *Teoria da ação comunicativa*, o senhor acentua que não podemos reconhecer o valor de uma sociedade pelo grau em que seus mundos da vida são racionalizados, mesmo que apliquemos como padrão de medida uma racionalidade *abrangente*, não apenas formal, mas substancial; e o senhor propõe que se deveria falar de "saúde" e "doença" relativas de uma ordem social existente. Em um livro anterior, *Problemas de legitimação no capitalismo tardio*, o senhor criticou, ao contrário, o uso de tais conceitos, que são tomados da biologia, considerando-os inaplicáveis por princípio à sociedade. O senhor mudou nesse ponto a sua opinião ou isso permanece um problema relativamente sem solução? A dificuldade parece residir em evitar a postura histórica do vencedor – uma satisfação própria do iluminista que desvaloriza todas as formas sociais precedentes ou estrangeiras – sem recair em um agnosticismo político. Pois, por que se iria lutar por uma sociedade melhor, se todas as épocas e sociedades são "imediatamente iguais para Deus"? Um relativismo cultural consistente tem de ser conservador. Em sua opinião, como poderia ser uma solução desse dilema?

Habermas: Eu não revisei minha concepção nesse ponto; tanto quanto antes, considero que os enunciados sobre o nível de desenvolvimento de uma sociedade sempre só podem se referir a *algumas* dimensões e a estruturas *universais*: à capacidade de autocontrole e à complexidade sistêmica, de um lado, e às forças produtivas sociais e às formas de integração social, de outro. Uma sociedade pode ser superior a uma outra no que concerne ao grau de diferenciação de seu sistema econômico ou administrativo ou no que concerne às tecnologias e instituições jurídicas. Mas disso não se segue que possamos considerar mais elevada essa sociedade *em seu todo*, como uma totalidade concreta, como uma forma de vida. No que concerne ao conhecimento objetivante e ao discernimento moral, os senhores sabem que defendo a posição de um universalismo cauteloso. Nós observamos a tendência para uma racionalização "progressiva" do mundo da vida, naturalmente não como lei, mas como fato histórico. Reiteradamente foram constatadas aquelas tendências pelas quais as sociedades modernas se destacam em face das tradicionais: a reflexivização da tradição cultural, a generalização de valores e normas, a liberação da ação comunicativa em relação aos contextos circunscritos de maneira normativamente estreita, a difusão de padrões de socialização que promovem processos de individuação e a formação de identidades do eu abstratas e assim por diante. Mas todos esses "progressos" concernem às estruturas universais de mundos da vida de modo geral; eles nada dizem a respeito do valor de um modo de vida concreto. Esse valor teria de ser mensurado por outras coisas, que temos em vista no caso de juízos clínicos: se as pessoas levam uma vida "difícil" sob estes ou aqueles aspectos, se são alienadas de si mesmas. Para a intuição de uma vida não frustrada, temos em conta critérios que primeiramente valem no quadro de nossa cultura, que são plausíveis em nosso contexto de tradições, que, em todo caso, não podem ser generalizados da mesma maneira que os padrões com base nos quais julgamos processos de aprendizagem: conhecimentos da natureza, noções de moral e direito, que apesar da dependência em relação a paradigmas não são *plenamente* incomensuráveis. Até hoje não sei como formular teoricamente o núcleo universal dessas intuições clínicas, se é que elas têm algum.

NLR: Uma teoria moral do Esclarecimento pode contornar uma obrigação para com a felicidade? Se não, como uma "ética do discurso" se relaciona com a felicidade? Em seu ensaio sobre

Walter Benjamin, o senhor descreve a possibilidade de uma sociedade que é liberta da dominação e, ao mesmo tempo, sem sentido: a racionalidade sem felicidade. Mas uma semelhante possibilidade não contraria o argumento conforme o qual todo enunciado verdadeiro é uma "antecipação da vida boa"? Formulado em outros termos: na *Teoria da ação comunicativa* o senhor diz que a ética é uma ciência "reconstrutiva" e, em outro lugar, o senhor define essas ciências como aquelas que, diferentemente da Teoria Crítica, não possuem consequências práticas sobre o comportamento dos atores. Mas a ideia de uma ética *post facto* da codificação não problemática de práticas existentes não é virtualmente uma contradição em si mesma?

Habermas: Permitam-me avançar algumas proposições gerais. A moral tem a ver certamente com a justiça e também com o bem-estar de outrem, até mesmo com a promoção do bem-estar geral. Mas felicidade não se deixa produzir intencionalmente e só pode ser promovida de modo muito indireto. Eu prefiro um conceito relativamente estreito de moral. A moral se refere a questões práticas que podem ser decididas com razões, a conflitos de ação consensualmente solúveis. De natureza moral são apenas aquelas questões que se podem responder de maneira plena de sentido sob o ponto de vista kantiano da universalização – o que *todos* poderiam querer. Ao mesmo tempo, prefiro um conceito fraco de teoria moral. Já falamos disso: ela deve explicar e justificar o *moral point of view*, nada mais. Teorias morais deônticas, cognitivistas e universalistas são, na sucessão de Kant, teorias da justiça que têm de deixar não respondida a questão da vida boa. São especializadas de modo típico na questão da *justificação* de normas e ações. Para a questão de saber como podem ser *aplicadas* normas justificadas e como discernimentos morais podem ser *realizados*, ela não tem nenhuma resposta. Em suma, não se deve sobrecarregar a teoria moral, mas deixar alguma coisa ao critério da teoria social e o grosso ao critério dos próprios participantes, seja aos discursos morais deles, seja à prudência deles. O papel apenas advocatório tira da teoria seus limites estreitos: quem assume para si o risco precisa poder decidir *por si mesmo*. Mas agora vamos às suas questões.

A teoria moral procede reconstrutivamente, isto é, *a posteriori*. Aristóteles tinha razão quando julgava que temos de ter adquirido as intuições morais que a teoria clarifica em outra parte, isto é, em processos de socialização mais ou menos bem-sucedidos. Em contrapartida, gostaria de exigir de uma teoria crítica da sociedade também a tarefa de possibilitar as interpretações esclarecedoras da situação que concernem à nossa autocompreensão e nos orientam na ação. Entretanto, também a teoria da sociedade transgrediria suas competências se ela se oferecesse para projetar formas de vida desejáveis no futuro, em vez de criticar formas de vida existentes. Nisso ela pode se referir a repressões historicamente supérfluas e a potenciais de racionalidade não esgotados, legíveis no respectivo padrão de forças produtivas, no nível das noções jurídicas e morais, no grau de individuação etc. Por isso, a teoria marxista tampouco pode, com a expressão "socialismo", emitir uma letra de câmbio em favor de uma forma de vida *concreta*; no melhor dos casos, ela pode indicar as condições necessárias unicamente sob as quais seriam possíveis hoje formas de vida emancipadas.

NLR: Em que medida as carências formam para o senhor uma fonte de possíveis valores? Repetidas vezes, o senhor apontou para a "fluidificação" necessária dessas carências em toda moral ou sociedade pós-convencional e deu a entender que a arte teria de desempenhar um papel particularmente importante em uma tal reestruturação. O senhor poderia indicar alguns exemplos do tipo de processo que tem em mente?

Habermas: Nossas carências só nos são acessíveis de forma interpretativa, isto é, a linguagem é constitutiva das carências sob cuja luz se nos abrem as situações, por mais que recebam acentos afetivos. A mudança das linguagens valorativas, interpretadoras das carências, efetuou-se até agora de maneira naturalizada; a mudança desse vocabulário se efetuou em conjunto com a mudança das imagens linguísticas do mundo. No entanto, à medida que a arte e a literatura se diferenciaram, formando uma esfera com sentido intrínseco, e nesse aspecto se tornaram autônomas, estabeleceu-se uma crítica de literatura e de arte que trabalha em trazer para a linguagem cotidiana e, com isso, também para a práxis comunicativa cotidiana o conteúdo inovador da experiência. No *medium* dessa crítica, o processo antes naturalizado de revalorização furtiva de nosso vocabulário valorativo, de nossa linguagem que abre o mundo e interpreta as carências de modo geral, torna-se mais e mais reflexivo; o processo inteiro é como que discursivamente fluidificado. Conceitos centrais como felicidade, dignidade, incolumidade da pessoa se transformam agora como que diante dos olhos de todos. Experiências difusas, que se cristalizam sob circunstâncias de vida alteradas em termos socioestruturais, encontram sua expressão convincente, pregnante, visível, por meio da produtividade cultural. Castoriadis se refere a isso com o termo *imagination*. Com base em Baudelaire, Benjamin investigou, por exemplo, aquelas experiências de um mundo da vida concentrado em metrópoles que emergiu como um novo continente, na Paris do século XIX, na "capital do século XIX", como ele dizia. Kafka e Musil se apresentam como exemplos literários do espaço de experiência da monarquia austro-húngara decadente; Celan e Beckett, para um mundo transformado por Auschwitz. Nossas reflexões e discursos prático-morais são atingidos por essa produtividade, quer dizer, na medida em que apenas sob a luz dessas inovações podemos dizer o que queremos *realmente* e, sobretudo, o que *não* podemos querer. Só sob essa luz encontramos uma expressão exata para nossos interesses.

NLR: Há alguns anos, o senhor polemizou contra as teorias da pós-modernidade e colocou essas teorias em vínculo com o conceito de "pós-história" e com as implicações neoconservadoras do pós-estruturalismo. Porém, não é inequívoco se o senhor pretende negar a existência de desenvolvimentos aos quais corresponde o conceito de pós-modernidade ou se o senhor contesta a adequação da designação. O senhor contestaria, por exemplo, que o afastamento do caráter esotérico da alta cultura e a aproximação com uma fusão de alta cultura e cultura de massa representa um desenvolvimento ao qual poderia ser aplicado o conceito de "pós-modernismo"? Em sua *Teoria da ação comunicativa*, o senhor se refere ao surgimento de uma "arte pós-vanguardista", que "se caracteriza pela simultaneidade de orientações realistas e engajadas, com continuações autênticas daquela modernidade clássica que preparou o sentido intrínseco do estético". O senhor poderia mencionar para nós obras de arte que se movem nessa direção? E, uma vez que o senhor não nega para a cultura de massa todo potencial progressista, a fusão de alta cultura e cultura de massa seria um aspecto dessa "arte pós-vanguardista"?

A Nova Obscuridade

Habermas: Peter Bürger considera que a arte pós-vanguardista, a arte depois do fracasso da revolta surrealista, de modo geral a cena atual, se caracteriza pela coexistência de estilos que bebem da linguagem formal vanguardista ou da herança de estilos e literaturas realistas ou politicamente didáticas. Os senhores encontram exemplos em qualquer museu de metrópole. Essa coexistência inclui também as formas de "superação" da arte esotérica, ritualizadas nesse meio-tempo. Eu não interpretaria a cena contemporânea, no sentido do assim chamado pós-modernismo, como um sinal do esgotamento ou do "fim" do modernismo na arte e na literatura. Nosso estado depõe a favor, quando muito, da ideia de que as experiências estéticas abertas pela vanguarda não encontram uma entrada em uma práxis cotidiana racionalizada, mas circulam sem descanso em frente de suas portas, no interior de culturas de especialistas afastadas. Eu só partilho a reserva de Adorno contra a cultura de massa, contra a esperança precipitada de Benjamin em suas "iluminações profanas", na medida em que a fusão de alta cultura e cultura trivial não alcançou até agora a meta programática. A arte de massa dessublimada não intervém de modo algum de forma transformadora, iluminadora e libertadora nas formas de vida reificadas de modo capitalista, deformadas e deturpadas de maneira consumista e burocrática, senão que promove por sua vez essas tendências. Não era falsa a esperança dos surrealistas, mas o caminho, a superação da aparência estética, era contraproducente.

NLR: Uma das alterações mais chamativas em sua obra durante a última década consistiu na atenuação das afirmações sobre a "situação ideal de fala". Na *Teoria da ação comunicativa* o senhor confessa o caráter utópico do projeto de uma comunidade ideal de comunicação e aponta para o fato de que a racionalidade procedimental da fundamentação argumentativa não pode ser, enquanto tal, o conteúdo de uma forma de vida. Apesar dessas restrições, poderia haver uma tensão entre a produção de um consenso universal e o valor humano (e epistemológico) do conflito e das opiniões distintas. É essa espécie de tensão à qual Mill é sensível, quando escreve em *Sobre a liberdade*: "A perda de um auxílio tão importante para a apreensão clara e vivaz da verdade como o que é criado pela necessidade de explicá-la ou defendê-la contra ataques reduz, em medida não desconsiderável, a vantagem do reconhecimento geral, se é que não consegue eliminá-lo". Em *Mudança estrutural da esfera pública*, o senhor afirma que em Mill "a resignação perante o caráter irreconciliável dos interesses concorrentes na esfera pública é acompanhada por uma teoria do conhecimento perspectivista". Porém, isso não é totalmente preciso, como torna evidente a citação aduzida há pouco. Mill não duvida de que a verdade implica em última instância o consenso, mas para ele a concordância é paga com a negligência de outros valores humanos. O senhor leva em consideração essas reflexões?

Habermas: Penso que sim; como se sabe, já fui acusado por meus amigos marxistas, não inteiramente sem razão, de ser um liberal radical. Eu só posso repetir o que acentuei em outro lugar: "*Nothing makes me more nervous than the imputation that because the theory of communicative action focuses attention on the social facticity of recognized validity claims, it proposes, or at least suggests, a rationalist utopian society. I do not regard the fully transparent society*" – permitam-me em nosso contexto acrescentar: uma sociedade homogeneizada e uniformizada – "*as an ideal, nor do I wish to suggest any other ideal – Marx was not the only one frightened by* *the vestiges of utopian socialism*".[8] A situação ideal de fala é, como dito, uma descrição das condições sob as quais as pretensões de verdade e correção podem ser resgatadas discursivamente. Na ação comunicativa, essas pretensões de validade permanecem, na maioria das vezes, implícitas, e não problemáticas, porque o mundo da vida partilhado intersubjetivamente tem à disposição um pano de fundo sólido de evidências culturais. O papel coordenador da ação de processos de entendimento, que transcorrem pelos trilhos das pretensões de validade criticáveis, não contradiz, é claro, o pluralismo de formas de vida e interesses. O fato de que as sociedades modernas são diferenciadas e se diferenciam cada vez mais segundo formas de vida e campos de interesses é um fato que, de modo algum, desativa a ação orientada ao entendimento; a necessidade de entendimento crescente em igual medida tem de ser satisfeita, no entanto, em níveis de abstração cada vez mais altos. Por isso, as normas e os princípios suscetíveis de consenso tornam-se cada vez mais universais.

Não há também nenhum outro caminho para enfrentar a necessidade de entendimento que excede as possibilidades disponíveis de encontrar consenso; pois ele desaparece de modo geral tão logo os âmbitos de ação socialmente integrados são

---

8 Thompson, Held (orgs.), *Habermas, Critical Debates*, p.235. ["Nada me deixa mais nervoso do que a imputação de que, como a teoria da ação comunicativa foca sua atenção sobre a facticidade social de pretensões de validade reconhecidas, ela propõe, ou ao menos sugere, um sociedade utópica racionalista. Eu *não* considero a sociedade completamente transparente um ideal, nem desejo sugerir um outro ideal; Marx não foi o único a temer os vestígios do socialismo utópico." – N. T.]

ajustados à integração sistêmica. Evidentemente, isso aconteceu no curso da modernização capitalista com muitos domínios de vida. Dinheiro e poder, de maneira mais concreta, mercados e órgãos administrativos, assumem então as funções integradoras que até então eram preenchidas por valores e normas que obtiveram consenso. Minha tese, que desenvolvi no segundo volume da *Teoria da ação comunicativa*, em contraposição à teoria dos *media* de Parsons, é, no entanto, a seguinte: tais âmbitos de ação, especializados na tradição cultural ou na socialização de crianças e adolescentes, por exemplo, dependem do *medium* da ação orientada ao entendimento e não *podem* ser integrados sistemicamente. Em todo caso, uma comercialização ou burocratização iria provocar nesses âmbitos – esta é a tese – distúrbios, efeitos colaterais patológicos. Mas, com isso, acabei me desviando da sua questão sobre o direito do pluralismo.

NLR: Em suas discussões sobre as estruturas do tipo de dominação capitalista, o senhor acentua a maneira pela qual elas excluem e reprimem "interesses suscetíveis de universalização", em total oposição aos "interesses particulares", que elas mesmas representam secretamente. Em sua opinião, a diferença entre esses dois gêneros de interesses pode ser constatada, em princípio, por uma espécie de experimento mental que o senhor denomina "discurso simulado". O senhor poderia dar um exemplo desse discurso? Um dos problemas que essa distinção parece trazer consigo consiste no *status* daqueles interesses que, embora não sejam suscetíveis de universalização, ainda assim podem ser certamente fundamentados; em outras palavras, a questão da heterogeneidade "natural" de interesses, mesmo em sociedades socialistas, nas quais os portadores da ação ou grupos diversos possuem um grande número de necessidades totalmente determinadas, que, consideradas por si mesmas, são completamente legítimas, por exemplo, interesses regionais, ligados à ocupação, específicos de gerações e assim por diante. De que maneira o modelo da "formação discursiva da vontade" proposto pelo senhor, que parece privilegiar um consenso acerca de interesses suscetíveis de universalização, poderia contribuir para criar um equilíbrio entre demandas contraditórias dessa espécie?

Habermas: O modelo de interesses suscetíveis de universalização reprimidos é, evidentemente, apenas uma proposta de como se podem criticar interesses que se fazem passar por interesses universais, sem razão. Esse objetivo foi perseguido também por Marx em sua crítica das formas jurídicas burguesas ou em sua crítica às doutrinas de Smith e Ricardo. O modelo que proponho é apropriado para demonstrar a incapacidade de universalização de interesses supostamente universais. Um argumento que hoje, por exemplo, atrai essa suspeita emerge frequentemente nas explicações social-democratas: seria preciso dar estes ou aqueles estímulos aos investimentos "para assegurar postos de trabalho".

Sua objeção se dirige então contra uma suposição que não faço em absoluto. De modo algum parto da premissa de que em todas as decisões políticas, regulamentações legais ou administrativas, ou mesmo na maior parte delas, está em jogo um interesse *universal*. As sociedades modernas não são constituídas dessa maneira. As matérias sociais que hoje são reguladas por intervenções estatais referem-se frequentemente, ou na maior parte das vezes, *apenas* a campos de interesses particulares. Em tais casos, os discursos morais poderiam ter unicamente a finalidade de retirar a legitimação do privilégio de um lado que pretende defender um interesse universal. Quando só estão em jogo interesses particulares, conflitos de ação não podem ser conciliados, mesmo em casos ideais, por meio de argumentação, mas apenas por negociação e compromisso. Os procedimentos de formação de compromisso, no entanto, podem ser julgados sob pontos de vista normativos. De modo algum se poderá esperar um compromisso equitativo se as partes implicadas não dispõem de posições iguais de poder ou potenciais de ameaça. Para dar um exemplo drástico: quando se trata da questão complicada dos "efeitos dos direitos fundamentais sobre terceiros" [*Drittwirkung von Grundrechten*], é de se esperar que a decisão do tribunal possa ser fundamentada argumentativamente; quando se trata da questão simples, mas politicamente espinhosa, da sede de uma usina nuclear, é de se esperar, no melhor dos casos, que se realize um compromisso equitativo. Eu *sempre* apontei para o fato de que compromissos não são propalados apenas factualmente, mas têm também normativamente um valor posicional não desprezível. Nesse aspecto, eu tampouco tenho dificuldades com o pluralismo de interesses. Temos até a expectativa de que o pluralismo de formas de vida e o individualismo de estilos de vida iriam aumentar de maneira francamente exponencial em uma sociedade que mereça o nome de "socialista".

NLR: Perante o pano de fundo de formas clássicas de marxismo, uma das inovações de sua obra inteira consiste em uma passagem da "produção" para a "comunicação", tanto como foco analítico quanto como fonte de valor. Ao mesmo tempo, porém, o senhor acentua reiteradamente que se considera um materialista. O senhor poderia elucidar com mais detalhes o materialismo defendido pelo senhor?

Habermas: Em minhas primeiras publicações, já entendia o "materialismo" no sentido marxiano como uma abordagem teórica que de modo algum se limita a constatar a dependência da superestrutura em relação à base, do mundo da vida em relação aos imperativos do processo de acumulação, mas a explica e ao mesmo tempo a denuncia como a função latente de uma formação social determinada, historicamente transitória. A passagem propagada por mim do paradigma da produção para o da comunicação significa, no entanto, que a teoria crítica da sociedade não tem de fiar-se mais no conteúdo normativo do modelo expressivista da alienação e reapropriação de forças essenciais. O jovem Marx tomou de empréstimo esse modelo da estética da produção de Kant, Schiller e Hegel. A mudança de paradigma da ação com respeito a fins para a ação comunicativa não significa que eu teria de renunciar à reprodução material do mundo da vida como ponto de referência privilegiado da análise. O padrão seletivo da modernização capitalista e as patologias correspondentes de mundos da vida racionalizados de modo unilateral, eu os explico, agora tanto quanto antes, com base em um processo de acumulação capitalista, amplamente desacoplado de orientações por valores de uso.

NLR: Em que medida a emergência da ecologia, tanto como teoria quanto como movimento, restringe sua perspectiva anterior segundo a qual só há "uma postura teoricamente fecunda em relação à natureza", aquela interessada pela disponibilidade técnica?

Habermas: A atenção para os ciclos ecológicos, para os biótopos, para sistemas de relação entre ser humano e meio ambiente, e assim por diante, provocaram certamente novos temas, novos questionamentos, talvez até mesmo novas disciplinas. Porém, até onde posso ver, as investigações ecologicamente inspiradas se movem por inteiro, em *termos metodológicos*, dentro de um quadro convencional. Por ora, nada parece depor a favor da ideia de que em uma atitude não objetivante, por exemplo, na atitude performativa de um participante da comunicação, possam se desenvolver ciências naturais alternativas – teorias que estivessem, por exemplo, na sucessão das filosofias da natureza românticas ou alquimistas.

B

NLR: Qual é o balanço de seu juízo a respeito do desenvolvimento político da sociedade ocidental entre os anos 1950 e 1980, o qual o senhor experimentou e vivenciou? A conclusão de seu livro *Mudança estrutural da esfera pública* contém uma certa ambiguidade. Subjaz à sua análise da mudança estrutural da esfera pública nas sociedades capitalistas uma postura profundamente pessimista; o senhor esboça uma imagem inesquecível de uma vida pública decaída, na qual a substância da democracia liberal se dissolveu em uma combinação de manipulação plebiscitária e apatia privada, na qual declina a coletividade dos cidadãos. O senhor menciona, ainda que sucintamente, a possibilidade de uma "restauração" da esfera pública por meio de uma democratização dos partidos, associações voluntárias e mídias; no entanto, o senhor menciona apenas algumas razões que justificam a esperança de que isso possa acontecer. Lançando um olhar sobre os últimos 25 anos, o senhor julga que as coisa melhoraram ou pioraram, ou que tudo permaneceu mais ou menos igual?

Habermas: É uma empreitada arriscada converter as experiências intuitivas da vida de um contemporâneo político em cálculos de ganho e perda. Por outro lado, preciso admitir que,

A Nova Obscuridade

é claro, também uma teoria social correta, e um diagnóstico de época apoiado nela, não tem outro sentido senão aguçar a percepção para o potencial ambivalente dos desenvolvimentos contemporâneos. Permitam-me, portanto, tentar algo assim para a República Federal da Alemanha. Por um lado, tenho a impressão de que se reforçaram as tendências para o declínio de uma esfera pública de talhe liberal, de uma formação de opinião de talhe discursivo, mediada pela leitura, razões e informações, desde o final dos anos 1950. A favor disso depõe o modo de funcionar das mídias eletrônicas, de modo geral um desenvolvimento de estruturas de comunicação organizada, que privilegia fluxos de informação de segunda e terceira mão, difundidos de maneira centralizada, verticais, transcorrendo em via de mão única e assimilados em privado. Nós observamos uma substituição crescente de palavras por imagens, também aquela mescla de categorias como propaganda, política, entretenimento, informações que Adorno já criticou. A crítica de Adorno à cultura de massas deveria ser prosseguida e reescrita. O aspecto visível de nossos centros metropolitanos absorveu evidentemente de maneira irônica elementos do surrealismo e promoveu o reencantamento da realidade desrealizada ao brilho do neon. O banal se funde com o irreal, os costumes helenisticamente desdiferenciados se fundem com estilos *high--tech*, as ruínas das culturas populares com bizarrices pessoais, polidas pelo consumismo. Os montes de escombros da civilização são disfarçados com plástica. A substância do universal se dissolve em um narcisismo que perdeu todo aspecto individual e se tornou estereótipo. Como dito, Derrida e um desconstrutivismo saracoteador dão a única resposta apropriada a esse surrealismo realmente existente. E com este combina, por sua vez, agora um pouco mais seriamente, uma outra tendência, que por certo também progrediu: uma manipulação da lealdade das massas, ao mesmo tempo aperfeiçoada e passando por respeitável, regida por partidos políticos que migram do mundo da vida para o sistema político. Antes se dizia ainda que os partidos e seus expoentes criavam para si a *aclamação* do público eleitor. Essa é uma expressão antiquada e tocante em relação às encenações, bloqueadas contra toda espontaneidade, que decorrem de acordo com o roteiro e literalmente colocam tudo sob controle. Em todo caso, *esta* foi a nova qualidade que atingiu a última campanha norte-americana para a presidência, com um ator-presidente cujo ofício se limita mais e mais a representar esse ofício como uma realidade fictícia para o mundo exterior. A realidade alcança a descrição que a teoria dos sistemas de Luhmann oferece dela: o sistema político *extrai* da esfera pública a legitimação de que ele precisa. Este é um lado.

Por outro lado, porém, também se reforçam as reações a um tal esvaziamento da esfera pública política. Nossas observações de que as criações de legitimação se chocam com dificuldades e os lamentos especulares dos neoconservadores sobre a "ingovernabilidade" não são, com efeito, inteiramente falsos. Eu escrevi *Mudança estrutural* ainda antes do movimento de protesto dos anos 1960; aliás, sem prevê-lo o mínimo que seja. Na República Federal da Alemanha, multiplicam-se nesse meio-tempo os indícios de resistências localmente dispersas, subculturais, de movimentos defensivos na "base", e mesmo de manifestações de massa espetaculares, que de repente se inflamam e se recolhem em si mesmas. As manifestações pacifistas no outono de 1983, imediatamente antes da instalação dos mísseis, alcançou uma extensão inimaginável até então na história da República; elas tinham também uma qualidade até então desconhecida, digamos lá, uma agressividade disciplinada. A sensibilidade para as ameaças à proteção dos dados pessoais, como se manifestou na resistência bem-sucedida contra o censo planejado, contra a introdução de uma carteira de identidade "à prova de falsificação" etc., é um outro sintoma, certamente menos dramático. Ajustam-se a esse contexto as observações feitas pela sociologia eleitoral a respeito de uma erosão dos vínculos partidários tradicionais, de uma flutuação crescente dos eleitores. Não somente os êxitos dos "verdes" sinalizam o que se chama entre nós o "desânimo com os partidos". De modo geral, parece que o chão se torna escorregadio. Formam-se potenciais de reação mais ou menos incalculáveis, que se mobilizam por motivos casuais.

Essas duas tendências contrárias, em favor das quais mencionei algumas ilustrações, testemunham uma polarização da esfera pública em setores oficiais, dirigidos de cima, ressecantes, e em subculturas locais, não fáceis de definir em termos socioestruturais, em parte ligadas à velha classe média, em parte com orientação "pós-materialista", em todo caso subculturas resistentes, que se tornaram o núcleo das contraesferas públicas autônomas: idosos e jovens, feministas e homossexuais, deficientes e trabalhadores ativos, *radical professionals*, donas de casa suburbanas etc.

NLR: Nas obras seguintes à *Mudança estrutural da esfera pública*, emerge por assim dizer um contratema, o da "crise de legitimação" da ordem existente, que não está vinculado a um declínio da esfera pública, mas a um declínio do "programa de substituições" ou ao privatismo civil e à "ideologia do desempenho". O senhor desenvolve essa avaliação mais otimista em *Técnica e ciência como "ideologia"* e *Problemas de legitimação no capitalismo tardio*. Como o senhor julga esse diagnóstico hoje, em uma época com uma forte recessão e com a onda de neoconservadorismo que a acompanha?

Habermas: Bem, na época eu já estava reagindo às experiências com o movimento de protesto estudantil.

NLR: No ensaio homônimo de *Técnica e ciência como "ideologia"*, o senhor defende a tese de que a ideologia dominante nas sociedades ocidentais tira suas palavras-chave de "tecnologia e ciência"; a ordem social e política é legitimada, em última instância, em nome de uma eficiência e de uma necessidade tecnocrática. No entanto, não se poderia objetar contra isso que é antes a "democracia" o código de legitimação fundamental do capitalismo ocidental? Em uma análise dos discursos de Reagan, Thatcher, Kohl ou Mitterrand, não se tornaria patente que, embora o discurso da "eficiência e crescimento" seja muito importante, ele é estruturalmente subordinado ao discurso da "liberdade e democracia"? Pois, por exemplo, o estacionamento de mísseis, a redução de serviços sociais e a domesticação dos sindicatos não são fundamentados dessa maneira?

Habermas: Ainda assim se poderia defender a tese de que Reagan ganhou sua última eleição como animador de um clima de *efficiency and prosperity*. Por outro lado, é certamente correto que uma práxis tecnocrática contínua hoje, sob o signo de estados de ânimo e lemas neoconservadores, não se justifica mais com ideologias tecnocráticas. Técnica e ciência perderam, como programa ideológico, muito de sua eficácia na esfera pública. Minha análise de 1968 não pode ser simplesmente prosseguida hoje; como se sabe, já a complementei em 1973, em *Problemas de legitimação*. E, na *Teoria da ação comunicativa*, abordei a "crise do Estado de bem-estar social" ocorrida nesse meio-tempo. Na percepção pública, o projeto do Estado de bem-estar social se tornou problemático também no aspecto de que os meios burocráticos com os quais o Estado intervencionista quisera executar a "domesticação social do capitalismo" perderam sua inocência. Não mais somente a monetarização da força de trabalho, também a burocratização do mundo da vida é sentida hoje em amplas camadas como ameaças. O poder político-administrativo perdeu a aparência de neutralidade na experiência cotidiana dos clientes das burocracias do Estado de bem-estar social. Esses novos estados de ânimo são aproveitados também pelos neoconservadores, a fim de vender, sob a rubrica *"liberty and democracy"*, a conhecida política de retransferência dos ônus problemáticos do Estado para o mercado; uma política que agora, sabe Deus, nada tem a ver com a democratização, que, pelo contrário, promove o desacoplamento maior da atividade estatal em relação à pressão por legitimação da esfera pública, e que, com o termo "liberdade", não se refere à autonomia do mundo da vida, mas às mãos livres dos investidores privados.

NLR: Sob o ponto de vista da orientação, da constância e dos efeitos de seu protesto contra a ordem existente, como se poderiam comparar os novos movimentos sociais dos anos 1980 com o movimento estudantil dos anos 1960?

Habermas: Isso só posso tentar responder novamente no que concerne à Alemanha. Sob as condições do *boom*, com interpretações falsas da situação, amplamente tomadas de empréstimo do marxismo ortodoxo, e na estreita área de captação representada pelas universidades, o nosso movimento estudantil já expressou, e em parte efetivou, uma mudança de atitude em termos de revolução cultural que se manifesta nos Novos Movimentos Sociais desde meados dos anos 1970. Sob as condições da recessão constante e do desemprego crescente, esses movimentos têm uma atitude mais defensiva, são menos articulados do que os estudantes; talvez eles sejam mais realistas em suas interpretações da situação; sobretudo, são recrutados de áreas de captação sociais mais amplas. Por exemplo, as diferenças entre os trabalhadores mais jovens, aprendizes, estudantes e desempregados se desgastaram no quadro de uma cultura juvenil homogeneizada, não só nos aspectos externos. No entanto, a base social mais vasta não dá ainda testemunho de um poder de veto bem ancorado em termos socioculturais. Essa "aliança antiprodutivista" testemunha, no momento, uma certa força psicossocial de contágio, mas ela não possui nenhum domínio funcional importante para a vida na sociedade industrial. Não obstante, as políticas neoconservadoras são o melhor caminho para assegurar aliança mais afluência a essa aliança. Mesmo que na manifestação desses potenciais de resistência venha a existir uma oscilação já completamente imprevisível, considero falso o prognóstico de que o descontentamento das pessoas se dissipará logo. O descontentamento é gerado estruturalmente.

NLR: O senhor é ainda da opinião de que foi um erro dos verdes da Alemanha Ocidental fundar um partido político e participar das campanhas eleitorais? Como o senhor avaliaria atualmente as perspectivas de êxito dos verdes?

Habermas: Talvez meu alerta na época tenha sido pusilânime, mas não era infundado. A luta previsível entre as alas fundamentalistas e reformistas pode ainda extenuar o partido dos verdes. O experimento só continua auspicioso na medida em que essa tensão dialética não se descarrega para um lado: sobretudo internamente, no relacionamento com eles mesmos, os verdes precisam intensificar sua capacidade de negociação. Pois aí reside obviamente o problema que precisaria ser resolvido: como assegurar a relativa capacidade de ação, e mesmo a mera capacidade de existência de um partido político que tem de suportar em si a contradição entre movimento social e sistema político? Permitam-me, para elucidar essa contradição, fazer um pequeno rodeio.

A República Federal da Alemanha é castigada já faz algum tempo pelo escândalo das doações da empresa Flick. O escândalo não consiste na corrupção de deputados, líderes partidários e ministros que arrecadam doações ilegais para seu partido, a fim de favorecer os interesses do grande capital. A influência privilegiada dos proprietários de capital sobre o aparelho estatal é assegurada pelos nexos funcionais e estruturas, de sorte que não é preciso em absoluto esse método arriscado e patriarcal de influenciação de pessoas particulares. O método Flick é ultrapassado e atípico. O processo manifesta algo diferente, na verdade completamente trivial: os partidos políticos não podem mais se financiar com as contribuições dos membros e só podem se deixar alimentar pela metade com meios fiscais, visto que, do contrário, precisariam admitir o quanto já se desligaram de sua base e se autonomizaram como órgãos do Estado. Medido pela autocompreensão normativa, o verdadeiro escândalo, se é que ele é sentido ainda como tal, consiste no seguinte. Os partidos promovem o processo de legitimação, de boa consciência, quase unicamente da perspectiva voltada ao asseguramento da conservação do sistema político, em todo caso, a perspectiva de um mero mediador no processo de formação da opinião pública é tão mínima que eles acabam cobrindo a esfera pública política com suas intervenções, em vez de reproduzir-se *a partir* dela.

Ora, em suas declarações, os verdes não querem ser nem tornar-se um partido assim. Por outro lado, eles tampouco podem submergir na voragem das muitas contraesferas públicas subculturais e locais. Como partido, eles precisam fazer *in loco* que o particularismo confiante dos dissidentes despreocupados com as normas civis de igualdade passe pelo filtro da generalização, da consideração simétrica dos interesses. Talvez esse experimento só devesse ter começado depois que nas diversas esferas públicas autônomas a capacidade de auto-organização tivesse se desenvolvido com mais força. Talvez o experimento tenha sucesso apesar disso; estímulos salutares provêm agora, por exemplo, da vida interna do SPD, sem o qual nada se move de maneira realista.

NLR: Qual é o seu juízo sobre a questão alemã e as relações entre as duas Alemanhas? O problema da "reunificação" ou da "confederação" pode se tornar tema da esquerda atualmente?

Habermas: Willy Brandt acabou de proferir em Munique um discurso impressionante sobre esse tema. Seu tom foi: a questão alemã não está mais aberta. O rumor sobre um novo nacionalismo alemão, eu o considero absurdo; vive mais das invenções do *New York Times* do que dos estados de ânimo aqui no país. A nostalgia de muitos intelectuais pela identidade alemã perdida é tão *kitsch* quanto é mentirosa a retórica da reunificação dos oradores de domingo do CSU. Kurt Schumacher, ao voltar do campo de concentração, foi tomado pela ideia de ter cometido um erro no fim da República de Weimar; por isso, ele quis na época, como adversário de Adenauer, incorporar preventivamente sentimentos de direita que não havia mais. A esquerda na Alemanha Ocidental não tem o menor motivo para repetir esse erro.

NLR: Em *Mudança estrutural da esfera pública*, o senhor apontou para o fato de que Kant deixou de desenvolver uma teoria de como o poder político, que pode institucionalizar a unidade moral de uma sociedade de cidadãos livres, poderia por seu turno ser conquistado, em outras palavras: Kant ignora (como o senhor formula em uma passagem de seu livro) "a luta ferrenha com os antigos poderes" do absolutismo, que representa o preço da vitória do Estado de direito burguês. Não se poderia dizer, *mutatis mutandis*, pelo menos parcialmente, algo análogo sobre sua teoria de uma comunicação livre de dominação? Como o poder que Kant deixou de considerar e que provém da revolução burguesa tem de ser transformado, ou seja, por qual tipo de lutas materiais?

Habermas: A "liberdade em relação à dominação" é pressuposta por aqueles que entram em uma *argumentação*. Seria uma falácia concretista supor que uma sociedade emancipada consistiria apenas de "comunicação livre de dominação"; isso me é atribuído por pessoas que simplificam um pouco demais as coisas para si mesmas. A liberação do potencial de razão inscrito na ação comunicativa é um processo histórico-universal que se inicia com a "linguisticização do sagrado"; na modernidade, ele conduz a uma racionalização de mundos da vida, à diferenciação de suas estruturas simbólicas, que se expressa, sobretudo, em sucessivas flexibilizações de tradições culturais, em processos de individualização, em generalização de valores, no estabelecimento de normas mais abstratas e universais, e assim por diante. São tendências que não significam *per se* algo bom, mas indicam que se esfarela o consenso de fundo prejulgado no mundo da vida, que aumentam os casos em que interações têm de ser coordenadas por meio de um acordo obtido entre os próprios participantes. Caso contrário, elas têm de ajustar-se à *media* como dinheiro e poder ou ser controladas por pseudoconsensos. Por sua vez, cada vez menos esses pseudoconsensos podem ser assegurados por ideologias; pelo contrário, eles podem ser substituídos pela fragmentação da consciência e por barreiras à comunicação que desfiguram a práxis cotidiana de uma maneira discreta.

Eu trago essas considerações sociológicas, esmiuçadas no segundo volume da *Teoria da ação comunicativa*, para dizer que não sou, afinal, nenhum filósofo transcendental. Eu não falaria de "racionalização comunicativa" se não se pudesse reconhecer nos últimos 200 anos de história europeia e americana, nos últimos 40 anos de movimentos de libertação nacional, apesar de todas as catástrofes, também um fragmento de "razão existente", como Hegel teria dito, nos movimentos burgueses de emancipação não menos do que no movimento operário, hoje no feminismo, nas revoltas culturais, nas resistências ecológicas e pacifistas. É preciso ter em vista também as transformações antes de tudo subcutâneas nos padrões de socialização, nas orientações axiológicas, por exemplo, na propagação de carências de expressão e de sensibilidades morais, ou no revolucionamento dos papéis de gênero, em uma transformação do valor posicional subjetivo do trabalho remunerado etc.; além disso, semelhantes deslocamentos de maior duração na economia das motivações e das atitudes da população não pendem no ar. São apoiados estruturalmente, sobretudo, pelo fato de a segunda revolução industrial intensificar a produtividade do trabalho em um ritmo veloz, diminuindo drasticamente o tempo de trabalho socialmente necessário; por isso, como Gorz, Offe e Negt dizem, levando adiante uma antiga ideia de Marcuse, serão necessários esforços cada vez mais absurdos para manter em reserva a massa crescente dos afastados e dos marginalizados, em prol do papel do trabalhador de tempo integral, elevado à norma pelo mercado de trabalho capitalista, em vez de realizar um desacoplamento entre o emprego, de um lado, e a renda e a segurança social, de outro, abolindo o fetichismo do mercado de trabalho.

NLR: A introdução de *Teoria e práxis* contrasta "ação comunicativa" com "ação estratégica", a arte da persuasão em contraste com a manobra tática e a coerção. Essa distinção política assemelha-se muito fortemente com o par conceitual de Gramsci "direção" e "dominação". Seu próprio engajamento em favor do exercício o mais amplo possível da ação comunicativa como princípio condutor da práxis política é inequívoco. Na sua opinião, há alguma razão para supor que no capitalismo desenvolvido são postos limites à força de convencimento da ação comunicativa, limites possíveis ou prováveis ao Esclarecimento? Ou o senhor se inclina à visão segundo a qual a passagem ao socialismo poderia obter em princípio a concordância democrática até mesmo daqueles cujo capital é desapropriado?

Habermas: Com certeza os senhores querem brincar comigo!

NLR: O senhor sempre rejeitou a mudança de teorias procedimentais da democracia para teorias institucionais; assim, por exemplo, o senhor criticou os defensores da "democracia de conselhos" por misturar as duas teorias. Mas essa mudança não é essencial, e mesmo urgente, se o socialismo deve se tornar um projeto fidedigno para a sociedade ocidental? Pois, se o senhor pode descrever a transformação da esfera pública burguesa *no interior* do capitalismo, indo de uma substância e vitalidade maior para uma menor, como "mudança estrutural", então parece ser evidente que, no caso de uma passagem *para além* do capitalismo, as transformações acarretam modificações "estruturais" consideravelmente maiores na democracia, as quais só podem ser especificadas em termos institucionais.

Habermas: Eu considero que é preciso distinguir entre a ideia de justificação democrática da dominação política e a institucionalização desse patamar de justificação, cambiante conforme as circunstâncias. A ideia de um processo de formação da vontade, da qual todos os concernidos participam como livres e iguais, é uma coisa, a organização de negociações e discursos formadores da opinião e da vontade, que se aproxima o máximo possível dessa ideia sob as condições dadas, é outra coisa. Por exemplo, só se pode criticar adequadamente o parlamentarismo burguês, em suas diversas fases e contextos nacionais, quando se mantêm as duas coisas separadas. Daí não se depreende, porém, como os senhores parecem supor, que a passagem do socialismo, seja como for que se possa imaginá-lo hoje em sociedades de nosso tipo, não alteraria nada nas instituições políticas existentes, ou não deveria alterar nada. Estou convencido de que a concorrência dos partidos autonomizados, que no essencial conduzem de maneira manipuladora a atividade de criar legitimação, precisaria se modificar. Suponho que seria preciso produzir uma *outra* espécie de divisão de poderes. No entanto, também considero que essas alterações das instituições políticas só devam se efetuar à luz de princípios constitucionais reconhecidos hoje, esgotando o conteúdo universalista desses princípios. Toda a miséria do assim chamado socialismo realmente existente remonta, em princípio, ao desprezo inescrupuloso pelos princípios do Estado constitucional, como se estes não fizessem parte também, e em primeira linha, daquelas forças produtivas, daqueles resultados dos movimentos burgueses de emancipação que primeiramente tornaram possível o socialismo.

NLR: Na *Teoria da ação comunicativa*, o senhor escreve: "no socialismo burocrático, tendências de crise surgem dos mecanismos de autobloqueio da administração planejadora, de modo análogo às interrupções endógenas do processo de acumulação do outro lado". De que maneira o senhor imagina, em vista dessas restrições formais tanto do mercado como também do planejamento, o funcionamento da economia em uma sociedade socialista democrática?

Habermas: Como vou responder isso em poucas palavras? Depois dos 50, 60 anos de desenvolvimento russo-soviético, até a última pessoa da fila acaba vendo que Max Weber tinha razão, quer dizer, que a abolição da propriedade privada dos meios de produção de modo algum abole as estruturas de classe como tais. Eu pessoalmente tampouco creio mais que um sistema econômico diferenciado possa se reconfigurar por dentro, de acordo com receitas simples da autogestão dos trabalhadores. O problema parece ser antes saber como, em esferas públicas autônomas, as capacidades de auto-organização podem se desdobrar a tal ponto que os processos de formação da vontade orientados a fins, próprios de um mundo da vida orientado aos valores de uso, possam manter em xeque os imperativos sistêmicos do sistema econômico e do aparelho estatal, colocando *ambos* os subsistemas controlados por *media* na dependência dos imperativos do mundo da vida. Eu não consigo imaginar que isso seja possível sem uma abolição sucessiva do mercado de trabalho capitalista e sem um enraizamento democrático-radical dos partidos políticos em suas esferas públicas. Nesse caso, porém, é uma questão secundária, embora de modo algum trivial, saber como, sob essas condições gerais alteradas, o planejamento e o mercado se harmonizam entre si, como os pesos se deslocam na interação de Estado e economia. Isso eu dificilmente poderia antecipar, mesmo que dispusesse de maiores conhecimentos de economia. Pois toda intervenção nas estruturas sociais complexas tem consequências tão imprevisíveis que processos de reforma só podem ser respondidos como processos escrupulosos de tentativa e erro e sob o controle cuidadoso daqueles que têm de suportar as consequências.

NLR: A tradição inteira da Escola de Frankfurt se concentrou na análise das sociedades capitalistas mais desenvolvidas e nisso deixou de considerar o capitalismo como sistema global. Na sua opinião, as concepções socialistas, como foram desenvolvidas no Terceiro Mundo nas lutas anti-imperialistas e anticapitalistas, têm efeitos sobre as metas de um socialismo democrático no mundo capitalista desenvolvido? E inversamente: sua própria análise do capitalismo desenvolvido contém algum ensinamento para as forças socialistas no Terceiro Mundo?

Habermas: Sou tentado a dizer: nem uma coisa nem outra. Mas isso pode ser uma visão limitada eurocêntrica.

NLR: A passagem do seu programa original de uma "teoria com intenção prática" para sua descrição atual de sua própria obra como uma contribuição para a "autocompreensão da modernidade" é a expressão de uma alteração profunda ou apenas um simples reflexo dos tipos distintos de livros que o senhor escreveu? Quem o senhor imagina como leitor de seus livros; também estes terão se modificado com toda probabilidade? O senhor crê que hoje está mais próximo ou mais distante de seus leitores em comparação com os anos 1960?

Habermas: Todo mundo se transforma no ciclo de sua história de vida; por outro lado, faço parte antes dos tipos obstinados, aos quais se atribui uma identidade burguesa rígida. Por isso, não creio que mudei em minhas orientações básicas mais do que o necessário para conduzi-las ao longo das condições históricas transformadas. Eu trabalho como filósofo e sociólogo; por isso, meus destinatários se situam no sistema científico; de vez em quando, torno-me um diletante como publicista e escrevo em jornais e semanários ou nas assim chamadas revistas culturais. Por certo, nos dois casos, são antes os intelectuais de esquerda que se interessam por aquilo que escrevo, e naturalmente os colegas do outro lado. Eu não me sinto uma vanguarda, nem sonho com o sujeito revolucionário. No momento, certamente estou mais distante das atitudes das pessoas jovens politicamente ativas, também de muitos estudantes, do que era antes. Aos meus olhos, eles se tornaram mais apolíticos, mais conservadores em suas disposições emotivas, menos teóricos e, ao mesmo tempo, mais abertos para a herança do romantismo político, do jovem conservadorismo, a qual é duvidosa em nosso país, e assim por diante. Mas tomem isso mais como preconceitos usuais que fazem parte do processo geral de envelhecimento da Nova Esquerda; eles não diminuem tampouco meu prazer irrestrito pela discussão.

NLR: A esquerda pode aguardar do senhor um tratamento mais direto do *socialismo*, um conceito que em seus escritos permanece relativamente marginal (no sentido de que ele não é investigado por si mesmo em parte alguma), mas, ao mesmo tempo, é presumivelmente central para seu interesse geral? Para além da análise diagnóstica da ordem social existente, rejeitada pelo senhor, o senhor se sente comprometido com uma exposição programática daquela ordem social para cujo surgimento sua obra contribui? Poderíamos imaginar que o senhor um dia escreva para nós uma contraparte à *Verfassung Deutschlands* [Constituição da Alemanha], de Hegel, ou à *Paz perpétua*, de Kant? Uma mescla entre esses dois nos ofereceria hoje, eventualmente, o esboço de um socialismo democrático em uma Europa desarmada! A grande filosofia não abrange também tradicionalmente esse gênero de considerações concretas?

Habermas: Os modelos são grandes demais, mas me aflijo com sua exortação. Eu não deveria falar de socialismo somente em entrevistas, quando de hábito quase ninguém mais o faz. Eu forneço aos senhores aqui um discurso que na próxima semana vou proferir perante os deputados do Parlamento espanhol,[9] só para que os senhores vejam que reflito também sobre questões normativas, sobre questões de princípios de prática política, a par das coisas pelas quais sou pago.

NLR: O senhor poderia imaginar que volte a assumir um papel político mais ativo, como fazia nos anos 1950, na época da *Sozialistischer Bund* [Liga Socialista], sob condições diferentes?

Habermas: Se excluísse isso, eu seria uma pessoa diferente do que gostaria de ser.

---

9 Cf. neste volume p.155 et seq.

7
Ainda um fardo do passado

O aniversário de quarenta anos do Oito de maio de 1945 desencadeou inesperadamente emoções veementes e discussões discrepantes. Bitburg dividiu a nação. Agora, a mentalidade de um retorno triunfante às continuidades alemãs fatais não caracteriza mais somente as tertúlias provincianas. Eu me dediquei a isso em um artigo para o semanário *Die Zeit*.

A descontaminação do passado

No ano de 1983, no aniversário de cinquenta anos da tomada de poder dos nazistas, Hermann Lübbe proferiu uma conferência que foi objeto de atenção de muitos já naquele momento. Mas só com o mirante representado pelo Oito de maio de 1985 é que foi possível apreciar direito o efeito de sinalização de suas teses. A intensidade progressiva da confrontação com o passado nazista, apesar da distância temporal crescente, é explicada por Lübbe recorrendo a uma ruptura no desenvolvimento da República Federal da Alemanha. De início, durante o período de reconstrução, um processo grandioso de consolidação e desoneração teria ocorrido – graças à discrição e à disposição à reconciliação com que os generosos inimigos dos nazistas se depararam diante dos compatriotas incriminados. Só nos anos 1960, julga Lübbe, as feridas mal cicatrizadas foram reabertas pelos jovens revoltados e por algumas pessoas intransigentes da esquerda. Eles ergueram o passado nazista, apresentando-o à consciência política do presente. Eles encerraram a discrição indulgente e começaram uma crítica que desde então ameaça a estabilidade de nossa república. O chanceler Kohl pode ter esta ou uma outra história análoga em mente quanto reitera continuamente que aprendeu com a história. Pois foi ele quem, prospectivamente, teve em vista o Oito de maio como a data em que o retorno caduco à normalidade dos anos 1950 poderia ser encenado de maneira prenhe de simbolismo. Seu governo iria remir também esse fardo do passado, de acordo com a receita neoconservadora comprovada – "descontaminação do passado" foi o nome dado na época por H. Dubiel e G. Frankenberg para a terapia de Lübbe.

A solução dos veteranos

As relações saudáveis entre o reitor da universidade, regressado da emigração ou participante da resistência, e os colegas ex-nazistas, retraídos da maneira recomendada, são descritas por Lübbe, convincentemente, como relações de uma "discrição não simétrica". Foi exatamente esse tipo de discrição que Kohl exerceu inicialmente com Mitterand sobre os túmulos de Verdun. Certamente, isso não passou de um ensaio; pois a questão da dívida de guerra de 1914 não produziu tanta assimetria quanto teria exigido a dívida de guerra de 1939 (mesmo à luz dos dados mais recentes). Em outro aspecto, porém, o aperto de mãos de Verdun não foi um mau modelo para o encontro teuto-americano ainda pendente. No aniversário de quarenta anos, um encontro amplamente visível de veteranos iria selar o retorno à normalidade. Como outrora Richthofen e seus camaradas, os combatentes de guerra cavalheirescos iriam testemunhar também agora o respeito recíproco, a fim de conferir ao presente a aura de um passado regularizado na aparência. Naturalmente, não combinava com essa concepção o campo de concentração de Dachau – não como campo de concentração, e menos ainda como campo de concentração preenchido imediatamente de comunistas e social-democratas.

O que restou desse plano é, enfim, o aperto de mãos teuto-americano entre generais veteranos ao lado dos túmulos de membros da SS. Essa cena brusca nos parece, depois de tudo que antecedeu, tão bizarra que o momento racional facilmente descamba para a irracionalidade posta à mostra. De boa consciência, Kohl podia puxar o presidente norte-americano para frente das câmaras do cemitério. Ele insistiu evidentemente apenas na compensação simbólica para a imposição de um estacionamento de mísseis que, por seu turno, já tinha caráter simbólico. Se ele serviu menos aos interesses da própria população do que ao asseguramento simbólico da fidelidade à aliança; se foi dado início, pela primeira vez, à substituição da racionalidade com respeito a fins da política pelo simbolismo carregado de destino, um aperto de mão chama outro. *Manus manum lavat.*

Portanto, o aperto de mãos de Bitburg deveria ter fundido as duas coisas: a recusa de lidar de maneira desestabilizadora com o passado e o testemunho da fraternidade atual nas armas. Kohl quis o retorno às continuidades alemãs. Ele se tornou bom entendedor nessa finalidade. Só a consonância com essa finalidade explica as reações autorreveladoras àqueles eventos que fizeram que tudo transcorresse de maneira bem diferente.

Por que fracassou a descontaminação do passado pela via dos veteranos de guerra, como certamente se diria em linguagem oficial? À primeira vista, porque no solo alemão não havia túmulos de soldados norte-americanos e porque o cemitério de soldados em Bitburg estava coberto de neve quando foi inspecionado. Mas os sinais de SS em alguns túmulos e os sentimentos dos que se lembraram deles só tornaram visível o que teria acontecido em outra oportunidade qualquer. A história atingiu e desacreditou aqueles que quiseram escapar dela adotando a versão neoconservadora. Nisso tornou-se patente que a população de uma sociedade moderna como um todo pode se reconhecer cada vez menos no *show business* de seus representantes estatais. Desta vez, nós fizemos a experiência tranquilizadora de que, como meios administrativos, uma regressão coletiva não pode ser promovida. No entanto, o desfolhamento de uma mentalidade que vem à tona nesse contexto é bastante intranquilizador.

Reconciliação extorquida

Em sua visita a Israel, o chanceler Kohl havia reclamado para si, de maneira ainda vivaz, a inocência de quem tinha 15 anos no fim da guerra. Até sua primeira aparição em Bergen-Belsen há algumas semanas, ele havia aprendido de todo modo que a reconciliação não pode ser exigida energicamente – principalmente quando se busca e promove o esquecimento. Contudo, tratou-se então de um arranjo diáfano de reconciliação *extorquida* que as circunstâncias penosas colocaram à luz do dia logo em seguida. O presidente havia caído em uma armadilha. Todo mundo observou curiosamente os danos que não podiam ser reparados, não importando se o gesto arrancado de reconciliação seria então concedido ou continuaria a ser recusado. Aqui no país se propagava uma consciência que ao mesmo tempo expressa e denega os paradoxos dessa armadilha. Seria melhor, aconselhou o *Frankfurter Allgemeine Zeitung*, se o presidente lhe trouxesse o sacrifício exigido "por impulso próprio". E alguns dias mais tarde: "Nós alemães não podemos exigir o perdão. Mas causou espanto que a maior conquista do cristianismo, a saber, o mandamento do perdão, por mais difícil que seja [...], não pareça desempenhar, afinal, nenhum papel".

Em determinados círculos, o desejo de restaurar as continuidades alemãs empurra todos os escrúpulos para o canto. Mais uma vez, do criado ao cardeal, a tese da culpa coletiva serviu de meada inofensiva. Como se Jaspers já não tivesse distinguido insistentemente, há quase quatro décadas, entre uma culpa que só é respondível individualmente e a responsabilidade comum por crimes que não poderiam ter sido cometidos sem a imobilidade coletiva. Ninguém hoje continua a manter em pé a afirmação da culpa coletiva. Não obstante, quem a contesta, agora tanto quanto antes, sugere uma falsa pressuposição. Quer apenas se desviar da coisa, isto é, do problema de saber como se portar em relação à própria procedência, tanto no aspecto bom quanto no mau. Como se comportar em relação à tradição e à história, com a qual a própria identidade e a dos filhos e dos filhos dos filhos permanecem entretecidas indissoluvelmente? Talvez não como Bangemann, que compara o período nazista com a devastação de um furacão e (em notável inversão da figura benjaminiana da história natural) assimila a história à natureza. Tampouco como Dregger, que retrospectivamente vê todo o povo alemão submetido a uma ditadura marrom.* Essa recusa por meio do isolamento assume formas mais finas alhures. Nesse caso, pelo menos, apenas "uma parte"

---

* *Braune Diktatur*: marrom (*braun*) é uma expressão pejorativa para "nazista". (N. T.)

reprimiu uma outra parte do povo. Trata-se do discurso sobre os "acontecimentos" que "conspurcaram" o nome alemão, ou sobre os crimes que foram cometidos "em nome do alemão". Sugerem que se lave e sacuda. O próprio passado é apanhado pelas pontas dos dedos e transformado em passado dos outros.

Ainda mais insistente é o desejo, observável entre os mais velhos, de desligar a vivência subjetiva de então daquela moldura que retrospectivamente guarnece tudo com um outro significado. Essa nostalgia do autêntico aparentemente não adulterado serviu obviamente à televisão (apesar da colaboração de Sebastian Haffner) com recordações sem moldura – com recordações do dia a dia, dos cabarés, das aventuras e da luta, as quais permanecem quase inteiramente não importunadas pelo comentário indulgente. A mesma necessidade, para a qual é talhada a série sobre os alemães na Segunda Guerra Mundial, abre caminho para as reações às reações de Bitburg. Dregger vê insultada a memória de seu irmão tombado. Outros requerem "que não se devam recusar as honras aos jovens mortos da SS de Bitburg". A imprensa estrangeira, não apenas a norte--americana, também a espanhola e a inglesa, é desmedidamente repreendida porque teria se colocado "fora da civilização política". Enfim, gostariam de poder sair do espartilho de uma história de vida posteriormente revisada, de voltar a cantar todas as estrofes do hino alemão. Quem faz seleções de acordo com as partes das tropas "nutre o espírito da discórdia".

Liberdade ou totalitarismo

No entanto, há uma satisfação própria com o espírito da discórdia. O que o retorno às continuidades alemãs poderia promover melhor do que as *antigas frentes*? Desde os dias do Império, a frente contra a esquerda, os comunistas, os judeus e os intelectuais jamais perdeu inteiramente sua força de marcar as mentalidades na economia psíquica dos alemães. Todavia, pela segunda vez, ela foi sensivelmente abalada – pelo pacto de Hitler com Stálin e pela aniquilação dos judeus. Ainda assim, a síndrome de convicções anticomunistas se revelou uma constante fiável também na vida interna de nossa República. Quando o inteligente Geissler coloca o significado do Oito de maio sob a fórmula segundo a qual a ditadura marrom foi substituída naquela época pela ditadura vermelha, ele queria com isso enquadrar como totalitária uma oposição que já sob Hitler esteve na oposição. O SPD e os que transitam em seu circuito não se vinculam aos veteranos de Bitburg e tampouco ao cerimonial penosamente acrescentado na região de Bergen-Belsen, ocupado por guarda-costas. Eles não são bastante seletivos. Eles se abrem à lembrança de *todas* as vítimas do regime – também aos 20 milhões de russos-soviéticos mortos, dos quais nem todos caíram em batalha. Isso deveria perturbar a unilateralidade descarada dos esforços por reconciliação conduzidos oficialmente pelo governo, deveria colocar em questão o sentido da encenação inteira.

Para o Oito de maio, o governo distribuiu, como lema do dia, a expressão "liberdade ou totalitarismo". Para o chanceler em Bitburg, também o termo "dominação totalitária" serviu de vocábulo de disfarce e mensagem. Ele o poupava de chamar o nacional-socialismo pelo nome; a referência ambígua ao "totalitário" possibilitava-o, ao mesmo tempo, lembrar ao presidente norte-americano que éramos os combatentes mais antigos contra o comunismo. Evidentemente, é assim que se deve entender *também* a carta de Dregger aos senadores norte-americanos: "No último dia de guerra, eu defendi, com meu batalhão, a cidade de Marklissa, na Silésia, contra os ataques do Exército Vermelho". Para quem o sentido dessas frases permaneceu oculto, o *Frankfurter Allgemeine Zeitung* o explicou: na época, houve apenas um vitorioso. Considerado à luz do dia, as potências ocidentais teriam perdido a guerra junto com os alemães; e eles fariam bem em lembrar, no dia Oito de maio, essa "herança da derrota na vitória".

Desde sempre os melhores aliados

Stefan Heym se lembrou recentemente dos interrogatórios que ele, então sargento norte-americano, teve de conduzir com prisioneiros de guerra alemães, pouco antes do fim na frente ocidental. Ele descreve o quanto esses oficiais se queixavam de que os norte-americanos não agiam em comum com os alemães contra os russos, para chegar a um bom termo. Um que na época pensava assim também, Joachim Fest, serve hoje de testemunha principal. Fest declara que 1945 foi "a maior derrota daquele princípio democrático para cuja conservação e expansão as democracias entraram na guerra". No contexto de Bitburg, esse artigo é lido – como a carta de Dregger e muitas outras coisas – como expressão da desilusão juvenil com o fato de que os norte-americanos continuam a negar a seus melhores aliados o prolongamento retroativo da fraternidade nas armas, adentrando a Segunda Guerra Mundial. Ele escreve aí: "Em fevereiro de 1943, assim relata Ernst Jünger, aparece nos muros de Paris, escrito com giz, a palavra 'Stalingrado'. Quem sabe, perguntou-se o poeta, se eles [os franceses] não são vencidos também ali". O poeta, que aqui é invocado como autoridade para o significado desiderativo do Oito de maio, nunca renegou seu antissemitismo da época de Weimar e, em uma entrevista antes da outorga do prêmio Goethe da cidade de Frankfurt, corroborou sua equidistância em relação a todas as ordens políticas, seja a democracia, seja a ditadura. Menciono isso apenas porque entre mim e Joachim Fest nem os fatos aos quais se refere nem o rechaço do socialismo burocrático podem ser contestáveis. Contestável é a medida e o tipo de continuidades alemãs que podemos querer. Aquele tipo de anticomunismo que nesses dias justifica a seletividade tendenciosa de nossos esforços por reconciliação foi sempre associado, na Alemanha, aos ressentimentos mais brutos.

Não vivemos em um país qualquer. Nas camadas mais profundas, esse anticomunismo predatório se comunica com aqueles restos de antissemitismo sobre os quais, nas últimas semanas, os senhores com as malinhas no vagão-restaurante conversavam, com renovada desenvoltura, sem papas na língua, de Frankfurt a Munique. Dez dias depois do artigo de Fest, apareceu um outro sobre o mesmo tema, de um colega editor. Nesse meio-tempo, os túmulos da SS haviam sido descobertos nos EUA: "O presidente Reagan teve o instinto correto [...]. Mas uma poderosa maquinaria jornalística de seu país trata de perseguir *até a sétima geração* e agradece por todo ensejo em desenterrar de novo a caricatura do alemão odioso e reabrir as velhas feridas".

Nenhuma direção espiritual e moral

Em vista desse monte de cacos, se quisermos nos recompor formando uma interpretação otimista, podemos dizer que a solução pela via dos veteranos fracassou, dada a inverossimilhança intrínseca da ideia subjacente. Mas do processo é possível tirar também um ensinamento mais palpável. A empreitada obscena já havia fracassado no momento em que os ajustes no programa, discutidos em toda esfera pública, levaram à tomada de consciência do *inevitável* oportunismo da ação administrativa – e, com isso, da desproporção entre esse assunto e os meios administrativos de tratá-lo. Políticos que não falam mais do centro da esfera pública política, mas agem sob os imperativos da conservação do poder como empregados da administração pública, não podem senão fracassar com temas que concernem à identidade e à autocompreensão do povo inteiro. Decerto, de acordo com seu talhe espiritual, esse chanceler não é particularmente apropriado para as tarefas desse gênero. Mas o problema não são as pessoas. As tarefas de integração social e de autoentendimento não são mais hoje assunto do sistema político. Por boas razões, não temos mais nenhum imperador e nenhum Hindenburg. A esfera pública não deveria admitir uma direção espiritual e moral por parte do serviço público superior. Todavia, entre nós, o presidente federal, graças à sua posição política marginal, tem uma certa possibilidade de dignificar os homossexuais, os ciganos e os russos-soviéticos, sem se preocupar com os votos dos eleitores. Além das recordações pessoais comoventes (como as de Riehl-Heyse e Eppler), percebi o discurso do presidente federal perante o Bundestag, quase heinemanniano, como uma das poucas manifestações políticas que fizeram jus ao desafio provocado pelos doze e quarenta anos.

PS: Em conexão com a conferência mencionada, Hermann Lübbe respondeu à sua crítica engajada, Carola Stern, mais ou menos da seguinte forma: *ela* levantaria a pretensão pública de suster uma relação moralmente mais qualificada com o nacional-socialismo; *ele* mesmo sentiria como uma imposição entrar em uma semelhante concorrência moral. Pressinto algo de ruim. Contra a crítica à presunção moral ou mesmo à pretensão de liderança intelectual, só posso me proteger preventivamente recorrendo a uma citação de cunho próprio. Evidentemente, os professores de filosofia – assim como os cientistas e os intelectuais de modo geral – não têm um acesso privilegiado à verdade. Isso só Heidegger pretendia. Se eles tomam posição em questões práticas, eles o fazem ou na posição do especialista (que eu não sou) ou com o direito de participar das discussões travadas entre cidadãos.

Referências bibliográficas

ADORNO, T. W. Ästhetische Theorie. In: *Gesammelte Werke*, v.7. Frankfurt am Main, 1970.

APEL, K.-O. Ist die Ethik der idealen Kommunikationsgemeinschaft eine Utopie? In: VOSSKAMP, W. (Org.). *Utopieforschung*. Stuttgart, 1982, v.1.

BELL, D. The New Class: A Muddled Concept. In: *The Winding Passage*. Cambridge, MA, 1980.

_____. The Return of the Sacred. In: *The Winding Passage*. Cambridge, MA, 1980.

_____. *The Cultural Contradictions in Capitalism*. Nova York, 1976.

BENEVOLO, L. *Geschichte der Architektur des 19. und 20. Jahrhunderts*. Munique, 1978, v.2.

BERING, D. *Die intellektuellen*. Stuttgart, 1978.

BLANKE, T.; STERZEL, D. Demonstrationsrecht und Demonstrationsfreiheit in der BRD. In: KOMITEE FÜR GRUNDRECHTE UND DEMOKRATIE (Org.). *Demonstrationsrecht und gewaltfreier Widerstand*. Sensbachtal, 1983.

BRIX, M.; STEINHAUSER, M. Geschichte im Dienste der Baukunst. In: *Geschichte allein ist zeitgemäß*. Gießen, 1978.

COHEN, C. Law, Speech and Disobedience. In: BEDAU, H. A. (Org.). *Civil Disobedience*. Nova York, 1969.

DENNINGER, E. *Alternativ-Kommentar zum Grundgesetz*. Darmstadt/Neuwied, no prelo [1984]

DREIER, R. Widerstand und ziviler Ungehorsam im Rechtsstaat. In: GLOTZ, P. (Org.). *Ziviler Ungehorsam im Rechtsstaat*. Frankfurt am Main, 1983.

_____. Widerstandsrecht im Rechtsstaat. In: *Festschrift H. U. Scupin*. Berlim, 1983.

DUBIEL, H. *Was ist Neokonservatismus?* Frankfurt am Main, 1985.

DWORKIN, R. Civil Disobedience. In: *Taking Rights Seriously*. Cambridge, MA, 1977. [Trad. alemã: *Bürgerrechte ernstgenommen*. Frankfurt am Main, 1984.]

EPPLER, E. *Die tödliche Utopie der Sicherheit*. Hamburgo, 1983.

FORSTHOFF, E. (Org.). *Rechtsstaatlichkeit und Sozialstaatlichkeit*. Darmstadt, 1968.

_____. *Der Staat in der Industriegesellschaft*. Munique, 1971.

FRANKENBERG, G. Der neue Ungehorsam. *Süddeutsche Zeitung*, 1-2 out. 1983.

_____. Ziviler Ungehorsam und rechtsstaatliche Demokratie. *Juristenzeitung*, ano 39, mar. 1984.

_____.; RÖDEL, U. *Von der Volkssouveränität zum Minderheitenschutz*. Frankfurt am Main, 1981.

FRIEDEBURG, L. V.; HABERMAS, J. (Orgs.). *Adorno-Konferenz 1983*. Frankfurt am Main: Suhrkamp, 1983.

FROMME, F. K. Artigo. *Frankfurter Allgemeine Zeitung*, 13 ago. 1983.

GEHLEN, A. Uber kulturelle Kristallisationen. In: *Studien zur Anthropologie und Soziologie*. Neuwied, 1963.

_____. *Der Mensch*. Berlim, 1940.

_____. *Die Seele im technischen Zeitalter*. Hamburgo, 1957.

_____. *Einblicke*. Frankfurt am Main, 1978.

_____. *Moral und Hypermoral*. Frankfurt am Main, 1969.

_____. *Urmensch und Spätkultur*. Frankfurt/Bonn, 1956.

_____. *Zeitbilder*. Frankfurt am Main, 1965.

GIEDION, S. *Raum, Zeit, Architektur*. Zurique/Munique, 1978.

GRAF KIELMANNSEGG, P. *Demokratieprinzip und Regierbarkeit*. Stuttgart, 1977.

HABERMAS, J. *Moralbewußtsein und kommunikatives Handeln*. Frankfurt am Main: Suhrkamp, 1984.
HASSEMER, W. Ziviler Ungehorsam – ein Rechtfertigungsgrund? In: *FS Wassermann*. Neuwied, 1985.
HEGEL, G. W. F. Vorlesungen über Ästhetik. In: *Theorie-Werkausgabe*, v.14. Frankfurt am Main, 1970.
HEIDORN, J. *Legitimität und Regierbarkeit*. Berlim, 1982.
HÖLSCHER, L. Der Begriff der Utopie als historische Kategorie. In: VOSSKAMP, W. (Org.). *Utopieforschung*. Stuttgart, 1982, v.1.
HONNETH, Der Affekt gegen das Allgemeine. *Merkur*, 430, dez. 1984.
HORKHEIMER, M. *Kritik der instrumentellen Vernunft*. Frankfurt, 1974.
ISENSEE, J. Ein Grundrecht auf Ungehorsam gegen das demokratische Gesetz? In: STREITHOFEN, B. (Org.). *Frieden im Lande*. Bergisch Gladbach, 1983.
JÄGER, H.; SCHMIDTCHEN, G.; SÜLLWOLD, L. *Analysen zum Terrorismus 2, Lebenslaufanalysen*. Köln, 1981.
JENCKS, C. *Die Sprache der postmodernen Architektur*. Stuttgart, 1980.
_____. *Spätmoderne Architektur*. Stuttgart, 1980.
KEANE, J. *Public Life and Late Capitalism*. Cambridge, 1984.
KERN, H.; SCHUMANN, M. *Das Ende der Arbeitsteilung?* Munique, 1984.
KLAGES, H.; KMIECAK, P. (Orgs.). *Wertwandel und gesellschaftlicher Wandel*. Frankfurt, 1979.
KLOTZ, H. Tendenzen heutiger Architektur in der Bundesrepublik. *Das Kunstwerk*, n.32, 1979.
KÖHLER, M. Postmodernismus. *Amerikastudien*, n.22, 1977.
KOSELLECK, R. Die Verzeitlichung der Utopie. In: VOSSKAMP, W. (Org.). *Utopieforschung*. Stuttgart, 1982, v.3.
_____. *Vergangene Zukunft*. Frankfurt am Main, 1979.
KROCKOW, C. V. Die Versuchung des Absoluten. *Die Zeit*, 2 set. 1983.
KROLL, L. Stadtteilplanung mit den Bewohnern. In: BLOMEYER, G. R.; TIETZE, B. *In Opposition zur Moderne*. Braunschweig, 1977.
LAMPUGNANI, V. M. Theorie und Architektur in den USA. *Architekt*, n.5, 1980.

LÖWENTHAL, R. *Gesellschaftswandel und Kulturkritik*. Frankfurt am Main, 1979.

LÜBBE, H. Freiheit und Terror. In: *Philosophie nach der Aufklärung*. Dusseldorf, 1980.

_____. Religion nach der Aufklärung. In: *Philosophie nach der Aufklärung*. Dusseldorf, 1980.

_____. Wissenschaft nach der Aufklärung. In: *Philosophie nach der Aufklärung*. Dusseldorf, 1980.

_____. *Zwischen Trend und Tradition*. Zurich, 1981.

LYOTARD, J. F. *Das postmoderne Wissen*. Viena, 1983.

MECHTERSHEIMER, A.; BARTH, P. (Orgs.). *Den Atomkrieg führbar und gewinnbar machen?* Hamburgo, 1983.

MOORE, C. Eine persönliche Erklärung. In: BLOMEYER, G. R.; TIETZE, B. *In Opposition zur Moderne*. Braunschweig, 1977.

NARR, W. D. Zwölf Thesen zur Gewalt. In: STEINWEG, R. (Org.). *Faszination der Gewalt*. Frankfurt am Main, 1983.

NEGT, O. *Lebendige Arbeit, enteignete Zeit*. Frankfurt am Main, 1984.

OFFE, C. Arbeit als soziologische Schlüsselkategorie. In: *Arbeitsgesellschaft – Strukturprobleme und Zukunftsperspektiven*. Frankfurt am Main, 1984.

_____. Perspektiven auf die Zukunft des Arbeitsmarktes. In: *Arbeitsgesellschaft – Strukturprobleme und Zukunftsperspektiven*. Frankfurt am Main, 1984.

_____. Politische Legitimation durch Mehrheitsentscheidung? In: GUGGENBERGER, B, OFFE, C. (Orgs.). *An den Grenzen der Mehrheitsdemokratie*. Opladen, 1984.

_____. Zu einigen Widersprüchen des modernen sozialstaates. In: *Arbeitsgesellschaft – Strukturprobleme und Zukunftsperspektiven*. Frankfurt am Main, 1984.

_____. Korporatismus als System nichtstaatlicher Machtsteuerung. *Geschichte und Gesellschaft*, ano 10, 1984.

PAUL, J. Kulturgeschichtliche Betrachtungen zur deutschen Nachkriegsarchitektur. *Das Kunstwerk*, n.32, 1979.

POHL, W. Plädoyer für eine unbefriedete Tradition. *Bauwelt*, n.19-20, 1981.

RAWLS, J. *Theorie der Gerechtigkeit*. Frankfurt am Main, 1975.
RITTER, J. Hegel und die französische Revolution. In: *Metaphysik und Politik*. Frankfurt am Main, 1969.
ROHRMOSER, G. *Ideologische Ursachen des Terrorismus I, Ideologien und Strategien*. Köln, 1981.
_____. *Zäsur*. Stuttgart, 1980.
RÜHLE, H. et al. (Orgs.). *Der Neokonservatismus in den Vereinigten Staaten*. St. Augustin, 1982.
RÜSEN, J. Utopie und Geschichte. In: VOSSKAMP, W. (Org.). *Utopieforschung*. Stuttgart, 1982, v.1.
SCHELSKY, H. *Systemüberwindung, Demokratisierung, Gewaltenteilung*. Munique, 1973.
SCHMID, T. *Befreiung von falscher Arbeit. Thesen zum garantierten Mindesteinkommen*. Berlin, 1984.
SCHÜLER-SPRINGORUM, H. Strafrechtliche Aspekte zivilen Ungehorsams. In: GLOTZ, P. (Org.). *Ziviler Ungehorsam im Rechtstaat*. Frankfurt am Main, 1983
SEDLMAYR, Aesthetischer Anarchismus in Romantik und Moderne. *Scheidewege*, n.8, 1978.
SIMON, H. Fragen der Verfassungspolitik. In: GLOTZ, P. (Org.). *Ziviler Ungehorsam im Rechtstaat*. Frankfurt am Main, 1983.
SITTE, C. *Der Städtebau*. Leipzig, 1889.
SPAEMANN, R. Moral und Gewalt. In: *Philosophische Essays*. Stuttgart, 1983.
STEINFELS, P. *The Neoconservatives*. Nova York, 1979.
THOMPSON, J. B.; HELD, D. (Orgs.). *Habermas, Critical Debates*. Londres, 1982.
TROUSSON, R. Utopie, Geschichte, Fortschritt. In: VOSSKAMP, W. (Org.). *Utopieforschung*. Stuttgart, 1982, v.3.
TUGENDHAT, E. *Probleme der Ethik*. Stuttgart, 1984.
WELLMER, A. Wahrheit, Schein und Versöhnung. In: FRIEDEBURG, L. V.; HABERMAS, J. (Orgs.). *Adorno-Konferenz 1983*. Frankfurt am Main: Suhrkamp, 1983.
WILLKE, H. *Entzauberung des Staates*. Königstein, 1983.

Índice onomástico

A
Aalto, Alvar, 44
Abendroth, Wolfgang, 305
Adenauer, Konrad, 64, 152, 355
Adorno, Theodor W., 8, 25, 52, 187, 193, 201, 214, 242-9, 251, 254-6, 259, 264, 273, 288, 290-1, 294, 297-8, 303-5, 307, 311-6, 318, 339, 347
Alexander, 305
Althusser, Louis, 306
Anderson, Perry, 240
Apel, Karl-Otto, 306, 320
Arendt, Hannah, 201
Arndt, Claus, 158-9, 169
Austin, John Langshaw, 303, 306, 319

B
Bacon, Francis, 211
Baier, Lothar, 204, 319
Bangemann, Martin, 369
Baran, 305
Bastian, Gert, 148
Bataille, Georges, 195
Baudelaire, Charles, 90, 195, 337
Beckett, Samuel, 338
Bell, Daniel, 65, 71-3, 75-6, 95, 329
Benevolo, Leonardo, 37
Benjamin, Walter, 94, 113, 255, 304, 308, 335, 337, 339
Berger, Peter, 65
Bering, Dietz, 85
Bernstein, Dick, 306, 308
Binswanger, Ludwig, 305
Bismarck, Otto von, 97
Bloch, Ernst, 121-3, 212, 253, 255, 304, 307
Böhme, Jakob, 288
Bohrer, Karl Heinz, 125
Böll, Heinrich, 157
Bottomore, Tom, 331
Bourdieu, Pierre, 206, 310
Bracher, Karl Dietrich, 164-5

Brandt, Willy, 109, 354
Buber, Martin, 299
Buckley, William, 63
Bürger, Peter, 339

C
Campanella, Tommaso, 323
Castoriadis, Cornelius, 306, 310, 337
Celan, Paul, 338
Chomsky, Noam, 293, 306
Cicourel, Aaron, 306

D
Dahrendorf, Ralf, 115, 260, 329
Denninger, Erhard, 137
Derrida, Jacques, 98, 103, 201, 214, 316, 322, 347
Descartes, René, 202, 204
Dewey, John, 97, 303, 306, 326
Dews, Peter, 240
Dobb, Maurice, 305
Dregger, Alfred, 369-70, 372
Dreier, Marc Stuart, 134
Dreyfus, Alfred, 85
Dreyfus, Hubert, 192
Dubiel, Helmut, 64n.1, 366
Durkheim, Émile, 244, 257, 270, 286, 305
Dworkin, Ronald, 140, 144, 319, 320

E
Eder, Klaus, 332
Eichendorff, Joseph Freiherr von, 249, 288

Eisenmann, Peter, 59
Engels, Friedrich, 212
Eppler, Erhard, 146, 148, 150, 156, 374
Erasmo, 328
Erikson, Erik, 305
Erzberger, Matthias, 164-5
Esser, 116

F
Fach, 116
Fack, 189
Ferry, Luc, 206
Fest, Joachim, 372-3
Feuerbach, Ludwig, 265
Feyerabend, Paul, 201, 325
Fischer, Wend, 41
Forsthoff, Ernst, 16, 78-80, 83-4
Foucault, Michel, 25-7, 103, 181, 187, 191-8, 201, 206, 214, 224, 210, 312, 316
Fourier, Charles, 54, 211-12
Frankenberg, Günter, 132-4, 366
Frege, Gottlob, 199
Frémontier, Jacques, 204
Freud, Sigmund, 50, 162, 242, 244, 246, 305, 326-7
Freyer, Hans, 200
Friedmann, Alexander, 260

G
Gadamer, Hans-Georg, 305, 321
Galtung, Johan, 175
Garnier, Tony, 46
Gehlen, Arnold, 16, 78, 81-5, 89, 185, 200, 259, 316, 321

Geissler, Heinrich, 135, 162, 371
Genscher, Hans-Dietrich, 110
Giddens, Tony, 311
Giedion, Siegfried, 42
Glazer, Nathan, 65
Glotz, Peter, 66
Gollwitzer, Helmut, 156
Gorz, André, 116, 217, 310, 357
Gramsci, Antonio, 235, 285, 357
Grass, Günter, 164, 294
Grave, Michael, 59
Gropius, Walter, 44, 53-5
Grünberg, 299

Hindenburg, Paul von, 374
Hobbes, Thomas, 92, 167-8, 170
Hobsbawm, Eric, 329
Hölderlin, Friedrich, 195
Hollein, Hans, 59
Homans, George Caspar, 199
Honneth, Axel, 239
Horkheimer, Max, 8, 25, 27, 96, 193, 214, 244-5, 247, 254, 259, 298-9, 303, 305-7, 311
Huber, Wolfgang, 164
Humboldt, Alexander von, 28-9, 249

H
Haffner, Sebastian, 370
Hassemer, Winfried, 153n.19
Haussmann, Georges-Eugène, 48
Hegel, Georg Wilhelm Friedrich, 24, 27, 40, 49, 51, 77-80, 124, 168, 172, 193, 195, 238, 243-4, 247-8, 276, 288, 304, 306, 318, 324, 345, 356
Heidegger, Martin, 14, 24, 98, 183, 200, 302-3, 214, 245, 290, 304-5, 308, 312, 316-7, 375
Heidorn, Joachim, 70
Heigert, Hans, 77
Heine, Heinrich, 183
Heinemann, Gustav, 94
Heller, Agnes, 267, 299
Herbert, George, 258, 308
Hesse, Mary, 322
Heym, Stefan, 372

I
Imhoff, Karl, 186
Inglehart, Ronald, 74
Isensee, Josef, 14, 164, 166

J
Jaspers, Karl, 245, 369
Jencks, Charles, 39, 59
Jünger, Ernst, 77, 185, 372

K
Kafka, Franz, 338
Kant, Immanuel, 26-7, 29, 87, 167, 172, 179, 191-8, 302, 305, 243, 246, 307, 324, 335, 345, 355, 362
King, Martin Luther, 145-6, 168
Kirchheimer, Otto, 310
Kissinger, Henry, 66
Knödler-Bunte, E., 239
Kohl, Helmut, 84n.17, 350, 365-8

Kohlberg, Lawrence, 293, 303, 307, 320, 331-2
Kojève, Alexandre, 200
Korsch, Karl, 246, 307
Kriele, Marin, 14, 158-62
Kristol, Irving, 63, 66

L
Le Corbusier, 44, 52, 54
Lévi-Strauss, Claude, 200-1
Liebknech, Karl, 164
Lipset, Seymour Martin, 65
Loos, Adolf, 43, 51
Lorenz, Konrad, 78
Löwenthal, Richard, 76, 86, 310
Löwith, Karl, 243, 304
Lübbe, Hermann, 14, 95, 160, 365-6, 374
Luhmann, Niklas, 262, 275, 348
Lukács, György, 195, 242-4, 246-7, 257, 285, 304, 307
Lukes, Steven, 311
Luxemburgo, Rosa, 164

M
Madelin, Alain, 204
Malevitch, Kazimir, 52-3
Mannheim, Karl, 212, 299
Marcuse, Herbert, 8, 121, 247, 304, 307, 310, 357
Marx, Karl, 8, 16, 27, 77, 115-6, 120, 195, 212, 215-6, 242, 244, 246, 250, 253, 285, 304, 306-7, 340, 341n.8, 343, 345

Maximiliano II, 40
McCarthy, Tom, 318
McGovern, George, 67
Mead, George Herbert, 97, 257, 286, 306
Meinhoff, Ulrike, 142
Mercier, Louis-Sébastien, 212
Merleau-Ponty, Maurice, 195, 200, 307, 318
Mill, John Stuart, 340
Mitscherlich, Alexander, 305, 326
Mitterand, François, 226, 366
Mohn, 188
Mondrian, Piet, 52
Moore, Charles, 43, 199
Morris, William, 46, 53
Morus, Thomas, 211
Musil, Robert, 338

N
Napoleão III, 48
Negt, Oskar, 216n.5, 357
Neumann, John von, 310
Nietzsche, Friedrich, 24-5, 27, 41, 98, 103-4, 187, 193, 195, 202-3, 256, 304, 311-2, 316-7
Nisbet, Robert, 65
Nozick, Robert, 319

O
Oevermann, Ulrich, 268, 306
Offe, Claus, 115, 119, 151, 178, 216, 222, 225, 234, 306, 357
Ohnesorg, Benno, 128

Oppenheimer, 299
Oud, Jacobus Johannes Pieter, 52-3
Owen, Robert, 46, 54, 212

P
Paine, Thomas, 243
Parsons, Talcott, 199-200, 303, 305, 307, 342
Peirce, Charles Sanders, 97, 303, 306
Piaget, Jean, 293, 303, 307, 327, 331-2
Podhoretz, Norman, 63
Pollock, Friedrich, 254
Popper, Karl, 200-1
Proudhon, Pierre-Joseph, 212
Putnam, Hilary, 201

Q
Quine, Willard van Orman, 201

R
Rathenau, Walther, 164
Rawls, John, 133-6, 144, 157, 319-20
Reagan, Ronald, 63, 176, 227, 260, 350, 373
Reck, Hans-Ulrich, 99
Richthofen, 366
Ricoeur, Paul, 206
Riehl-Heyse, Herbert, 374
Ritter, Joachim, 16, 78, 80, 83-4
Rohrmoser, Günter Rohrmoser, 160
Rorty, Richard, 192, 201, 315-6
Rousseau, Jean-Jacques, 87, 212

Runciman, Walter Garrison, 311
Ruskin, John, 46

S
Saint-Simon, 212
Samuelson, Kurt, 328
Sartre, Jean-Paul, 200, 204, 207
Saussure, Ferdinand de, 52
Scheler, Max, 299
Schelling, Friedrich Wilhelm Joseph von, 40, 49, 244, 288, 304
Schelsky, Helmut, 85, 95, 200
Schiller, Friedrich, 36, 40, 345
Schlegel, 40
Schleyer, Hanns-Martin, 259
Schmid, Carlo, 244, 260
Schmitt, Carl, 79-80, 92, 144, 165, 168-9, 238, 259
Scholem, Gershom, 321
Scholl, Sophie, 142
Schumacher, Kurt, 354
Schütz, Alfred, 303, 306
Schwalba-Hoth, Frank, 142
Searle, John, 306, 319
Sedlmayr, Hans, 89
Shils, Edward, 65
Simmel, Georg, 299
Simon, Helmut, 149-50, 178, 212
Singer, Peter, 319
Sinzheimer, Hugo, 299
Sitte, Camillo, 56
Skinner, Quentin, 311
Sloterdijk, Peter, 105, 181, 183-9
Sontheimer, Kurt, 76
Spaemann, Robert, 166-7, 169
Spengler, Oswald, 184

Spitz, René, 307
Spranger, Eduard, 127
Steinfels, Peter, 68
Stern, Carola, 188-9, 374
Strauss, Leo, 201
Sweezy, Paul, 242, 305

T
Taut, Bruno, 53
Taylor, Charles, 192, 329
Thatcher, Margaret, 227, 260, 350
Thompson, Edward P., 254, 330
Thoreau, Henry David, 145, 177
Tillich, Paul, 299
Touraine, Alain, 306
Trevor-Roper, Hugh Redwald, 328

U
Ungers, Oswald Matthias, 43

V
van der Rohe, Mies, 44
van Doesburg, Theo, 52-3
Venturi, Robert, 43, 58-9
Veyne, Paul, 196

W
Walzer, Michael, 319
Weber, Max, 27, 57, 71, 73, 193, 215, 246, 258, 261, 268-9, 291, 301, 303, 305, 307, 327-9, 359
Wellmer, Albrecht, 313-4
Widmann, A., 239
Wittgenstein, Ludwig, 57, 199-200, 293, 303, 305, 318-9
Wright, Frank Lloyd, 43

Z
Zimmermann, 127, 172

SOBRE O LIVRO

Formato: 14 x 21 cm
Mancha: 23 x 44 paicas
Tipologia: Venetian 301 12,5/16
Papel: Off-white 80 g/m² (miolo)
Cartão Supremo 250 g/m² (capa)
1ª edição: 2015

EQUIPE DE REALIZAÇÃO

Capa
Andrea Yanaguita

Edição de texto
Frederico Tell Ventura (Copidesque)
Giuliana Gramani (Revisão)

Editoração Eletrônica
Eduardo Seiji Seki (Diagramação)

Assistência Editorial
Alberto Bononi

Rua Xavier Curado, 388 • Ipiranga - SP • 04210 100
Tel.: (11) 2063 7000 • Fax: (11) 2061 8709
rettec@rettec.com.br • www.rettec.com.br